曲阜师范大学教材建设项目(曲阜师大 JC－ZZ09047)
山东省研究生教育创新计划资助项目(SDYY11127)

现代学科教育与教学论系列丛书

生物学新课程教学专题概论

张祥沛　　陈继贞　　主编

科学出版社

北 京

内 容 简 介

本书是为适应基础教育课程改革及培养高素质生物学教师的需要而编写。全书分为上、下两篇共 17 章。教学理论专题篇，就生物学新课程教学中的理论热点、重点、难点等问题进行阐述；教学内容专题篇，按生物学新课程概念、原理、探究活动、实验、插图、栏目等分专题进行探索。本书以研究中学生物学教师所需要的生物学新课程教学理论、知识、能力等为基本任务。

本书可作为高等师范院校生物学教育专业学生、生物学课程与教学论研究生、生物学教育硕士研究生以及在职生物学教师进修学习的教材或参考书。

图书在版编目(CIP)数据

生物学新课程教学专题概论/张祥沛,陈继贞主编.—北京：
科学出版社,2012.9

现代学科教育与教学论系列丛书

ISBN 978-7-03-035226-2

Ⅰ.①生… Ⅱ.①张…②陈… Ⅲ.①生物课-教学研究-高等
师范院校-教材②生物课-教学研究-中学 Ⅳ.①G633.912

中国版本图书馆 CIP 数据核字(2012)第 172150 号

责任编辑：陈 露 严明霞/责任校对：刘珊珊
责任印制：刘 学 /封面设计：殷 靓

科学 出版社 出版
北京东黄城根北街 16 号
邮政编码：100717
http://www.sciencep.com
上海欧阳印刷厂有限公司印刷
上海蓝鹰文化传播有限公司排版制作
科学出版社发行 各地新华书店经销

*

2012 年 9 月第 一 版 开本：787×1092 1/16
2012 年 9 月第一次印刷 印张：15
字数：278 000
定价：32.00 元

前　言

　　基础教育课程改革的深入发展,对教师的教学理念、教学行为提出了更高的要求。培养高素质的中学生物学师资,适应中学生物学课程改革需要,是高等师范院校生物学教育专业面临的重要任务。为使即将走上讲台的生物学师范生尽早接触、领会新课程理念,积极参与中学生物学新课程改革,学习和掌握中学生物学新课程教学的基本方法和技能;同时,为了帮助中学生物学教师积极有效地应对新课程改革的挑战,适应新课程实施的要求,我们在开展大量调查研究和教学实践的基础上,联合有关专家、中学一线教师和教研人员编写了这部《生物学新课程教学专题概论》教材。

　　生物学新课程教学专题概论是研究生物学新课程教学理论和教学内容的一门应用性理论学科。本书力图在以下方面有所创新:①结构体系新颖。构建了与基础教育课程改革相适应的高师院校生物学教学专题课程新体系,同时兼顾教学理论和教学内容两个领域。②内容系统全面。教学理论专题部分,就生物学新课程教学中的理论热点、重点、难点等问题进行阐述;教学内容专题部分,按生物学新课程概念、原理、探究活动、实验、插图、栏目等分专题进行探索。③语言简练规范。表述词语准确、生动,有较强的可读性和启发性,便于学生学习阅读。④理论与实践并重。竭力寻求应用理论解决实际教学问题的途径和方法,具有高度的可操作性。⑤具有普适性。除主要作为相关专业本科生、研究生的课程教材外,还可作为中学生物学教师新课程进修培训的教材,教研机构和生物学教师的参考书。

　　本书由张祥沛教授拟定编写提纲,陈继贞、曲志才两位教授及其他作者参加了讨论修改。编写分工如下:贺建东(绪论,第13、14章),张祥沛(第1、2、3、4、5、6、7章),陈继贞(第8章),王运贵(第9章),曲志才(第10章),郭永峰(第11、12章),王丽娟(第15章),燕艳(第16章)。主审曲志才教授提出了宝贵的修改意见,张祥沛、陈继贞对书稿进行了审阅,最后由张祥沛审定书稿。

　　本书为曲阜师范大学教材建设项目和山东省研究生教育创新计划资助项目。本书的出版得到了曲阜师范大学、科学出版社等的大力支持和帮助,参阅了同行、专家的著作、论文,在此,我们表示真诚的谢意!

编　者
2012 年 6 月

目　录

上篇　教学理论专题

下篇　教学内容专题

绪 论

0.1 生物学新课程教学专题概述

生物学新课程教学专题是为了适应基础教育课程改革和发展的需要,选择与新课程相关的生物学教学理论和教学内容,有目的、有计划、有步骤地进行探索,总结生物学教学经验、揭示生物学教学规律、指导生物学教学实践。生物学新课程教学专题隶属于学科教育学的范畴,具有鲜明的时代特色、独特的理论体系、较高的应用价值,是一门实践性很强的理论学科。

0.1.1 生物学新课程教学专题的研究对象

生物学新课程教学专题的研究对象是生物学教学活动。从系统论的视角来看,生物学教学活动的发生、发展离不开外部的、本体的、自身的因素影响,各种因素在活动中会构成不同的联系,包括:生物学教学活动与外部的社会系统和条件之间的联系,例如生物学教学对学生发展的作用、生物学教学环境等;生物学教学活动内部各因素之间的联系,例如生物学教学活动中的师生关系,生物学课程、生物学教学方法与手段等;各种具体教学因素自身内在的联系,例如生物学教学内容、生物学教学组织形式、生物学教学评价等。

0.1.2 生物学新课程教学专题的研究任务

生物学新课程教学专题研究是为了适应生物学教学改革和发展的需要,以科学的态度、理论、手段和方法,有目的、有计划、有步骤地对生物学教学活动进行探索的一种特殊的认识活动。生物学新课程教学专题的研究任务包括:认识生物学教学现象,提炼生物学教学经验,揭示生物学教学的本质与规律,确立先进、合理的生物学教学价值观,寻求最优化的生物学教学途径与方法。针对我国新一轮基础教育课程改革的实际,当前最主要的任务是主动适应中学生物学教学的发展,研究与中学生物学课程、教材、教学、学生及教师相关的热点、重点、难点问题,发展生物学教学理论,解释和说明生物学教学问题,指导生物学教学实践,培养现代社会所需要的高素质生物学师资人才。

0.1.3 生物学新课程教学专题的学科属性

从学科属性来看,生物学新课程教学专题既不是纯然思辨的理论学科,也不是完全处方式的应用学科,而是以教育学、心理学等科学理论为基础,总结生物学新课程教学经验,把生物学教学中的具体现象和问题系统化、科学化、理论化,形成独立的专题理论体系,并竭力寻求应用理论解决实际教学问题的途径和方法,具有高度的可操作性,用于指导中学生物学教学工作,是一门应用性理论学科。它要探讨的基本问题既包括做好生物学教学活动的行事依据,又涉及如何提高生物学新课程的合理性与有效性,解决教学中一些具有普遍性、典型性的问题。

0.1.4　生物学新课程教学专题的内容体系

生物学新课程教学专题作为一门应用性理论科学,打破过去"生物学教学论"、"生物教育学"等课程的传统理论体系,根据学生的认知发展需求和当前中学生物学教学实际,围绕生物学教学理论和实践中的热点、重点、难点问题设置教学专题,在兼顾内容体系完整性的基础上,更注重与中学生物学教学实践的联系,主要研究内容包括以下两大方面。

1. 生物学教学理论系列专题

侧重从理论层面上关注当前生物学新课程教学的相关问题。包括:从课程层面上介绍生物学素质教育、中学生物学课程的改革与发展、生物学新课程的课程目标、生物学新课程的设置、生物学课程标准和教材、生物学新课程的管理与课程资源等;从教学层面上介绍生物学新课程有关的学习理论、生物学新课程教学设计、生物学新课程教学模式、生物学新课程教学方法手段、信息技术在生物学新课程中的应用、生物学新课程教学评价等;从教师层面上介绍生物学新课程对教师提出的挑战及新课程背景下生物学教师的专业化发展。

2. 生物学教学内容系列专题

侧重从微观层面对生物学新课程中的各类教学内容进行教材分析、功能界定、教学设计、教学评价和案例展示等实践解读。包括:生物学新课程的概念教学、生物学新课程的原理教学、生物学新课程的探究活动教学、生物学新课程的实验教学、生物学新课程的插图教学、生物学新课程的栏目教学等内容。

0.1.5　生物学新课程教学专题的学科意义

生物学教学论、生物教育学等学科往往强调以知识为中心,偏重课程逻辑体系,忽视学生的发展需求和生物学教学中的热点、重点、难点问题,不利于激发学生学习的兴趣和积极性。生物学新课程教学专题所采用的专题式教学,则更注重围绕学生的实际需求和生物学新课程的热点、重点、难点组织教学,有利于加深学生对各教学专题内容的理解和对生物学新课程教学问题的了解;有利于学生的自主选择和个性化学习;有利于跨学科知识的相互渗透;有利于教师在教学中采用以问题为导向的教学方法(problem-based learning,PBL);有利于提升未来生物学教师的教学能力和科研水平,提高生物学教学质量和效率,推动生物学教学改革和发展。

0.2　学习生物学新课程教学专题的方法

作为高等师范院校生物学教育专业的学生,为了能更好地胜任未来的生物学教学工作,必须深入了解生物学新课程,熟悉生物学教学内容,掌握科学的生物学教学方法。因此,在学习生物学新课程教学专题时,应该注意以下几点。

0.2.1　理清专题概念,明确学习目的

一名合格中学生物学教师既要拥有渊博的生命科学知识和专业的技能,又要具有较

高的教育教学理论,更重要的是还要了解这些理论在具体生物学教学中的特殊规律,综合依靠这些专业知识、理论、规律来解决生物学教学中的具体问题。因此,在学习各专题时,首先应理清专题中包含的主要概念和原理,明确该专题的学习目的,即为什么要学习本专题,如何将专题中所介绍的知识和方法应用于生物学新课程教学实践。

0.2.2　转换身份角色,增强使命意识

为了能更好地理解生物学教学理论在未来生物学教学工作中的重要作用,提高学习的积极性,在学习生物学新课程教学专题时,应转换身份角色,即由大学生转变为中学生物学教师,站在生物学教师的位置上,设身处地去分析生物学新课程教学中的各种现象,感受生物学教学中的规律,发现生物学教学中存在的种种问题,探寻生物学教学的最优途径与方法,以教师的身份参加教学实践,激发学习兴趣和积极性,增强教师的职业使命感。

0.2.3　强化理论学习,提升内涵修养

教学实践证明,有理论指导和无理论指导的教学过程是大不一样的。生物学新课程教学专题有其独特的理论体系,对生物学教学实践活动和教学能力的形成与发展起到普遍的具体指导作用。因此,在学习中应重视理论的学习和运用,不断提升内涵修养,并用正确的理论解决生物学教学问题。例如,运用教学目标、教学过程、教学方法、教学手段、教学设计、教学评价等基本理论,分析生物学教材,确定教学重难点,正确制定出一节课的教学目的,合理设计生物学教学过程,选择恰当的教学方法,组织好课堂教学活动等。

0.2.4　联系教学实际,重视自我总结

生物学新课程教学专题具有鲜明的实践性,脱离实践单纯研究教学理论是不可能真正掌握生物学教学的内在规律,形成教学能力的。应该用学到的教学理论、规律来解决生物学教学中的实际问题。只有注重紧密联系生物学教学实际,通过分析教材、课堂讨论、参观生物学课堂教学、模拟教学、教学见习、教学实习等各种实践活动形式,才能深刻理解理论,并提高理论指导生物学教学实践的能力;只有在实践中不断总结成功的经验、反思失误的教训,才能逐渐走向成熟,避免重复犯错,并最终成为一名优秀的生物学教师。

0.3　与学习本课程有关的两大问题

了解现代科学技术的发展特点,把握世界教育改革与发展的趋势,对一名现代人尤其是教育工作者而言是极其必要的,有利于我们站在时代的高度,用全球的视角去审视、思考和解决教育教学问题。

0.3.1　现代科学技术的发展特点

21世纪是科学技术发生巨大变革、继续取得突破性进展的时代。现代科技的发展体现出许多新特点。

1. 科学技术的加速度发展

第二次世界大战后,科学发现和技术发明的数量高速增长,并且科技新成果从发现、

发明到实际应用的周期越来越短,开发速度不断加快。例如,蒸汽机从发明到应用花了80年的时间,而从发现原子核裂变到爆炸原子弹只用了6年,红宝石激光器从发明到应用的周期则不到1年。随着新技术、新产品的更新速度越来越快,工程技术人员的知识半衰期则越来越短。据统计,10年左右,工业新技术就有30%被淘汰,在电子技术领域中,这一比率更大,超过了50%;现代工程师在5年内就有一半知识已过时,即知识的半衰期为5年。与此同时,科技信息的增长速度更为惊人。

2. 科学技术的高度分化和综合化

现代科学技术一方面高度分化,一方面又高度综合,而且分化反成为综合的一种表现形式。例如,随着自然科学分支学科大量涌现,人们对客观世界的认识也不断深化,因而就越加发现自然界是一个统一的整体,在这种情况下,产生了综合研究,同时也推动了大量边缘学科(如生物化学、天文物理学等)、横断学科(如信息论、系统论、控制论等)和综合学科(如计算机科学、环境科学、空间科学等)的诞生。这种既相互对立又紧密联系的辩证发展,使现代科学日益结合为一个有机联系的整体。由于科学技术各学科之间彼此渗透和相互促进,每一学科只有在整个科学体系的相互联系中才能得到发展,从而导致现代科学体系结构的综合化。此外,20世纪后期,人类社会出现的重大科学技术问题、社会发展问题、经济增长问题和环境问题,都具有高度综合性和全球性,必须组织有关自然科学、技术科学和人文社会科学部门进行广泛合作,综合运用多学科的知识和方法去研究解决。当代自然科学与人文社会科学结合,是当今科学发展的重要特点。

3. 智力资源开发的全球化

科学技术的高速发展和综合化的趋势,使得当今智力资源的开发也日趋全球化。以往的科学研究靠的是机构的力量,一个科研机构之所以能吸引优秀的科学家,在于它能为科学家提供独特的科研条件,例如,先进的实验室、充足的研究费用等。然而,这种集中力量的旧方式已经无法适应科学技术综合化和全球化的要求。实验室与实验室之间、大学与大学之间完全可以按项目要求实行重组,地域的概念已经逐渐淡化,而人才的地位变得愈发突出,重视人才就是重视知识的作用。一些跨国公司为了开拓世界市场,不惜巨资投入到他们认为能够最好发挥人才作用的国家或地区,开办自己的研究机构,使当地的人才能够人尽其用。由于互联网的普及,一个科研项目也可以进行全球性合作,全世界各地对该项目有兴趣的科学家都可以参与其中,一些重大的全球性项目在全球开展成为可能。

0.3.2 世界教育改革与发展的趋势

随着现代科技的飞速发展,国家之间的联系越来越多,国际间的竞争也越来越激烈,而提高国际竞争力的核心是教育和人力资源的开发。因此,许多国家都明确提出要提高国家的教育竞争力,培养具有国际竞争能力、国际意识和国际视野的人才。世界教育的改革发展呈现出以下趋势。

1. 全民教育

每个人都是独特的个体,每个人都有独特的优势(多元智能);他们的身体、情感和智力上的发展和成熟都有各自的速度、节奏、方式和契机。全民教育的宗旨和最终目的是满足所有人学习的需要,以提高所有人的基本文化水平和基本谋生技能,让他们有尊严地生活,并有一定的意识和平相处、共同进步,从而使世界走上可持续发展的道路。全民教育思想的产生与兴起是与当代追求公平、摆脱贫困和共同发展的世界思潮分不开的,也和当前人类所面临的人口膨胀、资源短缺、环境恶化等共同难题分不开。

2. 教育民主化

教育民主化首先是指教育机会均等,包括入学机会的均等,教育过程中享有教育资源机会的均等和教育结果的均等;其次是指师生关系的民主和平等;再次是指教育活动、教育方式、教育内容等的多样化,为学生提供更多自由选择的机会。教育民主化才能真正体现以人为本、促进学生全面发展和终身发展的教育理念。

3. 终身学习

早在1965年,联合国教科文组织就提出终身教育的概念,它包括教育的一切方面,并不是一个教育体系,而是建立一个系统的全面的组织所根据的原则,该原则又是贯穿在这个体系的每个部分的发展过程之中,固然要重视使人适应工作和职业需要,然而,这绝不意味着人就是经济发展的工具。近年来,人们更强调终身学习。除了人的工作和职业需要之外,终身学习还更加重视铸造人格、发展个性,使学习者学会认知、学会做事、学会共同生活和学会生存,使学习者潜在的才干和能力得到充分的发展。终身学习思想已经成为许多国家教育教学改革的指导方针。

4. 教育的可持续发展

教育的可持续发展是指教育坚持以促进人的发展为核心,遵循教育发展的客观规律,正确处理教育自身发展与经济社会发展的相互关系,构建和谐的发展运行机制,使教育始终保持可持续发展的生机和活力,培养具有可持续发展能力的人才。

总之,现代科学技术的迅猛发展和世界教育的发展为我国生物学课程的改革与发展带来了契机;与此同时,对生物学教师的职前教育也提出了更高的要求和挑战,与生物学新课程教学相关的专题内容亟待加强。

思考与讨论

1. 生物学新课程教学应如何更好地适应现代科技的发展?
2. 相对于"以知识为中心"的课程,专题式教学有哪些优点和不足?
3. 作为未来的中学生物学教师,你计划如何学习本课程?

上篇

教学理论专题

第1章 生物学素质教育

自1993年2月《中国教育改革和发展纲要》提出"中小学要由'应试教育'转向全面提高国民素质的轨道,面向全体学生,全面提高学生的思想道德、文化科学、劳动技能和身体心理素质,促进学生生动活泼地发展,办出各自的特色"的号召以来,素质教育的思想已深入人心。但就生物学科如何有效地实施素质教育并进行科学评价,仍需要广大生物学教育工作者进行深入的理论研究和实践探索。我们认为,应深刻理解素质教育的涵义和意义,突出生物学科的特点,结合生物学教学的实际,才能更好地实施生物学素质教育。

1.1 素质教育概述

如何理解素质教育,至今仍存有一些分歧,对素质教育有不同的理解是正常的,但对素质教育的本质及发展,对素质教育的思想性和时代性应该有一个基本的把握。素质教育是在克服"应试教育"倾向的实践中自然产生的,是在教育改革深化过程中,在政策、研究与实践的相互影响下,不断探索而形成的。本质上,素质教育是一种新的教育理想和教育价值观,是期望达到的一种新的教育境界和教育目标。

1.1.1 素质教育的提出

素质教育(quality education)的提出是 个逐步明确的过程。从已有的资料分析,大致可分为三个阶段。

第一阶段:对与素质教育有关的若干问题的探讨。20世纪70年代末和80年代前半期,在世界新技术革命和世界教育改革的宏观背景下,为适应我国社会发展和人的发展的实际需要,针对我国教育实践的现状,提出了要"加强双基"。以后认识到单纯"加强双基"的不足,进一步提出要"加强双基,培养能力,发展智力"。随后又认识到单纯强调认知方面仍不够,提出要重视非智力因素的培养。这些研究是新时期对素质教育的较早探索,研究者们探讨的内容实际上属于素质的某一方面或某些方面。

第二阶段:对素质的直接探讨。"素质"一词被广泛地运用于我国的教育领域始于1985年。1985年5月19日,邓小平同志在全国教育工作会议上指出:"我们国家,国力的强弱,经济发展后劲的大小,越来越取决于劳动者的素质,取决于知识分子的数量和质量。"5月27日,《中共中央关于教育体制改革的决定》明确提出:"在整个教育体制改革的过程中,必须牢牢记住改革的根本目的是提高民族素质,多出人才,出好人才。"此后,在《中华人民共和国义务教育法》和党的十二大报告中都提到了素质问题。与此同时,研究界关于"素质"、"民族素质"、"劳动者素质"、"国民素质"的研究日益增多,并对片面追求升学率的现象提出批评。但当时还未提出"素质教育"这个词。进入20世纪80年代以来,我国基础教育界开始了教育整体改革的探索,这些实验探索为"素质教育"的提出奠定了实践基础。

第三阶段:"素质教育"的提出与探讨。通过第二阶段的多方面研究实践,"素质教育"一词呼之欲出。《上海教育(中学版)》1988 年第 11 期发表言实的文章《素质教育是初中教育的新目标》,这是"素质教育"一词较早见诸公开刊物。而 1990 年以后关于"素质教育"的文章便不计其数。1993 年 2 月 13 日,中共中央、国务院下发的《中国教育改革和发展纲要》中指出,"中小学要由'应试教育'转向全面提高国民素质的轨道",其中提到"素质"一词的地方有 20 处之多。1994 年,中央召开全国教育工作会议,李岚清同志在总结讲话中明确提出:基础教育必须从"应试教育"转到素质教育的轨道上来,全面贯彻教育方针,全面提高教育质量。1996 年,全国人大八届四次会议通过的《中华人民共和国国民经济和社会发展"九五"计划和 2010 年远景目标纲要》又明确提出,要"改革人才培养模式,由'应试教育'向全面素质教育转变"。这就以法律性文件的方式,确立了我国教育特别是基础教育由"应试教育"向素质教育转变的方向。

1.1.2 对素质教育的理解

要更好地理解素质教育,首先必须明确素质的涵义。素质的涵义有狭义、中义和广义之分。

狭义素质概念也就是生理学和心理学意义上的素质概念,即"遗传素质",是指人或事物在某些方面的本来特点和原有基础。在心理学上,指人的先天的解剖生理特点,主要是感觉器官和神经系统方面的特点,是人的心理发展的生理条件,但不能决定人的心理内容和发展水平。解剖生理学和心理学上最早使用素质概念,因此狭义素质是素质的本义,特点是强调素质的先天性。

中义素质概念是指"未来发展的主体可能性",亦即"发展潜力"或"发展潜能"。与狭义素质概念不同,这种"未来发展的主体可能性"不是先天性,也不是先天与后天共同作用下形成的整个主体现实性,而是主体现实性中反映未来发展可能性的部分。

广义素质概念也就是教育学意义上的素质概念,泛指整个主体现实性,亦即在先天与后天共同作用下形成的人的身心发展的总水平。广义素质是指公民或某种专门人才的基本品质,如国民素质、民族素质、干部素质、教师素质、作家素质等,都是个体在后天环境、教育影响下形成的。素质教育中的素质指的是广义素质,素质教育也就是提高主体整个素质的教育。

关于素质教育的涵义,原国家教委 1997 年印发的《关于当前积极推进中小学实施素质教育的若干意见》中作了明确阐释:"素质教育是以提高民族素质为宗旨的教育。它是根据《教育法》规定的国家教育方针,着眼于受教育者及社会长远发展的要求,以面向全体学生、全面提高学生的基本素质为根本宗旨,以注重培养受教育者的态度、能力,促进他们在德智体等方面生动、活泼、主动地发展为基本特征的教育。"

1.1.3 素质教育的意义

从素质教育的提出过程和涵义,我们不难看出素质教育具有极其明确的针对性和重要意义。

1. 素质教育的针对性

人们对如何界定素质教育有多种不同看法,如:素质教育是为人生做准备,属于全面教育,具有普遍性;素质教育面向每一个人,是教育机会均等的教育,具有全体性;素质教育是一种通才教育,而不是专才教育,等等。要理解一个概念的实质,关键是要了解它的针对性。素质教育是有针对性的,它针对的是中小学基础教育中的"应试教育"模式。人们对那种以升学为目标的教育模式深感失望,深感它背离了我们的教育理想。素质教育被当作是对"应试教育的"纠偏。

此外,素质教育的推行已不仅限于中小学基础教育。20 世纪 90 年代以来,素质教育在高等院校也备受重视。它表达了人们对高等教育过于专业化的不满,对功利化倾向的担忧。在高等教育中,素质教育目标主要有两个方面:一是力图纠正专业分得过细、学生知识结构单一的问题;二是纠正把大学教育当作职业教育的倾向,强调大学教育要着眼于培养"通才",培养具有广博文化科学素养和人生修养的人。

总之,素质教育是针对现有大、中、小学教育中的弊端有感而发,它的实质就是"纠偏",纠片面追求升学率之偏,纠过于专业化、功利化教育之偏。

2. 素质教育的重要意义

素质教育的重要意义可概括为如下方面:

(1) 素质教育体现了我国基础教育的性质、宗旨与任务。用素质教育来概括我国基础教育的性质、宗旨和任务是合适的。

(2) 素质教育深化了我国的教育目标。素质教育必然要进行素质目标体系的构建,这样,教育目的才得以具体化,贯彻素质教育才能把全面发展教育落在实处,素质教育是实现全面发展教育的途径。

(3) 素质教育首先强调了教育的本体功能(即个体功能)。教育的本体功能与社会功能应该是统一的。只有本体功能发挥良好,才谈得上社会功能。素质指人的素质,素质教育作为主体性教育,一切为了学生,为了一切学生,旨在弘扬人的主体性,培养现代人。这正是教育的时代脉搏和时代精神。

(4) 提倡素质教育,有利于遏制目前基础教育中存在着的"应试教育"和片面追求升学率的倾向。

(5) 素质教育既符合我国社会主义建设的需要,也符合人的自身发展的需要,有助于提高国民素质和民族素质。

(6) 素质教育是世界教育改革的大趋势。深入研究教育与发展的关系,重视基础,重视能力培养,不仅重视认知因素而且重视非认知因素,由智能中心转向个性的全面发展,这些都是世界教育改革中的共同点。从"教育要面向现代化、面向世界、面向未来"的要求看,素质教育势在必行。

1.2 生物学素质教育的实施

1.2.1 生物学科的特点

生物学作为一门自然科学,与物理学、化学、自然地理学一样,都是以自然界为研究对象的,它们之间有着一些共性。但由于生物学在具体的研究对象、研究方法、研究内容以及学科发展等方面的不同,生物学有其自身的科学规律和特殊性,具有生命性、实验性、现代性、综合性和广泛性等特点。在生物学素质教育中,应充分体现生物学科特点,发挥生物学教学在全面提高学生整体素质中的作用。

1. 生命性

生物学是研究生命现象和生命活动规律的科学,研究对象是有生命的生物体,生命性是生物学的本质特征。因而,生物学教学只有紧紧抓住生命性这一本质特征,充分揭示生物的生命活动规律,才能使学生正确理解生命活动过程及本质,做到记忆准确、理解透彻、掌握灵活,提高学生的认知能力和学习质量。

生物学的生命性特点具体体现在以下几个方面。

(1) 生物体具有统一的物质基础 所有的生物体,从最高等最复杂的人到最低等最简单的病毒等生物,其基本组成物质都是蛋白质和核酸。生命现象无不与生物大分子的结构和功能以及它们之间的相互作用有关,生命的本质就是组成生物体的蛋白质、核酸等大分子的运动和相互作用。如生物个体的生殖和发育,其实质就是来自受精卵的基因在不同的时空条件下按一定的程序选择性表达的过程;遗传从现象上看是性状表现,本质上则是基因的传递;进化从现象上看是物种的更替,本质上则是种群中基因频率在自然选择作用下的定向改变。

(2) 生物界是多层次、网络化的开放系统 首先,生物界是多层次的复杂系统。例如,细胞是生物体结构和功能的基本单位,其下有细胞器、分子和原子,其上有组织、器官、系统、个体、种群、群落和生态系统。细胞内部的各种组分既存在结构上的联系,又在功能上彼此分工协调,相互依存。其次,生物界是由物质、能量和信息交换构成的网络系统。生物与非生物的根本区别就是生物体有新陈代谢。生物体不但有内部的物质、能量和信息的转换,还要与环境不断进行物质、能量和信息的交换。第三,生物界还是一个开放系统。生物体在同环境进行物质交换的过程中,自身物质也不断地进行着组建与破坏。

(3) 生物界是历史演化的产物 所有的生物都是由最原始、最简单的生命演变来的。现存每一种生物体上都浓缩着大约38亿年的进化史,都有着经过漫长的自然选择而形成的特定的遗传程序,这些遗传程序在每一个个体上表达,稳中有变,表现出特定的适应意义。对每一生命现象都可以作出邻近因果和最终因果两种解释。邻近因果指发生学上的因果关系;最终因果指进化上的因果关系。例如,许多生物的雄性和雌性个体具有不同的形态特征,从邻近因果来看,可以解释为性激素、性别基因的作用;从最终因果来看,则可解释为性选择或其他选择因素的影响。

在生物学教学中,要从以下方面来体现生物学的生命性特点:①从生命活动的过程中来介绍生物体的形态、结构知识,体现生物体的形态、结构与其生理功能是相适应的;②从生命活动内部的矛盾对立统一和生物进化的角度来介绍生物体的生理功能知识,体现生命是运动、变化和发展的;③从生命现象的普遍联系角度来介绍生物学知识,体现生命现象都是相互制约、相互作用和相互统一的;④从生物个体发育过程中介绍生物学知识,体现生物体都有产生、成长、衰老和死亡的过程;⑤从外界条件跟生物体的相互影响来介绍生物学知识,体现生物体与环境的关系。

2. 实验性

生物学是一门实验科学,实验和观察是生物学基本的研究方法,实验性是生物学的突出特点。观察、实验可以使学生受到观察和实验技能的训练,加深理解和掌握生物学知识,激发学习生物学的兴趣和积极性,形成实事求是的科学态度,培养观察、实验、思维和自学等能力。实验是一种教学实践活动,对学生的能力培养,特别是对于实验操作能力和独立探究能力的培养有着重要的作用。

现代生物学的发展是与研究方法的进步分不开的,正是实验技术和手段的不断进步,才使得生物学从初期的描述性科学(搜集和描述材料为主)发展为今天的实验科学。可以说,生物学家通过实验发展了生物科学,同样的道理,学生也必须进行观察和实验,才能真正学好生物学知识并获得能力。自20世纪初以来,生物学家对实验的兴趣更浓了,他们试图通过实验得出关于生命现象中某一细微观察的精细结论,这是令人信服的掌握新知识的过程。实验已成为更加精确认识生命现象过程的重要保证,它不仅是一个操作上的行为,还是一种科学的思维方式。

对于突出实验性特点、加强实验教学的问题,就我国目前的中学生物学教学实际看,要解决好下列问题:①改革传统的实验教学方法,尽量让学生多动手,并增加实验的探究因素,变验证性实验为探究性实验;②优化实验选材和实验方法步骤的设计,以保证好的实验效果;③采用多种手段调动学生对实验教学的兴趣和积极性,例如,对每次实验都提出明确具体的目标要求,对实验效果坚持进行检查和评定,把学生的观察、实验成果尽量运用到课堂教学中,开展关于实验内容的竞赛活动等;④创造条件增加实验内容和数量,如把有些演示实验改为学生实验,增加一些学生课外实验和研究性课题等;⑤改革实验教学的考核评价方式,采用试卷与操作相结合的实验考核方式,变总结性评价为形成性评价,对每个实验都制定出相应的实验细则,根据学生的实验态度、实验操作和实验结果进行综合评价。

3. 现代性

生物学是当代自然科学的前沿,是关系到人类生存和发展的重要科学,生物科学技术是当今世界新技术革命的重要组成部分。随着现代科技的发展,生物学同时向微观和宏观两个方面飞速发展,开辟了一些新领域(如分子生物学、遗传工程、仿生学、生态学等),获得了许多新成就(如结晶牛胰岛素的人工合成、人的基因在烟草植株中的表达、杂交水稻新品种的培育、哺乳动物体细胞成功的克隆、人类基因组计划的实施等)。这些都体现了现代科学技术的前沿发展水平,生物学教学理应反映现代生物科学技术水平,教育学生高度认识生物科学技术的重要性,向学生进行生物科学价值观教育。

突出现代性特点,首先教师要提高认识,把向学生开展生物科学价值观教育作为一项重要教学任务来抓,系统规划,贯彻始终。其次要结合具体生物学知识的教学,进行生物科学价值观教育的渗透。例如,结合生态知识教学,向学生介绍一些生态学研究的新成果,强调当今人类社会所面临的人口、粮食、环境、能源和资源等问题都与生物科学直接相关;结合遗传知识教学,向学生介绍一些遗传工程、生物育种和遗传病研究方面的新突破,强调生物新品种的培育以及人类遗传病的避免和根治都离不开生物学知识。这样可以树立学生的生物科学价值观,提高学生学习生物学的积极性,使学生感到学习生物学知识是有用的,并养成按照科学规律进行思考和处理问题的习惯。

4. 广泛性

生物学的广泛性特点体现在以下三个方面:一是生物的种类多种多样,分布广泛多样,形态、结构和生理功能复杂多样;二是生物学知识本身的广泛性,广泛涉及生物界的各个方面,形成很多分支学科,构成浩瀚的知识海洋;三是生物学与其他学科之间具有广泛联系。可以说,生物学是自然科学中渗透最广、涉及面最宽、知识量浩大的科学,对于培养学生的科学素养具有重要作用。

生物学的广泛性使生物学教学呈现出多样化特点,包括教学过程、教学结构、教学内容、教学方法、教学手段和教学评价等方面的多样化。因此,生物学教学要因材施教,形式多样,力戒死板单一。另外,在生物学教学中要加强学科间的横向联系。例如,高中地理中的"地球上的生物、土壤和自然带"一章与高中生物中的"生物与环境"一章,内容大同小异,根据教学安排,地理中的这一章内容先学完,可以直接"移花接木"到生物学教学中,作为桥梁和铺垫,以降低教学难度。再如,初中物理和化学教材中都讲到了"分子的热运动和扩散",将这些知识迁移到生物学教学中,那么"细胞吸水的原理"、"气体交换的原理"等知识便可迎刃而解。总之,加强学科间的横向联系既符合生物学自身的特点,适应了生物学教学的新趋势,也有利于培养学生的综合科学素养。

5. 综合性

生物学的综合性特点主要表现在下列方面:一是在其内部不断涌现新兴分支学科的同时,又逐渐在分子水平上走向综合和统一,使得人们对生物学原理和规律的认识越来越接近生命的本质;二是生物科学与其他相关学科高度的双向渗透和综合,使得生物学课程和教材出现综合化趋势;三是信息论、控制论和系统论等横断科学与生物学的交叉渗透和综合,反馈和稳态都是控制论的基本概念和观点,二者的提出都与生物科学有关,开放系统的整体性和动态性是一般系统论的重要观点,这在生物学知识和原理中都有充分体现。

随着现代科学技术的进一步发展,各学科之间的联系、交叉和渗透会越来越多,如已形成了生物物理学、结构生物学、环境哲学、生态学等众多的综合学科。许多新的重大科研成果都是多学科专家共同努力的结果。生物学中的一些研究成果,是借助于其他学科的一些理论、思想和手段而获得的;同样,一些物理学、化学、数学中的研究成果,也得益于生物学中的理论和思想。为适应这一综合化的发展趋势,许多国家的生物学是与物理学、化学、自然地理等学科融合为一门综合理科或科学课程来开设的,我国的浙江等部分省市已进行了开设综合课程的试验。因此,在生物学教学中要注意体现生物学的综合性特点,引导学生多角度、多方位地思考问题,训练学生的发散思维和综合思维,培养学生的创新意识。

1.2.2 生物学素质教育目标

生物学素质教育目标取决于社会对人才规格的总体要求,同时还必须根据生物学科的特点,结合学生的心理特征来具体确定。应包括以下方面的主要内容和要求。

1. 思想道德素质目标

(1)培养辩证唯物主义自然观,使学生树立科学的世界观。

（2）培养理论联系实际、严谨求实的科学态度。

（3）热爱自然、生物，关心资源、生态，保护生物和环境。

（4）具有爱护仪器用具等公物、遵纪守法、团结友爱、尊老爱幼、文明礼貌等高尚的情操。

2. 文化科学素质目标

（1）使学生具有扎实的关于生命活动现象和基本规律的基础知识，以及这些知识在生产、生活和社会实践中的应用方面的知识。

（2）使学生获得与多学科联系的生物学知识以及现代生物科学新进展方面的初步知识。

（3）使学生掌握生物学知识学习的基本方法，养成良好的学习习惯和学习的自觉性。

（4）学会简单实验操作和探究的方法，具有较强的观察、实验、思维、自学能力，并有一定的创新和实践能力，提高科学素养。

3. 身体心理素质目标

（1）养成锻炼身体，注重生理卫生、营养卫生和自我保健的习惯。

（2）有乐观进取、不怕挫折、意志坚强等良好的心理品质和人格，有健康的审美情趣。

4. 劳动技能素质目标

（1）热爱劳动，有一定的劳动技能以及自觉的劳动习惯。

（2）对自己的劳动成果感到自豪，尊重他人的创造。

1.2.3　生物学素质教育实施策略

1. 根本问题：转变教育观念

一定的思想观念指导、调控着行为，教学行为总是体现着一定的教育思想观念。现阶段要在生物学教学中实施素质教育，转变教育观念是根本、是前提。首先，必须树立以学生发展为中心的教育观。坚持"以人为本"，结合生物学知识体系和学科特点，创造适合学生个性发展的条件，激发每个人的积极性，使其在德、智、体、美、劳等方面都得到全面、和谐、健康的发展。这就要求教师应尊重学生，爱护学生，把学生视为教学的主体。第二，要着眼于学生学会学习。显然，在生物学教学中必须指导学生"会"学习，不仅会学知识，更要会查阅、搜集文献资料，会使用现代教学媒体以及与生物学有关的教学器具，使学生学会关心，学会合作，具有开拓进取、创新应变等适应未来的能力。第三，要着力培养学生的创新精神和实践能力。培养创新精神和实践能力是素质教育的灵魂。在生物学教学中要鼓励和引导学生独立思考，勇于提出自己的见解；要在坚持全面发展和基本要求的前提下，鼓励多样性；要让学生多动手操作，多观察实验，充分开发创新思维潜能，培养创新精神和实践能力。

2. 关键问题：提高教师素质

实施素质教育，教师是关键。生物学教师需要提高以下方面的素质：①建立适应素质教育要求的现代教育教学观念；②正确理解生物学课程标准和教材的编写意图，能把课程标准的素质教育要求和教材的编写意图在教学过程中得以充分体现；③具有丰富的知识,除了要有精深的生物学专业知识外,还要具有广博的相关学科知识,丰富的生产和生活知识,一定的教育学、心理学和教学法理论知识;④具有较强的教学能力,要有组织教学的能力,使教学活动有序、紧凑、和谐、有效,要有较强的语言表达能力,能准确、严密、生动、精练地表达自己的思想,要有适应开展探究性学习的能力,如教学设计的能力、合作性教学的能力、指导学生学习的能力、新知识汲取的能力、搜集和运用信息的能力、综合评价的能力等,还要有较强的观察、实验教学能力和运用现代教学媒体的能力;⑤加强情感态度与价值观教育的探讨,激发学生的生物学学习兴趣,培养良好的学习习惯,师生关系和谐、融洽,使学生在知识、能力、情感态度与价值观等方面全面发展。

3. 重要任务:更新教学内容

更新教学内容,使教学内容现代化,是生物学教学面临的重要任务,也是制约生物学素质教育实施的重要因素。在新中国成立后的较长时间内,我国中学生物学课程和教材虽然经过几次较大的变动,但基本内容和体系并没有实质性的变化。随着现代科学技术的发展,生物学的发展速度越来越快。生物学作为人类科学知识的重要部分,对提高人的整体素质有着不可替代的作用。因此,生物学课程应以未来社会发展、生产和生活中所需要的基本知识为主精选教学内容;要突破"以学科为中心"、"以知识为中心"的观念束缚,以学生的发展作为内容选取的出发点,构建合理的知识体系;教学内容还应充分体现基础性与先进性的统一,即在重视学生学习生物学基础知识、基本技能的同时,应十分重视让学生掌握与现代文明社会发展密切相关,适应新世纪竞争挑战的现代生物学知识与技术。如增加细胞的分化与衰老、细胞癌变、人类遗传病与优生、环境与人体健康、营养与健康的关系、绿色食品、生物净化、生物固氮、生物工程技术等方面的知识。这在新课标高中生物学教材和新课标初中生物学教材中都做了较大调整,为更好地实施素质教育创造了条件。

4. 有效途径:优化教学方法和教学手段

教学方法和手段是通往教学目标的途径、方式,优化教学方法和手段是实施素质教育的有效途径。符合素质教育目标要求的教学方法不是一种具体的方法,而是包含许多具体方法的方法系统。教师必须坚持以启发式教学为指导思想,积极倡导和实施探究性学习,从学生实际出发,不断改进和优化教学方法与手段,调动学生学习的积极性、主动性和独立性,引导学生通过自己积极的探究活动去掌握知识、发展智能。要尊重学生学习的主体地位,指导学生的学习方法,培养学生的创新精神、实践能力和自学能力。各种新的教学方法不断产生和引进,如自学指导法、观察实验法、问题讨论法、情境教学法、愉快教学法、尝试教学法、学案教学法等,已被越来越多的生物学教师接受,并运用于自己的教学中,取得了较好效果。

5. 绿色通道:加强直观教学和实验教学

生物学教学必须突出直观教学和实验教学,可以说直观教学和实验教学是生物学教学实施素质教育的绿色通道。不仅要用好挂图、标本、模型等传统教具,更要加强幻灯、投影、电视、电影、计算机、多媒体和网络等现代化教学媒体与技术的应用,使教学手段现代化、多样化和高效化。教师要具有现代教育意识,掌握现代教育技术,指导学生进行创造性学习,尤其是要根据每个学生情况的反馈改进教学,真正体现因材施教和个别化教学。另外,生物学是一门以实验为基础的实验科学,实验性是其突出特点。实验教学是生物学教学的重要内容和方法,也是生物学教学中实施素质教育的重要途径。这就要求教师充分认识实验教学在实施素质教育中的重要性,不断提高自己的实验教学能力,切实搞好生物学实验教学。

1.3　生物科学素养的内涵及结构

在国家教育部颁布的《全日制义务教育生物课程标准(实验稿)》和《普通高中生物课程标准(实验)》中,都明确提出了"提高生物科学素养"的课程理念。生物科学教育的主要任务和基本目标是培养学生必备的、可持续发展的生物科学素养。

1.3.1　生物科学素养的内涵

《普通高中生物课程标准(实验)》中指出:"生物科学素养是公民科学素养构成中重要的组成部分。生物科学素养(biology attainment)是指国民参加社会生活、经济活动、生产实践和个人决策所需的生物科学知识、探究能力及相关的情感态度与价值观,反映了一个人对生物科学领域中核心的基础内容的掌握和应用情况,以及在已有基础上不断提高自身科学素养的能力。"其最基本的涵义是指学生能够合理地将所学到的科学知识运用到社会及个人生活中。关于生物科学素养应包括的内容,至今还没有十分明确的界定,根据科学素养的概念并结合我国生物学教学的实际,我们认为,生物科学素养应包括以下基本内容。

1. 科学知识和技能

科学知识是人类对客观世界认识成果的概括,包括基本的生物学概念、原理、规律和事实等。技能则是人们在领会知识和经验的基础上,通过练习而获得的能顺利完成某种任务的动作方式或智力活动方式,主要包括生物学观察和实验方面的一系列技能。

2. 科学方法

科学方法是人们在认识和改造客观世界的实践活动中总结出来的正确的思维方式和行为方式,是人们有效地认识世界与改造自然的工具和手段,包括唯物辩证法、逻辑方法、学习方法和具体的生物科学方法。

3. 科学能力

科学能力是指人们顺利完成某种活动所必需的个性心理特征,主要包括生物学观察能力、实验能力、思维能力、自学能力、创新能力和科学探究能力等。

4. 科学观点

科学观点又称科学思想,是指人们对自然及科学本身的基本看法,包括辩证唯物主义观点、科学价值观、科学道德观、科学自然观以及生物进化观点、生态学观点和审美观点等。

5. 科学品质

科学品质是指人的行为、作风上的品质和本质,主要包括科学意识、科学精神、科学态度、科学兴趣、科学习惯和科学意志等。

1.3.2　生物科学素养的结构

生物科学素养的结构及各部分之间的相互关系可用下图表示(图 1-1):

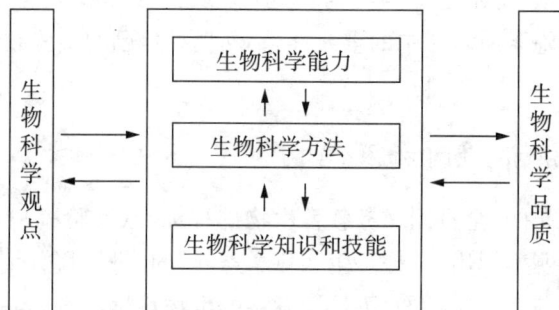

图 1-1　生物科学素养的结构

　　人的智力素质的发展与非智力素质的发展是密不可分的。在生物科学素养的结构要素中,生物学知识、技能、方法和能力属于智力因素,科学观点和科学品质则属于非智力因素。智力因素是科学素养的核心,其中的能力是科学素养的发展方向;非智力因素显著影响着智力因素的水平,科学品质是整个科学素养结构中的动力条件,科学观点是导向。

　　非智力因素虽然并不直接介入认识过程,但与智力密切相关,在认识过程中起着动力、导向和促进的作用,它形成和表现为学习态度。一方面,能力是在掌握知识、技能和方法的过程中发展起来的,离开了学习和训练,能力就不能得到发展;同时,忽视了动力条件,缺乏强烈的兴趣和克服困难的勇气,学习行为就不可能持久,从而也很难形成能力;没有一定的科学观点,科学发展就会迷失方向。另一方面,一定的能力为知识的学习和技能的掌握及方法的运用提供了前提。能力制约着知识掌握过程的深度、广度和速度。高能力会促进人获得成功,从而有助于科学品质的完善。可见,智力因素与非智力因素的发展是相辅相成的,两者在教育和实践过程中紧密联系,共同构筑起生物科学素养之"结构大厦"。

1.4　生物学新课程教学中的能力培养

　　在生物学教学中培养学生的能力,必须坚持培养能力的一般方法、原理与生物学科特点相结合的原则;能力的培养是一个长期的过程,要有计划、有目的、循序渐进地进行;要把掌握知识、训练技能、进行思想情感教育与培养能力有机地结合起来;要根据不同的教学内容,选择不同的教学方法,培养不同的能力;各种能力不是孤立的,它们的培养方法和过程虽然应有所侧重,但也是一个相互渗透和相互促进的整体过程。

1.4.1　培养能力的基本途径

1. 树立正确对待学生的教学思想

　　学生是教育的对象,更是教育的主人;是教育的客体,更是教育的主体。他们每个人都有自己的素质和个性,都有自己的主观能动性,一切教育的影响都要经过他们内在的矛盾斗争才能被接受,他们接受教育是有选择的。因此,要使学生获得能力,首先要从思想上承认这个现实,改变注入式、满堂灌的教学方法,提倡学生通过教师启发指导,自己主动探究问题。另外,要鼓励和允许学生发表自己的见解,特别是要允许学生发表和教师不同的见解,使学生有"求异"精神。传统的教学建立在教师绝对的权威上,不重视培养学生的想象力和创造力,也不重视学生思维的独立性、深刻性和批判性,往往不能激发学生的学习积极性,也不利于能力的培养。

2. 精心设计教学过程,引导学生积极思维

思维是能力的核心,因此培养能力的关键是引发学生积极思维。在教学过程中,教师要有计划、有目的地提出富有启发性的问题,把教学过程变成一连串的"提出问题—分析问题—解决问题"的过程,使知识与能力发生有机联系。在这个过程中,学生是学习的主人,教师的作用在于给学生设疑或引导学生分析问题、解决问题。教师要根据教学和学生的实际,把教学内容组织编排得引人入胜,具有思考性、启发性和趣味性,使学生掌握系统而扎实的生物学基础知识和基本技能,为培养学生能力奠定坚实的基础。实践证明,生物学教学中必须坚持启发式、探究式,坚持能力与知识同步发展。教师要善于运用各种教学手段,精心设计教学过程,围绕"问题"展开教学,要让学生始终处于积极思维、主动学习的状态,这样才真正有利于培养学生的能力。

3. 创设诱人的学习情境,激发学生的求知欲

现代教学理论强调情感在教学中的作用,这是符合中学生实际的,是以生理学、心理学为基础的。心理学认为,人的认识和情感不可分割地联系着,两种不同情感对学生有不同的影响,积极的情感对认识有动力功能。大量的心理实验证明,愉快时则感知比较敏锐,记忆比较牢固,想象比较活跃;反之,消极情感则会阻抑认识活动的开展,紧张、苦恼、焦虑等都会使智力活动迟钝、受阻。因而目前倡导一种具有情感色彩的教学方式,主张使学生学习而不紧张,使学生感到学习是满足求知欲的一种快乐。在生物学教学中,教师要利用各种教学技巧和直观手段,创设一个诱人的学习情境,使学生主动探求知识,促进能力的培养和发展。求知欲与兴趣紧密相关,经验证明,学生对某门学科的兴趣有赖于特定的成功的学习经验,以及对获得有用的知识本身发生兴趣。因此,教师的任务首先是让学生"学会",让学生尝到学习成功的"甜头"。有人把培养学生学习兴趣的方法归结为"六重",即重基础、重观察、重实验、重实际、重过程、重方法,不无道理。

4. 善于提出问题,培养学生勤于思考的习惯

心理学研究表明:思维总是由问题引起的,是同解决问题形影相随的。疑问容易引起学生的好奇心,从而促进学生的积极思维活动。教师要善于提问,把问题带入课堂,问题要富于启发性和思考性。"挤牙膏"式的提问方式,对启发学生的思维非但没有什么帮助,反而会养成一种被动地、机械地应付教师提问的"应答性行为"。教师要注意提问的技巧,不应对表面的、容易理解的知识提问,而应针对教材的重点、难点、新旧知识的结合点提问;针对学生理解中的错误或不确切处提问。问题的难度要适当,有经验的教师十分重视积累学生易错和具有探究因素的问题,把它作为打开学生心扉的钥匙,激起学生思维的波澜,引导学生进行探究。教学中不仅教师提问学生,还应鼓励学生提问、质疑和争论,要创造提疑和答问的良好气氛,培养学生勤于思考、勤学好问的习惯。

5. 重视教学实践活动,培养学生分析和解决问题的能力

有了一定的知识和经验的积累,并不等于有了能力。要实现知识向能力的转化,还必须通过实践。实践是知识与能力相互转化的必由之路,是对知识的理解、掌握和运用的具体过程,也是能力形成、巩固与提高的过程。生物学教学要重视实验,让学生有更多的机会动手操作。在运用所学知识解决实际问题,形成技能的同时,培养多种能力。思考性强的习题,可培养学生的逻辑推理能力及分析综合能力。教师应编制灵活性、判断性、思考性、综合性强的习题,从平时的练习到考查、考试,训练学生审题和迅速而正确地解答问题的能力。生物课外实践活动是培养学生能力的重要途径。在课外实践活动中,学生在教师的指导下,通过读书、查资料、做实验、独立思考等活动,从而增长知识,培养能力,发展个性和特长。因而,课外实践活动为发现和培养生物学专门人才创造了条件。

6. 培养学生的辩证唯物主义世界观和方法论

人的智能发展不仅与掌握知识和运用知识有关,而且与其世界观和方法论有关。正确的观点是能力发展的前提,没有正确的世界观和方法论,就会妨碍学生智能的充分发展与提高。有了正确的观点就容易获得清晰的概念,获得科学的生物学知识,按世界的本来面目认识世界。生物学教学中蕴含丰富的辩证唯物主义观点教育素材,教师结合具体的教学内容,进行生物界的一切现象的产生均有其物质基础的唯物论观点教育,生物体的形态、结构及生理功能的辩证统一观点教育,生物与其生活环境之间相互关系的生态学观点教育,生物进化发展观点的教育,使学生耳濡目染逐渐形成科学的方法和观点。另外,通过介绍科学家的生平事迹和生物科学史,培养学生热爱生物科学,立志献身生物科学事业的精神;培养学生实事求是的作风和良好的科学品质。这与学生能力的形成和发展有着密切关系。

1.4.2 培养能力的具体方法

1. 培养观察能力的方法

(1) 明确观察目的,激发观察兴趣 生物学的观察内容丰富,学生往往被无关部分所吸引,教师必须交代要观察什么,要达到什么目的,使注意力集中在观察的主要方面。同时,还要激发学生的观察兴趣,善于点燃学生对生物科学好奇的火花,可讲清每次观察的重要性,并设置悬念,使学生通过观察、思考得出结论。

(2) 教给学生正确的观察方法 观察前,要求学生掌握好有关知识。观察时,要教会学生根据不同观察对象,能够运用以下各种不同的观察方法:①客观观察和全面观察;②顺序观察和重点观察;③动态观察和定期观察;④定性观察和定量观察。

(3) 要观察与思维紧密结合 观察是一种与思维密切联系着的"思维的知觉"。观察不仅仅是为了获取和积累一些直觉表象,更重要的是对所获取的大量感性材料进行科学的分析、比较、综合、概括等抽象思维活动,这样才能通过这些表面现象,真正认识事物的本质属性及其内在联系,并上升到理性认识。

(4) 要开辟广阔的观察途径 多途径、多角度观察,使学生能获得丰富、全面的知识。如可在课堂上观察活的生物、标本、模型、挂图、插图等,或观看多媒体课件;也可在课外观察活的生物、参观公园、博物馆及科研、生产单位。大自然是培养观察能力的广阔天地,应配合教学,组织学生到大自然中进行观察。

(5) 要记录、整理、总结观察结果 要求学生认真记录观察情况及结果,并加以整理,或列表或绘图,最后总结写成专题报告或小论文。

2. 培养实验能力的方法

（1）激发学生的实验兴趣　教师要充分利用生物学丰富的实验内容，设计安排好演示实验、学生实验和课外实验，借以激发学生对生物学实验的兴趣，并转变为稳定兴趣，对实验产生"乐趣"，进而对生物学产生"志趣"。在此基础上，学生便会通过实验不断发展和提高实验能力。

（2）采用多种实验方式开展实验　演示实验可以采用教师演示、学生演示或师生合作演示等方式；学生实验可以采用模仿式、分段式或独立式等方式；课外实验可以进行小观察、小制作、探究活动、生态调查、花卉栽培、小动物饲养等。

（3）增加学生动手操作的时间　可增加实验次数和实验内容，实验课上给学生多留操作时间，有条件地开放实验室。学生在实验的动手操作过程中，使自己的实验能力得到锻炼。

（4）加强对学生的实验考核　实验考核是培养学生实验能力过程中不可缺少的一个环节。一方面促使学生积极主动地综合运用知识和技能，发展能力；另一方面教师可获取反馈信息，以改进实验教学。实验考核一定要考操作，可采用笔试与实际操作相结合的方法。

3. 培养创新能力的方法

（1）尊重学生个性，鼓励学生质疑，创设有助于学生创造的教学环境　人本主义心理学理论强调学习活动必须尊重学习者，必须把学习者视为学习活动的主体，必须在师生之间建立良好的交往关系，形成情感融洽、气氛适宜的学习环境。创新能力强的学生往往具有独特的人格特征。尊重学生的创造个性，爱护学生的创造热情，才能使学生的创新能力得到正常发挥。为此，必须建立一种新型的师生关系，教师要鼓励学生大胆质疑，并主动地创设适于学生创造的教学环境。

（2）激发学生的创造性想象能力　想象是创造的先导，是灵感的心理条件。没有丰富的想象力，就不可能进行发明创造。按一定的目的，运用自己以往积累的表象，在头脑中独立地创造出新形象的过程叫做创造性想象。创造性想象与创造性思维密切相关，是人类创造性活动必不可少的因素。在生物学教学中，激发学生的创造性想象能力应注意：重视教学的直观性和具体性；运用贴切的比喻激发想象；从宏观生命现象引出对微观结构的想象；提出假设，引导学生进行想象。

（3）发展学生的创造性思维　培养学生创新能力的关键和核心是发展学生的创造性思维。创造性思维的主要成分是集中思维、发散思维和直觉思维。集中思维是指依据已有信息对面临的问题找到一个正确答案的思维形式。发散思维是指不按常规、寻求变异、从多个方面探寻答案的思维形式。直觉思维是指不经过一步步严密的思考而产生突如其来的领悟或理解的思维方式。发展学生的创造性思维，首先要激发学生的创新意识和探索兴趣，保持学生的好奇心。其次是要给学生创设一个发展创造性思维的环境和氛围，使他们有发挥创造和发现的条件。此外，还应鼓励学生充分发表自己的意见和想法，让他们独立概括生物学概念，归纳生物学原理，探寻生物学规律。

1.5　生物学新课程教学中的审美教育

生物学教学不仅要对学生进行知识教育、能力培养和思想教育，同时还要进行审美教育,使学生逐步形成正确的审美观、高尚的品德和情操。这是生物学教学实施素质教育的要求,也是生物学教学的一项重要目标。

审美教育(esthetical education)简称美育,是一种与美感相结合的教育活动。生物学教学的美育是指充分发挥生物学教学内容和教学过程等因素的审美作用,使学生在获取生物学知识、技能和发展智能的过程中,得到美的陶冶,形成正确的审美观,促进身心健康发展。

1.5.1 美育目标

生物学教学中的美育目标可分为知识、能力、情感和行为 4 个层次,具体内容和要求如下。

1. 知识层次

(1) 生物体形态、结构和功能方面的美育知识。

(2) 生物多样性方面的美育知识。

(3) 生物适应性方面的美育知识。

(4) 生物学教学中其他方面的美育知识。

2. 能力层次

(1) 发现生物美的能力。

(2) 欣赏生物美的能力。

(3) 利用生物与自然进行美的再创造的能力。

3. 情感层次

(1) 喜欢生物和大自然。

(2) 爱好生物科学,对生物学知识具有浓厚兴趣。

(3) 乐于欣赏生物和生物教学中的美。

4. 行为层次

(1) 养成欣赏生物美、自然美的习惯。

(2) 自觉参加保护生物、生态和环境的活动。

(3) 能够体验学习探究中成功的愉悦和美的享受。

1.5.2 美育内容

1. 生物体形态、结构和功能方面

形态各异的生物体为生物学教学中的美育内容提供了丰富的素材。仅有一个细胞的草履虫就能完成一个生物体所应具有的生理活动;单细胞衣藻能进行绿色开花植物具有的光合作用。不同的生物体还具有特殊的结构及功能,如蜘蛛的螯肢内含有毒腺,能注入昆虫体内将其杀死;乌贼遇敌时能从墨囊中放出墨汁,然后逃之夭夭;在几百米高空飞翔的鹰由于视觉器官发达,能突然捕食地面的小动物;鸟类具有筑巢、孵卵、育雏、迁徙的复杂行为等。人们模拟生物奇特的结构和功能还能改善或创造新的机械、仪器、建筑结构,如根据蛙眼和鸽眼结构,研制成电子蛙眼和电子鸽眼仪器,用于识别和发现飞机、导弹;研究蝙蝠的回声定位原理,可用以提高雷达的灵敏度和抗干扰能力,等等。这些都给人以自然美、和谐美、协调美和神奇美的享受。

2. 生物多样性方面

从高山到平原到峡谷,从绿洲到沙漠到极地,从空中到陆地到海洋,生长着形形色色、数量繁多的生物。据统计,已发现的植物有40多万种,动物有150多万种。其中有肉眼看不见的单细胞动植物和细菌、病毒,也有150吨重、30多米长的大型动物蓝鲸,高耸入云的树木,还有世界上数量极少的珍稀动植物。生物的多样性是生物学教学中美育的重要内容。

3. 生物适应性方面

每种生物对它生活的环境都有一定的适应性,如水生植物适于水中生活,苔藓植物适应于阴湿的环境等。此外,如竹节虫和枯叶蝶等的拟态,蝈蝈和北极熊等的保护色,毒蛾幼虫和黄蜂等的警戒色,均体现了生物适于生存的适应美。生物的种类、数目虽然繁多,但它们都处在一种有序、协调的状态中,构成了总体的协调美,如寄居蟹和海葵的共栖,真菌和藻类的共生等。

4. 生物学教学中的其他方面

除以上美育内容外,生物标本、模型、挂图、实验器具的色彩美、形象美和技术美;生物园、校园、公园的自然美;生物学家的心灵美,等等,也均是生物学教学中美育的内容。

1.5.3 美育实施策略

1. 发掘教材中隐含的审美因素

生物学教材中含有丰富的审美因素,但是这些审美因素常常是隐性的,教师必须引导学生去挖掘,去发现,首先使其形成易于被学生接受的审美信息,然后才能结合具体的知识教学和学生实际去实施美育。深入发掘教材中的审美因素是成功实施美育的基础。在生物学教学中,教师应善于运用美学观点把具体的生物学知识系统加工和整理,使教学内容美感化。例如,可以从生物形态结构,生物多样性,生物与环境关系等知识的描述中发现自然美;从生物的新陈代谢、生殖发育、生命活动调节、遗传和变异等生命活动所表现出的物质性、矛盾性和规律性中,去认识生命本质的和谐美和协调美;从生物形态结构与生理功能相适应,生物体与生活环境相适应,生物体局部与整体相统一,生物体个体与群体相统一的原理中,体会生物界的统一美与适应美;从植物学、动物学、微生物学、解剖学、生理学、细胞学、遗传学、生态学等多门课程的学习中,感受生物科学知识的内涵美;从生物学实验和直观教学中欣赏到形象美和技术美;从生物学家追求真理、献身生物科学事业的典型事迹介绍中,体会到心灵美。

2. 营造和谐的师生情感交流氛围

美育不同于一般的知识教育,它是一种寓于知识教育过程中,以情感活动为中介,与美感相结合的教育活动。在美育过程中,施教者与受教者应在平等感受和赏析中自然交流审美信息,而不是由施教者一味说教和灌输。这就要求教师要努力营造一种活跃、轻松、自由、平等的师生情感交流气氛,把学生引入审美境界。这不仅会加强美育效果,也会提高德育和智育效果。和谐的师生情感交流主要体现在两个方面:一是情感化、民主平等的师生关系。"爱"与"敬"是这种关系的核心,教师对学生要突出一个

"爱"字,学生对教师则要突出一个"敬"字,在这种环境里,师生关系本身就是一种审美体验,也为各种美育措施的实施打下基础。二是突出学生的主体地位,让学生成为学习和审美活动的主人。对教学内容,教师在抒发自己的情怀、感受、体验的同时,也要让学生发表他们的看法,进行审美信息的双向传输;对教学方法,应提倡启发式教学,以充分体现学生的主体地位。

3. 创设审美化的课堂教学过程

课堂教学是生物学教学的基本组织形式。使课堂教学过程审美化是成功实施美育的重要途径。教师要努力按"美的规律"设计教学活动的全过程,使课堂教学具有真、善、美统一的教学结构,严肃和活跃相济、紧张和轻松互补的课堂气氛,准确简洁和适度情感相统一的课堂语言,形象思维和抽象思维共存并进的运行逻辑,从而达到结构美、气氛美、语言美和思维运行美的要求,这是教学过程的审美性质所在,也是优秀教学实践经验的总结。例如,有的教师教"植物分类",把科的特征编成便于记忆的口诀;教"动物的行为",配合观看有关录像视频和幻灯片;教"生物的形态解剖",常画一些形神兼备的板画;讲"DNA 的空间结构",把它比喻成向右盘旋而上的摩天大楼的楼梯。这些审美化的处理,既体现了生物学教学的特点,又符合"实践性、形象性、情感性"的美育特点要求。总之,教师无论是对教学结构的安排、教学方法的选择、教学手段的运用,还是对自己的教态、板书和语言表达都要作审美的要求,使学生在轻松愉快的教学活动中受到美的熏陶。

4. 提高教师的审美素养

青年学生的人格和审美观正处于发展、完善阶段,其发展方向很大程度上受教师的影响。求知和成才的欲望使学生具有一定的"向师性"心理,这种心理使学生将他们尊敬与爱戴的教师视为自己效法的楷模。因此,教师要处处严格要求自己,做到言传身教,"以美启美"。美育对生物学教师提出了更高层次的要求,不论是在思想意识、工作作风、情感态度,还是在言谈举止、衣着仪表方面都要体现一个"美"字。思想品德应优良正直、高尚无私,即心灵美;衣着仪表应朴素自然、端庄典雅,即形象美;语言应规范准确、生动精练,即语言美;行为应积极向上,光明磊落,即行为美。这样,教师良好的人格和审美素养会对学生产生一种美的影响,这种影响必然对学生的审美、立美起导向作用。

5. 调动学生的审美兴趣

发挥学生的内因作用,引起学生强烈的审美兴趣,产生追求美的需要,才能实现美的内化。调动学生的审美兴趣,不可忽视的一点,就是要结合生动形象的直观教学和社会实践,让学生积极主动地参与美的欣赏和美的创造活动。如结合生物学实验观察和直观教具的运用,对学生进行直观地美育渗透;开展野外实习、教育实习、课外活动、社会调查等实践活动,使学生参与美的创造,从而使外在美的感受升华到内在美的领悟,实现美的内化,达到以美育人的目的。

美育贯穿于生物学教学的各个环节,涉及教材、教学过程、教师、学生等多种因素。发掘教材中隐含的审美因素,营造和谐的师生情感交流氛围,创设审美化的课堂教学过程,提高教师的审美素养以及调动学生的审美兴趣,是生物学教学中成功实施美育的重要策略。

思考与讨论

1. 你是如何理解素质教育的?

2. 谈谈我国中学生物学教学存在的问题。

3. 相对于其他学科而言,生物学教学中的审美教育具有什么优势?

第2章　生物学新课程

　　人类的科学文化转变为个人的思想意识和知识技能,主要是通过学校设置的各门专业课程来实现的,即人类在生产、生活过程中产生和积累的科学文化知识和技能,要经过有关专家学者人为地分类,再根据社会、知识、学生三要素的综合要求,精心选择部分内容,设计为学校教育体系中的各门专业课程、综合课程或活动课程,进而由相关的教师利用课程内容,采用教学方法,通过教学过程,引导学生学习,最终完成和实现人类科学文化知识的传承和创新。所以从某种意义上讲,自从有了学校教育,课程就成为现代人类获得科学文化的起点。

　　生物学课程是中学阶段必修的基础课程,生物学教育是科学教育的一个重要组成部分。目前,我国基础教育生物学新课程改革正在全面而深入地开展。因此,关于国外课程改革、我国基础教育课程改革,以及我国中学生物学课程改革等一系列问题的研究探索是十分迫切和必要的。

2.1　课程理论概述

　　从 20 世纪初开始,关于课程的研究已经成为一门独立的学科,即课程学,亦称课程论。随着知识经济时代的到来和素质教育的全面推进,课程问题和课程理论研究越来越引起社会的广泛关注和人们的高度重视。

2.1.1　课程的内涵

　　什么是课程?对于课程(curriculum)的界定,到目前还没有一个公认的、被广泛接受的概念。我国教育界一般倾向于认为,课程的本质内涵是指在学校教育环境中,旨在使学生获得的、促进其全面发展的、可迁移的教育性经验的计划。

　　课程从本质上说是由一定的育人目标、学习内容及学习活动方式组成的,用以指导学校育人的标准和引导学生认识世界、提高自己的媒介。它体现了课程的基本结构与基本性能的统一。目前,对课程概念的界定主要有以下几种。

1. "学科"说

认为课程就是指学科,有广义和狭义之分。

(1) 广义的"课程"。指某一阶段许多学科的总和,如"小学课程"、"中学课程"、"大学课程"等。

(2) 狭义的"课程"。指某一门学科,如"生物学课程"、"物理课程"、"化学课程"等。

2. "进程"说

认为课程是一定学科有目的、有计划的教学进程,不仅包括教学内容、教学时数和顺序安排,还包括规定学生必须具有的知识、能力、情感态度与价值观等阶段性发展要求。

如"综合课程"、"分科课程"、"活动课程"等。

3. "教学内容"说或"总和"说

认为课程是列入教学计划的各门学科和它们在教学计划中的地位、开设顺序等的总称。如"国家课程"、"地方课程"、"学校课程"等。

4. "目标"说或"计划"说

认为课程即目标或计划。其课程体系为：教学计划（课程方案）→教学大纲（课程标准）→教材（教科书）。

5. "经验"说或"体验"说

认为课程即经验或体验。强调学习者（也包括教师）的经验与体验。

2.1.2　现代课程论流派

什么是课程论？顾名思义，课程论就是研究课程的专门理论。从 20 世纪初课程论作为一门独立的学科发展到今天，课程论研究有了很大发展，不断提出新的观点和理论。人们通常将它们归结为不同流派来加以辨别和区分，其中比较有代表性的主要有以下流派。

1. 学科结构课程理论

学科结构课程理论认为，知识是课程中不可缺少的要素，强调要把人类文化遗产中最具学术性的知识作为课程内容，并且特别重视知识体系本身的逻辑程序和结构，因而通常把学术性作为课程的基本形式。主张以学科的知识结构作为课程设计的基础的理由是：学科结构是深入探究和构建各门学科所必需的法则。

美国学者布鲁纳(B. S. Bruner)认为，传授学科结构有 4 点好处：①掌握了学科结构，有助于解释许多特殊现象，使学科更容易理解；②有助于更好地记忆科学知识；③有助于促进知识技能的迁移，达到举一反三、触类旁通的目的；④有助于缩小高级知识与初级知识之间的差距。总之，掌握学科结构的目的，就是要学生学会如何学习。

学科结构课程理论在 20 世纪 60 年代盛行，学科结构的思想被广泛用于课程设计，并且把这种课程作为培养训练有素的未来科学家的主要手段。

2. 社会改造课程理论

社会改造课程理论把重点放在当代社会的问题、社会的主要功能、学生关心的社会现象，以及社会改造和社会活动计划等方面。这种理论不关注学科的知识体系，而是认为应该围绕当代重大社会问题来组织课程，帮助学生在社会方面得到发展，也就是学会如何参与制定社会规划并把它们付诸社会行动。这种理论的核心观点是：课程不应该帮助学生去适应现存社会，而是要建立一种新的社会秩序和社会文化。

3. 学生中心课程理论

学生中心课程理论主张应该以学生的兴趣和爱好、动机和需要、能力和态度等为基础来编制课程。这种课程有两个基本特征：①课程的核心不是学科内容，不是社会问题，而是学生的发展；②课程内容不是既定不变的，而是随着教学过程中学生的变化而变化。

这种课程思想起源于 18 世纪的欧洲，在 20 世纪 20～30 年代经美国学者杜威(J. Dewey)的发展而形成。杜威对传统教育不顾学生的特点，把外部事物强加给他们的做法极为不满，因而提出课程与教学必须考虑到学生的思维方式、兴趣和需要。

4. 学科中心课程理论

学科中心课程理论是在文化遗产和科学知识的基础上组织起来的各门学科最传统的以课程形态为特征的课程论流派。它把重点放在文化遗产和系统的科学知识传授上,认为文化遗产是人类教育的宝库,科学知识最有价值,各门学科各具特殊的逻辑和系统,因而要独立存在,并列地编排。它的代表人物是捷克教育家夸美纽斯(J. A. Comenius)。

但是由于它所提供的教材注意逻辑系统,在开展教学时,容易重记忆而轻理解;在教学方法上,容易偏重知识的传授而忽视儿童的社会性发展和身心健康;教学方法划一,不能充分实施适应不同特长、能力学生的个别化教育。

2.1.3 课程论发展的趋势

随着教育在人类社会生活中所占地位的不断上升,课程实践日益加速的变化发展,课程论实际上已经进入了一个新的时期,并且表现出如下的趋势。

1. 课程论的繁荣和分化还将继续

这是教育和课程发展的必然结果。一些发达国家已经成为现实的学习化社会,终身学习正在改变着基础教育、制度化教育的性质和任务,为课程发展提供了新的基础和条件,同时也不断向课程论提出新的问题和新的要求,课程论必须对这样的变化做出反应,用自己的发展满足教育实践的需求。可以设想,在课程论今后的发展中,除了从整体上会更加繁荣以外,内部的分化也将成为必然趋势。

2. 与教育改革的关系日益密切

现代教育的本质特征之一是不断地改革,通过改革为自己的发展开辟道路。作为教育改革核心的课程改革,会随着社会和教育的变革要求广泛和持久地进行。过去曾经是教育家和课程学者专门领域的课程论研究,会日益紧密地与改革结盟,为课程改革服务,而课程改革将成为课程论发展的重要基地。

3. 在教育理论体系中的地位日益重要

在教育发展相对缓慢的时期,课程论的地位是次要的,与教育哲学和教学论比较都是如此。而在今天,课程本身发展变化的迅速,使得它在教育理论体系中越来越举足轻重。课程论对课程实践乃至全部教育活动所产生的影响和发挥的作用将日益增强,不仅是过去无法比拟的,而且将超过今天。

4. 在教育工作者之中进一步普及

这是前面几点的必然结果。这种趋势目前在一些国家已经是某种程度的现实,今后则将进一步发展,即使在教育上实行中央集权制的地方,根据当前教育改革所显示的迹象,课程论也将普及,不仅是专家、学者的专门领域,而且应当成为每一个教育工作者必须具备的理论基础,成为任何教师和教育管理者都必须有所了解甚至有所研究的学科,课程论的修养将成为教育工作者胜任职业的一个基本条件。

2.2 我国基础教育课程改革

课程在学校教育中处于核心地位,教育的目标、价值主要是通过课程来体现和实施,因此,课程改革是教育改革的核心内容。确立适应 21 世纪时代需要和符合素质教育要求的基础教育课程体系,已成为我国基础教育改革的重要任务。

2.2.1　时代背景

1999 年 6 月,《中共中央国务院关于深化教育改革全面推进素质教育的决定》提出,要"调整和改革课程体系、结构、内容,建立新的基础教育课程体系";2001 年 6 月,《国务院关于基础教育改革与发展的决定》进一步明确了"加快构建符合素质教育要求的基础教育课程体系"的任务。于是,我国新一轮基础教育课程改革在世纪之交启动。经过充分酝酿和研究,教育部制定颁发了《基础教育课程改革纲要(试行)》,确定了改革目标,研制了各门课程的课程标准或指导纲要。

21 世纪是以知识的创新和应用为重要特征的知识经济时代,科学技术迅猛发展,国际竞争日趋激烈,国力的强弱越来越取决于劳动者的素质,社会的信息化、经济的全球化使创新精神与实践能力成为影响整个民族生存状况的基本因素。因此,21 世纪将是教育和学习起核心作用的时代。中国是人口大国,人口的素质高低直接关系到参与国际竞争的能力,关系到民族的兴旺发达。改革妨碍学生创新精神、创新能力发展的教育观念和模式,全面推进素质教育,极大地提高全民族素质,是落实"科教兴国"战略,实现中华民族伟大复兴的关键。新中国成立几十年来,在广大教育工作者的共同努力和全社会的大力支持下,我国的基础教育取得了巨大成就。但审视现行基础教育的课程,发现确实有一些不容忽视的问题,主要表现在:教育观念滞后,人才培养目标已不能完全适应时代的需要;思想品德教育的针对性、实效性不强;部分课程内容陈旧,课程结构过于单一,学科体系相对封闭,以致难以反映现代科技、社会发展的新内容,脱离了学生经验和社会实际;课程实施过程基本以教师、课堂、书本为中心,难以培养学生的创新精神和实践能力;课程评价只重视学业成绩,忽视学生的全面发展;课程管理过于集中,使课程不能适应当地经济、社会发展的需求,等等。导致这些问题的原因很复杂,一部分是课程系统本身不完善所造成的,还有一部分可能是课程系统以外的原因所致。本次课程改革着重针对我国基础教育课程体系本身的问题,是历次课程改革的延续,是课程完善过程中的一个阶段。

2.2.2　总体目标

在上述战略背景下,针对目前基础教育课程中存在的问题和弊端,国务院作出"深化教育改革,全面推进素质教育"的决定,为我国基础教育课程改革指明了方向。根据《国务院关于基础教育改革与发展的决定》精神,教育部在《基础教育课程改革纲要(试行)》中提出,新的基础教育课程改革的总体目标是:以"三个面向"和"三个代表"的重要思想为指导,全面贯彻国家的教育方针,全面推进素质教育,体现时代要求。要使学生具有爱国主义、集体主义精神,热爱社会主义,继承和发扬中华民族的优良传统和革命传统;具有社会主义民主与法制意识,遵守国家法律和社会公德;逐步形成正确的世界观、价值观;具有社会责任感,努力为人民服务;具有初步的创新精神、实践能力、科学素养和人文素养以及环境意识;具有适应终身学习的基础知识、基本技能和方法;具有健壮的体魄和良好的心理素质、养成健康的审美情趣和生活方式,成为有理想、有道德、有文化、有纪律的一代新人。

2.2.3 具体目标

为了实现上述的总体目标,我国基础教育课程改革的具体目标与策略有以下 6 个方面。

第一,倡导全面、和谐发展的教育,改变课程过于注重知识传授的倾向,强调形成积极主动的学习态度,使获得基础知识与基本技能的过程同时成为学会学习和形成正确价值观的过程。

第二,重建新的课程结构,改革课程结构过于强调学科本位、科目过多和缺乏整合的现状,整体设置九年一贯的课程门类和课时比例,并设置综合课程,以适应不同地区和学生发展的需求,体现课程结构的均衡性、综合性和选择性。

第三,体现课程内容现代化,改变课程内容"难、繁、偏、旧"和过于注重书本知识的现状,加强课程内容与学生生活以及现代社会和科技发展的联系,关注学生的学习兴趣和经验,精选终身学习必备的基础知识和技能。

第四,倡导建构的学习,改变课程实施过于强调接受学习、死记硬背、机械训练的现状,倡导学生主动参与、乐于探究、勤于动手,培养学生搜集和处理信息的能力、获取新知识的能力、分析和解决问题的能力以及交流与合作的能力。

第五,形成正确的评价观念,改变课程评价过分强调甄别与选拔的功能,发挥评价促进学生发展、教师提高和改进教学实践的功能。

第六,促进课程的民主化和适应性,改变课程管理过于集中的状况,实行国家、地方、学校三级课程管理,增强课程对地方、学校及学生的适应性。

2.3 生物学新课程标准简介

教育部分别于 2000 年 7 月和 2003 年 4 月,颁布了《全日制义务教育生物课程标准(实验稿)》和《普通高中生物课程标准(实验)》。下面以《普通高中生物课程标准(实验)》(以下简称《课程标准》)为例,简要介绍其主要内容。

2.3.1 《课程标准》的主要内容

《课程标准》包括以下 4 部分内容:

- 前言:包括课程性质、课程理念、课程设计思路。
- 课程目标:包括课程总目标、课程具体目标。
- 内容标准:包括必修部分、选修部分。
- 实施建议:包括教学建议、评价建议、教科书编写建议、课程资源的利用与开发建议。

1. 课程性质

(1) 是自然科学中的一门基础学科 《课程标准》指出:"生物科学是自然科学中的一门基础学科,是研究生物现象和生命活动规律的一门科学。它是农业科学、医药科学、环境科学及其他有关科学和技术的基础。生物科学的研究经历了从现象到本质、从定性到定量的发展过程。正在对社会、经济和人类生活产生越来越大的影响。"

(2) 是国家统一规定的一门必修课程　《课程标准》指出:"生物学课程是国家统一规定的、以提高学生生物科学素养为主要目的的学科课程,是科学教育的重要领域之一。"在普通高中阶段,生物课程在作为必修课程的同时,部分内容还是学生的选修科目之一。

2. 课程理念

(1) 提高生物科学素养　生物科学素养是指参加社会生活、经济活动、生产实践和个人决策所需的生物科学知识、探究能力以及相关的情感态度与价值观,反映了一个人对生物科学领域中核心的基础内容的掌握和应用情况,以及在已有的基础上不断提高自身的科学素养的能力。

(2) 面向全体学生　面向全体学生是指学校、教师应该平等地对待所有的学生,无论他们的年龄、性别、文化背景、家庭出身如何,不管他们生在农村还是生在城市、是否残疾,也不管他们对生命科学是否有兴趣,都应该赋予他们同等的学习机会,使所有的学生在学校都能接受同等水平的教育,以提高他们的生物科学素养。

(3) 倡导探究性学习　生物科学作为由众多生物学事实和理论组成的知识体系,是在人们不断的探究过程中逐步发展起来的。探究也是学生认识生命世界、学习生物课的有效方法之一。倡导探究性学习,促进学生学习方式的变革,引导学生主动参与探究过程、勤于动手和动脑,逐步培养学生的多种能力。

(4) 注重与现实生活的联系　生物科学与人们的日常生活、医疗保健、环境保护、经济活动等方面密切相关。注重让学生在现实生活的背景中学习生物学,在解决实际问题的过程中深入理解生物学的核心概念,并能运用生物学的原理和方法参与公众事务的讨论或作出相关的个人决策,为他们进一步学习和步入社会做准备。

3. 课程目标

(1) 课程总目标　高中生物学新课程的总目标是:学生通过高中生物课程的学习,获得生物科学和技术的基础知识,了解并关注这些知识在生活、生产和社会发展中的应用;提高对科学和探索未知的兴趣;养成科学态度和科学精神,树立创新意识,增强爱国主义情感和社会责任感;认识科学的本质,理解科学、技术、社会的相互关系,以及人与自然的相互关系,逐步形成科学的世界观和价值观;初步学会生物科学探究的一般方法,具有较强的生物学实验的基本操作技能、搜集和处理信息的能力、获取新知识的能力、批判性思维的能力、分析和解决实际问题的能力,以及交流与合作的能力;初步了解与生物科学相关的应用领域,为继续学习和走向社会做好必要的准备。

(2) 课程具体目标　高中生物学新课程的具体目标如下:

知识目标

● 获得生物学基本事实、概念、原理、规律和模型等方面的基础知识,知道生物科学和技术的主要发展方向和成就,知道生物科学发展史上的重要事件。

● 了解生物科学知识在生活、生产、科学技术发展和环境保护等方面的应用。

● 积极参与生物科学知识的传播,促进生物科学知识进入个人和社会生活。

情感态度与价值观目标

● 初步形成生物体的结构与功能、局部与整体、多样性与共同性相统一的观点,生物进化观点和生态学观点,树立辩证唯物主义自然观,逐步形成科学的世界观。

● 关心我国的生物资源状况,对我国生物科学和技术发展状况有一定的认识,更加热爱家乡、热爱祖国,增强振兴中华民族的使命感与责任感。

● 认识生物科学的价值,乐于学习生物科学,养成质疑、求实、创新及勇于实践的科学精神和科学态度。

● 认识生物科学和技术的性质,能正确理解科学、技术、社会之间的关系,能够运用生物科学知识和观念参与社会事务的讨论。

● 热爱自然、珍爱生命,理解人与自然和谐发展的意义,树立可持续发展的观念。

● 确立积极的生活态度和健康的生活方式。

能力目标

● 能够正确使用一般的实验器具,掌握采集和处理实验材料、进行生物学实验操作、生物绘图等技能。

● 能够利用多种媒体搜集生物学的信息,学会鉴别、选择、运用和分享信息。

● 发展科学探究能力,初步学会:客观地观察和描述生物现象;通过观察或从现实生活中提出与生物学相关的、可以探究的问题;分析问题,阐明与研究该问题相关的知识;确认变量;作出假设和预期;设计可行的实验方案;实施实验方案,收集证据;利用数学方法处理、解释数据;根据证据作出合理判断;用准确的术语、图表介绍研究方法和结果,阐明观点;听取他人的意见,利用证据和逻辑对自己的结论进行辩护以及作必要的反思和修改。

4. 课程内容设计

高中生物新课程是根据《基础教育课程改革纲要(试行)》和《普通高中课程改革方案》的精神和要求设计的。《课程标准》对高中生物学新课程内容的设计思路作了如下阐释。

高中生物课程分为必修和选修两个部分。必修部分包括"生物1:分子与细胞"、"生物2:遗传与进化"、"生物3:稳态与环境"三个模块;选修部分有"选修1:生物技术实践"、"选修2:生物科学与社会"和"选修3:现代生物科技专题"三个模块。每个模块36学时、2学分。

必修模块选择的是生物科学的核心内容,同时也是现代生物科学发展最迅速、成果应用最广泛、与社会和个人生活关系最密切的领域。所选内容能够帮助学生从微观和宏观两个方面认识生命系统的物质和结构基础、发展和变化规律以及生命系统中各组分间的相互作用。因此,必修模块对于提高全体高中学生的生物科学素养具有不可或缺的作用。

选修模块是为了满足学生多样化发展的需要而设计的,有助于拓展学生的生物科技视野、增进学生对生物科技与社会关系的理解、提高学生的实践和探究能力。

学生在学习了生物1的内容之后,既可以先学习生物2的内容,也可以先学习生物3的内容,在修完必修模块的基础上,进行选修模块的学习。

每个模块在高中生物课程中的价值如下。

"生物1:分子与细胞"模块有助于学生较深入地认识生命的物质基础和结构基础,理解生命活动中物质的变化、能量的转换和信息的传递;领悟观察、实验、比较、分析和综合等科学方法及其在科学研究过程中的应用;科学地理解生命的本质,形成辩证唯物主义自然观。

"生物 2：遗传与进化"模块有助于学生认识生命的延续和发展,了解遗传变异规律在生产生活中的应用;领悟假说演绎、建立模型等科学方法及其在科学研究中的应用;理解遗传和变异在物种繁衍过程中的对立统一,生物的遗传变异与环境变化在进化过程中的对立统一,形成生物进化观点。

"生物 3：稳态与环境"模块有助于学生认识发生在生物体内部和生物与环境之间的相互作用,理解生命系统的稳态,认识生命系统结构和功能的整体性;领悟系统分析、建立数学模型等科学方法及其在科学研究中的应用;形成生态学观点和可持续发展的观念。

"选修 1：生物技术实践"模块重在培养学生设计实验、动手操作、收集证据等科学探究的能力,增进学生对生物技术应用的了解。本模块适于继续学习理工类专业或对实验操作感兴趣的学生学习。

"选修 2：生物科学与社会"模块围绕生物科学技术在工业、农业、医疗保健和环境保护等方面的应用,较全面地介绍了生物科技在社会中的应用,可以帮助学生更深入地理解生物科学技术在社会中的应用,适于继续学习人文和社会科学类专业及直接就业的学生学习。

"选修 3：现代生物科技专题"模块以专题形式介绍了现代生物科学技术一些重要领域的研究热点、发展趋势和应用前景,以开拓学生的视野,增强学生的科技意识,为学生进一步学习生物科学类专业奠定基础。

高中生物新课程各模块的关系图示如下(图 2-1)：

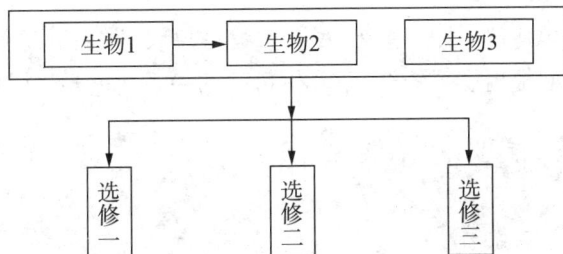

图 2-1　高中生物学新课程各模块之间的关系

必修和选修的每个模块有若干主题,每个主题由具体内容标准和活动建议组成。具体内容标准规定了本课程所要达到的基本学习目标。活动建议列举了有利于学习目标达成的观察、调查、资料的搜集和分析、讨论、实验、探究等活动。《课程标准》以列表形式对此作了详细说明。

2.3.2　《课程标准》的特点

1. 全新的出发点

为适应时代的发展,新研制的《课程标准》在继承我国现行生物学课程优点的基础上,力求更加注重每个学生的发展和社会需求,把学生的发展放在首位,旨在为振兴中华培养全面发展的高素质人才。《课程标准》期望每一个学生通过学习生物学,能对今后的学习方向和职业选择有更多的思考;能在探究能力、学习能力和解决实际问题的能力等方面有更大的提高;能够在责任感、合作精神和创新意识等方面得到加强。

2. 全新的课程体系

21 世纪人类面临着的首要问题就是人类的生存和持续发展。21 世纪与 20 世纪的科学技术之间的不同,20 世纪的科学技术发展历程已经证明,科学要对人类的未来负责,要对世界和平与发展作出贡献,要服务于社会;生命科学的迅猛发展应和学生认知水平相结合。基于对上述问题的综合考虑,《课程标准》除选取了上述 4 个一级主题作为课程内容体系外,还包括由活动内容、活动方法和活动建议等二级主题组成的课程实践体系。

3. 全新的课程理念

《课程标准》提出的课程基本理念如前所述,包括提高生物科学素养、面向全体学生、倡导探究性学习和注重与现实生活的联系 4 个方面。

4. 全新的内容标准

高中生物课程的内容划分为必修和选修两个部分,共 6 个模块。每个模块包括若干主题,《课程标准》对每个主题从具体内容标准和活动建议两个方面,以表格形式作了具体呈现,使得内容标准既提纲挈领、有一定弹性,又条理清晰、更具可操作性。

5. 全新的评价方式

评价内容全面,包括知识、能力和情感态度与价值观等。评价要有利于学生的发展,注重总结性评价和形成性评价相结合,定量评价和定性评价相结合,同时重视学生自评和互评。

6. 全新的实施建议

实施建议包括教学建议、评价建议、教科书编写建议、课程资源的利用与开发建议。《课程标准》对以上方面提出了系统全面、具体可行的一系列重要建议和要求。

2.4 生物学新课程理念解读

2.4.1 提高生物科学素养

在科学教育领域,"科学素养"的提出并不是近几年的事情,20 世纪 70 年代初期,在一些教育发达国家(如澳大利亚)的中学自然科学课程中就提出了科学素养的理念,并把培养学生的科学素养作为课程的基本任务。最近十多年,这一课程理念已成为科学教育家和大多数理科教师的共同理念,成为当今理科课程发展的一个共同趋势。

对于科学素养的解释,不同的时代有所不同,随着时代的发展,人们对科学素养的认识也在不断变化。即便是在同一个时代,不同的机构、组织或不同的专家对科学素养的解释也不完全相同。因此,目前尚没有一个严格的、统一的定义。国内现在多数人认可的解释是:科学素养是指了解并能够进行个人决策、参与公民事务和文化事务、从事经济生产所需要的科学概念和科学过程。科学素养最基本的含义是指学生能够合理地将所学到的科学知识运用到社会及个人生活中。公民的科学素养包括了两个方面:一方面是对科学知识、情感态度与价值观及科学技能的掌握情况;另一方面是在已有基础上能够不断提高自己科学素养的能力。

在科学技术不断改变我们生活、改变我们周围世界的今天,科学素养是每个公民必不可少的。一个具有科学素养的毕业生不一定要以科学或工程技术为职业,然而,当面对日常生活中的科学现象、事件和观点时,应能够运用科学的原理和科学方法作出判断或决策。在这方面,科学素养可以提高人们观察事物、思考问题、创造性地解决问题、批判性思维及在团队中的合作等能力。

科学教育的基本任务是培养学生必备的、可持续发展的科学素养。生物科学是自然科学的一部分,因此,生物学教育的基本任务,是培养和提高学生的生物科学素养。生物学教师应该努力让所有的学生经过生物课程的学习都有机会使自己成为具有良好科学素养的人。

科学素养与生物科学素养之间有不可分割的包含关系。《课程标准》指出:"生物科学素养是公民科学素养构成中重要的组成部分。生物科学素养是指公民参加社会生活、经济活动、生产实践和个人决策所需的生物学知识、探究能力以及相关的情感态度与价值观,它反映了一个人对生物科学领域中核心的基础内容的掌握和应用水平,以及在已有基础上不断提高自身科学素养的能力。提高每个高中学生的生物科学素养是本课程标准实施中的核心任务。"

生物科学素养反映了一个人对生物学领域中核心基础内容掌握的情况,根据高中生物课程的任务,这个基础也就应该成为高中生物课程的核心内容和基本要求。那么如何理解"核心基础内容"呢? 一些生物学教育专家认为,生物学的核心基础至少包括以下 5 个方面:

● 学生理解生物学基本现象、事实、规律,以及生物学原理是如何用于生物技术领域之中的;

● 学生能够解释发生在身边的生物学现象;

● 学生能够形成正确的情感、态度、价值观和科学的世界观,并以此来指导自己的行为;

● 学生应掌握一系列的相关技能,包括操作技能,科学探究一般技能,比较、判断、分析和推理等思维技能,以及创造性和批判性的思维方式;

● 学生应在学习生物课程的过程中形成终身学习的基本能力和习惯。

为了便于教师在高中生物课程中落实"提高学生科学素养"的理念,并将这一理念同日常教学活动和教学习惯相吻合,可以从"科学态度和科学的世界观,生物学基础知识,科学探究方法与技能,科学、技术与社会"4 个维度来理解生物科学素养,并使学生通过生物课程的学习在这 4 方面得到发展。

2.4.2　面向全体学生

面向全体学生最基本的含义是指高中生物课程要面向所有的在校学生。无论他们的年龄、性别、文化背景、家庭背景如何,不管他们的天分、数理基础、理科的悟性的高低,也不管民族、地方经济的差异,生活在农村还是生活在城市,等等,教师都应赋予他们同等的学习生物科学的机会,使所有的学生都能接受尽可能好的教育,并在《课程标准》确定的课程目标指引的方向上有所进步。

面向全体学生特别要求生物学教师不能只关心在理科的学习中表现优秀的,或者有望进入高校学习的学生,而是要面向所有的在校学生,让全体学生的生物科学素养得到充分的发展。生物学教师在实际的教学中要注意以下几个方面。

1. 要给所有学生提供同样的学习机会

对于教师来说,应尊重每一个学生。过去,我们很容易将注意力集中在理科倾向突出和有可能进入高校学习的那部分学生身上,而忽略了全体学生的共同发展。新的高中生物课程宗旨是提高全体学生的生物科学素养,我们必须要重新审视我们的教育,要在充分尊重每一个学生发展权利,承认他们在发展方向、发展速率差别的基础上努力为全体高中学生打好"共同基础",实现《课程标准》的要求。在教学过程中,教师还要保护并提高所有学生学习的积极性和主动性,要让每个学生在学习实践中都有机会获得成功,使每个学生的生物科学素养都能够在义务教育阶段学习的基础上有充分的提高。

2. 必修模块的内容标准是基本要求

《课程标准》中必修部分内容的要求都是最基本的,是每个高中学生通过努力都应该达到的要求。到我国普及高中教育以后,它将是所有的中华人民共和国公民应该具备的最基本的生物科学素养。目前,这些基本要求对于少数不发达地区的高中来说,实施仍然有一定的难度,需要付出较大的努力才能达到;而对于我国东部教育发达的地区和学校来说,可以充分利用已有的教育资源,使实际的教学和教学成果超过《课程标准》规定的要求。

3. 要满足不同学生的需求

在面向全体学生的同时,我们也要关注那些在理科有特长、在生物学的学习上有特殊要求和特殊爱好的学生。因此,在设计和提供课程资源时,都要考虑到那些优秀的同学,给他们提供必要的发展空间和机会。为此,新的高中生物课程增加了弹性,这也为教材建设和学生多样化发展提供了很大的空间。例如内容标准的每一条都是一个很宽泛的描述,而不是一个具体的知识点,为教材和教学内容的多元化提供了选择的空间和发展的余地,这就给教师提供了更多选择,使教师能够在教学中灵活地处理,在必修和选修模块中为有兴趣、有精力,希望深入学习生物学的学生提供更广泛的学习内容和教学资源,使他们能够充分发挥特长、展示才华。

4. 面向全体学生不是要降低高中生物学教育水平

面向全体学生后,会不会降低我国高中生物学教育的水平,会不会影响我国的生物学专门人才的产生呢?从生物学教育水平方面来说,在着眼于所有学校达到《课程标准》的基本要求的同时,我们对课程和教学内容的要求是开放的,即没有上限的制约。这就使经济发展迅速、教育基础好的地区和学校能充分发挥当地教育资源的潜力,达到更高的教学水平。因此,对于条件好的学校和条件好的学生,可以有更高的要求。这样,不论是从全国高中生物学教学的整体水平来看,还是从高端教学情况来说,面向全体学生都不意味着要降低要求,也不会影响我国的生物学专门人才的产生。

2.4.3　倡导探究性学习

进入 20 世纪 90 年代以后,一些国家相继制定了面向 21 世纪的科学课程标准,把科学探究作为科学课程的基本要求,科学探究能力作为构成学生科学素养的一个重要方面。

在国内,近几年来有关创新精神和创新能力培养的问题引起了教育界和全社会的广泛关注,并成为当前基础教育改革的一个热点。探究性学习作为一种能够有效培养学生科学素养的教学方式,受到极大重视,成为新一轮理科课程改革中转变学生学习方式的一个突破点。《课程标准》在分析我国理科课程改革的基础上,借鉴世界各国科学课程标准及教学改革的实践经验,提出了"倡导探究性学习"的理念,以期深入推进我国生物课程改革。

生物课程中的科学探究是学生积极主动地获取生物科学知识、领悟科学研究方法而进行的各种活动。当学生面临各种让他们困惑的问题时,教师要引导学生想办法寻找问题的答案,在解决问题的时候,要对问题进行推论、分析,找出问题解决的方向,然后通过观察、实验来收集事实资料;也可以通过其他方式得到第二手的资料,对获得的资料进行归纳、比较、统计、分析,形成对问题的解释或结论,并通过讨论和交流,进一步澄清事实、发现新的问题,对问题进行更深入的研究。通过这样的学习活动,大多数的学生可以在知识、技能、情感态度与价值观方面得到较快的发展。经过几十年的实践与反思,探究性学习也在不断地演变和发展,并更加成熟,已经成为许多国家科学课程设计和实施中的重要指导思想和教学策略。

1. 探究性学习与科学探究能力

科学探究是人们获取科学知识、认识世界的重要途径。在生物课程的探究性学习过程中应该逐步让学生理解科学探究的过程,学习科学探究的方法和技能。科学探究活动通常包括:提出问题、作出假设、制订计划、实施计划、得出结论和表达、交流等步骤。在这些步骤中需要运用到多种科学工作的技能。例如:观察、测量、收集数据、分析和解释实验数据、分类、比较、概括、描述、鉴别差异、分析、确定相互关系、计算、排序、绘制图表、解读图表、提出假设、作出预见、设计实验、评价假设、评价实验、运用推理解决问题、建立模型,等等。有些探究活动要综合运用上述几项技能。

发展学生的科学探究能力即是教给学生自主探索自然界和现实生活中科学问题的方法和技能。教师在组织研究性学习的过程中应该注意落实对学生科学探究能力的培养,而不应该仅仅是为了完成探究的任务或是追求这种教学形式本身。从最简单的观察、测量到探讨较深入问题的全程探究活动,对学生探究能力训练的侧重点是不同的,既要安排一些有针对性的单项技能训练,也要通过循序渐进的学习使学生达到综合运用多种技能解决问题的能力。因此在教学活动中,教师应该选择、组织不同类型的探究活动,全面培养学生的科学探究能力。

2. 探究有不同的层次和活动形式

许多科学家认为科学研究中并不存在固定的、一成不变的研究方法或模式。但在科学教育中,为了便于学生了解科学过程,便于制定教学目标和设计教学活动,常常将科学探究的一般过程概括为若干步骤。如果一个探究活动从提出问题到表达交流的多个环节都是开放的,是由学生自己决定探究的问题和方法,最后得出结论,给学生留出充分的机会发挥想象力和创造力,这样的教学活动称之为完全探究。出于教学时间、学生基础、教学条件等因素的考虑,教师常常设计一些只含有上述部分步骤的活动,而将其余的环节作为已知的条件给出,以缩短活动的时间或降低难度要求,这样的探究活动叫做部分探究。生物学课程中大多数的学生活动属于这一类。

在实际教学中,由于课时的限制,教材中(或教师)不可能安排大量高层次的、完全探究活动。学生在更多的时候需要从多种多样的不同层次的探究活动中学习各种科学探究方法和科学探究技能。在不同年龄阶段,形式不同的探究活动会起到不同的作用,例如,对于低年级的学生来说,由教师指导的分阶段进行的活动更有利于学生的学习。有关探究教学的研究表明,指导型的探究和部分探究适合学习概念和原理,而开放型的探究则有利于培养探究能力。

2.4.4 注重与现实生活的联系

长期以来,生物课程的重点放在生物学理论上,强调中学生物课程在学科体系上的完整性和系统性,教学中也局限于对生物学事实和概念的记忆。基于这样的理念编排的课程距离绝大多数学生的生活较远,学生几乎不能将他们所学到的知识运用于实际生活,难以面对现实生活中与生物学相关的问题。

针对这些问题,一些科学教育专家提出生物学教育应该涉及对学生有用的、有实际应用价值的内容。教学中让学生观察身边的生命现象、发生的变化,并提出问题、探究其原因。选择这样的学习内容和教学方式,会使学生对学习过程变得更有兴趣,学生所学到的知识也更加牢固,理解也会更加深入。正是由于这样的原因,联合国教科文组织曾于20世纪90年代初召开科学与技术教育研讨会,推广"现实生活中的科学"这一科学教育的理念和教学策略。

在过去近20年间,"科学、技术与社会(STS)"是世界范围内科学教育发展的趋势之一。一些科学教育专家认为,"STS"就是让学生在现实生活的背景中学习科学与技术。"STS"思想中的一个重要观点是:科学教育要着眼于现实的世界。这就要求科学教育(包括生物学教育)要学以致用,要涉及当地与生物学相关的事物或问题,发现解决问题的方法,并在解决问题的过程中获取新的知识,形成科学的态度和世界观,提高科学探究的技能,养成科学思维的习惯。在教学内容的选择上,"STS"也强调那些对当地生产的发展、生活质量的改善有用的生物学知识。

生物学就在每个学生的身边,如热点新闻、卫生健康、个人生活、当地资源、环境保护等,都含有与学生切身利益相关的生物学问题,其内容也涉及生物科学、生物技术、生物工程、人文社会等方面的内容,教师在教学中适当加入这些内容,会开阔学生的思路,加深对相关知识的理解,并能够认识到许多社会问题的多面性。教师要在深入理解《课程标准》、充分了解学生和当地资源的基础上,结合教学内容和要求,将"现实生活中的生物学"融入教学。

思考与讨论

1. 说说你对"课程"内涵的理解。

2. 结合自己的实际,谈谈我国基础教育课程改革的重要性。

3. 如何理解生物学课程基本理念?

第3章 生物学教材

教材(teaching material)即教学材料,指教学活动中所利用的一切素材和手段的总和。长期以来,教材的主要品种是教科书。随着时代的发展,仅靠一本教科书已经远远不能满足教学的需要。教材的品种除教科书外,还应包括教辅资料(教师教学参考书、练习册、学生活动报告册等)、图像教材(挂图、照片、图表等)、音像教材(传统音像教材、电子教材、网络教材等)、实物教材(生物体、标本、实验材料、模型等)。

生物学教材是根据生物学教学大纲或课程标准编写的,是教学大纲或课程标准中教学内容的具体化。教材是教学的主要依据,既是教师开展教学活动的基本素材,又是学生学习的主要材料。教师为了解、熟悉教材的内容、安排、要求和特点,对教材进行的钻研、比较和分析称为教材分析。教材分析是教师教学准备的重要内容,是上好课并取得好的教学效果的重要保证,它建立在良好的教育学、心理学和教学法理论基础上。下面选取国内外现行的、有代表性的中学生物学教科书进行研究,旨在为我国基础教育生物学教材改革,为编好、用好生物学教材提供参考。

3.1 国外中学生物学教材比较分析

国外现行的中学生物学教材有的是分科的生物学教材,有的是学科内的小综合生物学教材,还有的是包含物理、化学、生物、地理等内容的大综合理科教材。总体来看,教材呈现多样化特点,每套教材都有自己的特色。下面选取美国、英国、日本、德国、韩国具有代表性的中学生物学教材,作一比较分析研究,从多层次、多角度探讨它们各自的主要特点。

3.1.1 国外初中生物学教材比较分析

1. 美国——重视学生科学素质培养的综合理科教材

美国是一个典型的地方分权的国家,教育权归地方所有,各州都有自己的课程标准及相应的课程设置。但大多在初中阶段开设三年的综合理科,有些学校开设综合生物学。全国没有统一使用的教材,教材有多种版本。

属小综合体系的初中教材《生命科学的研究》(Focus on Life Science)共分 6 编 25 章。即:

第一编 生命:①科学;②物质;③生命科学;④进化学说。

第二编 动物和植物:①动物器官和系统;②动物的组织和细胞;③行为;④植物的形态和结构;⑤光合作用。

第三编 微生物与疾病:①细菌和病毒;②原生动物;③藻类和菌类;④疾病。

第四编 人类生物学:①人体的结构;②循环、呼吸、排泄;③控制和调节;④营养;

⑤烟草、酒精和麻醉药。

第五编　生殖和遗传：①动物的生殖；②植物的生殖；③遗传的原理；④人类和其他生物的遗传。

第六编　生态学和人类的影响：①生态学；②环境保护；③人类生态学。

美国初中综合理科教材中的生物学部分和小综合生物学教材都有以下特点：

（1）编写体系是以生物的新陈代谢特征为系统依据　教材以生物的新陈代谢为系统，并分别从植物、动物、人体几个方面加以阐述、分析、比较，使学生比较全面地理解生物的主要生命特征。例如，对于生物的输导系统，教材是从"食物种类、牙齿、动物捕食、营养物质的输导、动植物的排泄"等方面进行阐明，使学生对不同的生物体从食物的类别到进食、输送、排泄全过程有一个完整的认识。这样获得的知识是纵横联系的，而不是割裂的，而且能使学生逐步形成生物从低等到高等，从简单到复杂的进化观点。

（2）注重教材内容与科学、技术、社会的紧密联系　教材内容丰富、知识面广，介绍了生物学领域各个方面的新知识、新成就，易激发学生学习生物学的兴趣。例如，在《生命科学的研究》教材中，随处有"活动"一项，18处插入了"专业和尖端研究"标题，介绍与这部分教材密切相关的专业知识。教材注意联系社会需要、生活实际和生产实际，使学生学到多方面常识性的知识，感到学习生物学知识既有趣又有用。如教材中有"烟草、酒精和麻醉药"一章，介绍了常见幻觉剂、大麻毒素等药物及服用的危害，以适应美国的社会现实。

（3）重视学生实验与探究能力的培养　教材内容主要是让学生在实验的基础上进行探究式学习。实验课时超过总课时数的一半，实验内容遍及各章节，教材提供实验操作程序和图，但不给结论，由学生独立操作进行探究，通过讨论得出结论，形成新的概念和观点，构建自己的知识体系。在探索式研究的基础上，再安排完整的知识内容，让学生自学，使学生把所学的知识真正同化到自己已有的知识体系之中。

2. 英国——关注"STS"教育的初中科学教材

英国的初中生物学课程是开设三年的综合理科（称之为《科学》），各校可根据教学要求自由选择教材。20世纪70年代初，英国针对一般的科学课程脱离社会的问题，开始逐步在各个年级进行科学、技术和社会教育。初中的科学课程主要是对学生的科学方法、科学意识进行培养，重视科学与社会的联系，对概念学习的要求层次不高。

在英国众多版本的教材中，《社会中的科学和技术（SATIS）》以富有新意、内容丰富、编写新颖，能很好地进行"STS"教育而获得广泛赞誉，在课程开发和教材的编写方面产生了很大的影响。其主要特点如下：

（1）编排方式新颖而灵活　该教材共分10册，每册有10个专题，专题有较强的独立性，无严密的逻辑关系。每一专题都分两部分，前面供教师使用，简要告诉教师授课中应注意哪些问题，该专题的资料来源，并对教师的教学方法提出了建议等；后面是具体的教学内容，师生共用。此外，该书另一引人注目之处是，全部采用活页装订。这样，教师可根据学生或本地区的具体情况来选择教学内容，把不适合的内容拆取下来，保留适合的内容，给教师优化教学和因材施教提供了便利条件。

（2）理论和实践紧密相连　SATIS的编者十分注重把概念和内容跟社会、经济和技术相联系。该书编者认为，对初中学生来说教材内容不能太抽象，因此，他们把应用科学和日常生活中常见的问题作为每一专题的主要内容,然后再讲先进的纯科学的内容。在每一专题中都强调了问题出自何处,它们对人类生存有什么影响,与这些问题有关的科学知识有哪些,以及当今社会上有关技术应用情况等,较好地将理论和实际联系在一起,读来令人耳目一新,既亲切又实用。如"艾滋病"专题设有下列问题:艾滋病是如何引起的? 有无检验方法? 发病过程怎样? 人怎样感染上此病? 哪些人容易感染此病? 怎样才能避免感染? 等等。

（3）重视传授科技新知识　据统计,全书 100 个专题中,介绍当今世界上新科技成果的专题占 30% 以上,如"核电站"、"用单克隆抗体击中靶细胞"、"试管婴儿"和"人工肾"等。这些知识不仅拓宽了学生的知识面,而且让学生体验到科学技术前进的时代步伐,为今后的学习和工作打下了基础。

（4）适于开展形式多样的教学　教材根据不同内容,在每一专题的前一部分注明建议教师采用的教学方法,如:讨论、角色扮演、故事、案例研究、辩论等,以利于提高学生的主动性和参与意识,培养学生的观察能力、思维能力和解决问题的能力。如"酗酒问题"专题要求教师组织学生讨论,而教材中提出的问题以及对问题的看法仅供参考;"食盐的化学产品"专题要求教师指导学生外出进行调查之后再进行讨论;有些专题则要求学生自己设计和制作模型,提出解决问题的办法,甚至要求学生在教师的指导下写出结论等。这种编排有利于开展形式多样的教学,而且对教师的知识水平和教学技能也提出了更高的要求。

（5）内容编排具有启发性　教材中常以提出问题、解答问题的形式来促进理解、掌握、应用知识,而且这些问题很有特点,一是以逐步深入的问题贯穿于整个章节,在问题的引导下让学生一步步学习新知识;二是课后作业中问题的分析性和综合性强,注重结合生活和生产实际提出一些问题,让学生综合利用学到的知识分析、归纳、总结。教材中的这些问题不是教材内容的简单重复,而是对教材内容的进一步延伸、挖掘、扩展和深入,提高了学生分析、比较、综合的能力,且往往没有"标准"答案,需要学生自己调查、讨论、归纳、总结,发挥学生的想象力,培养学生的创造性思维。

3. 日本——重视观察和实验的初中理科教材

日本的教育受美国的影响比较大,初中阶段的生物学内容也是包含在理科课程之中。按日本的教科书制度规定,其教材可由各家出版社组织编写,经过文部省严格审查,合格后才可投入生产和使用。在初中阶段,学校一般以市或郡为单位,选用同一种教材。

在日本,10 年为一个周期进行教育改革,不断改革中小学课程并摸索经验,及时纠正偏差。根据文部省制定的中小学教育的课程标准——《学习指导要领》(相当于我国的教学计划、课程标准)编写的各种版本的初中理科教材,主要有以下特点:

（1）内容编排采用二领域制　1958 年日本公布的《初中理科学习指导要领》采用了二领域制,从此,日本的初中理科一直沿用这种结构,就是将物理和化学的有关内容作为第一领域,将生物和地理的有关内容作为第二领域。

第一领域的内容包括:身边的物理现象;周围的物质;电流及其利用;化学变化和原子分子;运动的规律;物质和化学反应的利用;科学技术和人类。

第二领域的内容包括:植物的生活和种类;大地的变化;动物的生活和种类;天气及

其变化;生物的细胞和繁殖;地球和宇宙;自然和人类。

这种二领域制与一般的综合理科不完全相同,它保持了一般综合理科不分学科界限而注重培养能力的特点;同时考虑学生的年龄特征和知识基础,将学科概念渗透进来,以利于归纳、总结知识,使理科知识系统化,也为高中实行分科理科打下基础。

(2)重视观察和实验 日本理科教材中的实验内容占50%以上,并以探究性实验为主。实验内容多,类型丰富,除必做实验外,还设有选做实验。其课程目标中明确规定,通过对某些具体事物和现象的观察和实验,掌握观察和实验技能。在教材内容编排上,编者不是让学生简单地进行观察和实验,而是让学生在进行观察和实验之前就有设想,了解其目的和方法,并预测结果,使学生能主动学习。学生在学习过程中,通过观察自己身边的自然事物、现象和实验等探究活动发现问题、解决问题,培养了科学的思维能力、综合分析能力和自学能力,从而适应未来社会的发展。

(3)内容编排循序渐进 日本的理科教材有较强的逻辑性。在低年级,教材内容以在日常生活中能够直接看到或体验到的事物和现象为主,通过有目的的观察和实验,使学生获得相关知识;随着年级的升高,才安排一些抽象的概念、法则或较难理解的内容,让学生通过观察、实验,并进行分析、研究,从中发现规律;进一步再安排一些与现实生活有关的、综合性或应用性较强的内容,通过运用知识,形成综合的科学见解和思维方法。这样的内容结构,有利于培养学生科学的思维能力和解决问题的能力,并且易于学生理解与科学有关的基本概念,形成比较全面的认识。

(4)精选教材内容 为适应每周五日制学习和减轻学生的学业负担,日本不仅削减了初中课程的总课时,而且精简和调整了教学内容,使课程更富弹性。删除了一些如"天气图的制作"、"信息手段的发展"等学生理解困难或与其他学科重复的内容;还有一些内容移到了高中课程中,如"遗传规律"、"生物进化"、"不开花植物"等。

(5)关注环境教育 面对全球性的环境问题,日本理科教材注重引导学生关注环境问题和能源问题,提高他们对环境问题的理解和保护环境的意识与能力。同时,立足环境教育,将理科知识和实际生活密切联系,不仅有利于学生对知识的理解和掌握,而且充分体现了理科知识在实际生活中的重要性。

3.1.2 国外高中生物学教材比较分析

1. 美国——重视学生科学素养教育的高中生物学教材

1958年,美国成立了"生物科学课程研究会"(Biological Science Curriculum Study),简称BSCS。BSCS最突出的贡献是编写了一系列高中生物学教材。美国三分之二左右的高中普遍使用的三本生物学教材是:BSCS绿皮本《生物科学——生态系统的探讨》(Biological Science:An Ecological Approach)、BSCS蓝皮本《生物科学——分子的探讨》(Biological Science:A Molecular Approach)和《现代生物学》(Modern Biology)。这些教材的指导思想都是不限于传授固定的传统的生物学知识,而是要让学生领会生物科学发展变化的永恒性,提高学生的科学素养。

BSCS绿皮本生物学教材修改后的第6版共有5编24章;蓝皮本第4版共7编26章。每一章教材还分若干节,如绿皮本"种群"一章就包括引言、个体和种群、环境和种群、环境因素的相互影响等 4 节。教材后面还有三个附录,附录 1 介绍一些普通的实验室操作,附录 2 是几个补充研究,附录 3 介绍生物分类目录,并附有从低等到高等的各类植物、动物、微生物的彩图。最后还有词汇表,供学生查阅。绿皮本教材基本结构由 12 个部分组成(见表 3-1),分别被编排在各章节的合理位置中,对教学有良好的指导作用。

表 3-1　BSCS 绿皮本的基本结构

名称	组成
1 导引	于每节刊头提出与本节中心内容有关的问题,指导学生学习
2 课文	介绍各章节的科学知识、概念和发展,并联系社会、生产和生活
3 研究	结合课文内容,列出带有探索性的实验(共 77 个)
4 今日生物学	结合本节内容,介绍当今生物科学某些领域的最新成就、有贡献的生物学家和生物学教师
5 自我复习	每节课后列出复习题,供学生自习
6 题图	有针对各编、各章主题的编题图、章题图
7 插图	配合教材内容,设有大量插图(共 1 000 多幅),绝大部分为彩色实物图
8 提要	各章末设有本章提要,总结、归纳、理顺本章的主要内容和内在联系
9 应用题	各章末设有与生活、生产有关的应用题
10 练习题	各章末设有富思考性的练习题
11 建议阅读	列出本章主要参考书,建议学生课外阅读
12 附录	全书最后设 3 个附录

从整体上分析,美国 BSCS 生物学教材除了体系鲜明,内容丰富,易激发学生学习生物学的兴趣,还具有下列三个明显的特色:

(1) 重视学生实验与研究能力的培养　正如美国《科学教育标准》所强调的:学科学是一个活动过程,学科学对学生而言不是一个被动学习的过程,而是一个自己动手“做”的过程。BSCS 的教材内容主要是让学生在实验的基础上进行探索式的学习,因此,这里的实验已不是单纯地 make an experiment,而相当于 research 或 study。实验课时超过总课时数的一半,实验内容遍及各章节,具体方法涉及生物技术、理化技术、观察、测量、比较、计算等。实验大多数为探究性实验,教材提供操作程序和图,但不说结论,由学生独立操作进行研究,通过讨论得出结论。教学安排基本上都是先安排学生进行实验,让学生根据自己观察到的现象和事实,在已有知识的基础上进行分析和讨论,最后形成新的概念和观点,建立起自己的知识体系。在这个探索式研究的基础上,再安排完整的知识内容,让学生自学,使学生把所学的知识真正同化到自己已有的知识体系之中。教师的主要任务是准备和指导学生做实验和野外实习,组织学生进行讨论,引导和鼓励学生积极主动地思考研究,必要时给以帮助。此外,教师还需批改学生的实验报告,解答问题及指导学生的课外活动等。

(2) 加强对学生学习的指导　大量的实验和讨论意味着生物学学习过程的活动性,学生要获得生物学知识,既要动手,还要动脑,为此,教材巧设了许多指导学生学习的结构。例如每节开始的“导引”,引导学生带着问题学习本节内容。如“光合作用”一节的导引是“在光合作用过程中,太阳能如何转化为化学能?”;“呼吸作用”一节的导引是“植物细胞如何得到细胞活动所需的能量?”。又如每一节的“自我复习”和每一章的“应用题”和

"练习题",都是以问题形式帮助学生理解和应用所学的知识;每章的"建议阅读"引导学生课外阅读有关的参考书,加深对课文内容的理解。

(3) 注重"STS"教育　教材选择一些与社会性问题相关的知识,如"得到食物是不容易的"一节,提到非洲许多贫困国家的人民因得不到足够的食物而面临饥饿,并附有营养不良儿童的照片,地球的容纳量与人口关系的介绍和讨论。又如"人和生态系统"一节,则联系大量建筑和繁忙公路对环境的影响,提倡城市植树绿化。再如列举人类遗传病的防治,人类必需的维生素和无机盐的来源和功能,一些药物的来源、用途和效果;安排学生对艾滋病等多种社会问题进行讨论、辩论,分析它产生的原因以及由此产生的医疗保险、人身权利和职业保障等社会问题。

此外,教材中还安排大量的"今日生物学"的短文,不仅介绍美国著名的生物学家和优秀的生物学教师兢兢业业、勤奋工作的事迹,为世界文明所创造的高新技术成果,而且对基因的筛选与应用,单克隆抗体等生物科学技术发展前沿的信息均有介绍,使学生了解生物科学技术的发展历程和进展,了解科学家的工作和科学知识产生的过程,从中学到科学研究的思维方法和过程,并学习科学家坚韧不拔、实事求是的科学态度,认识科学、技术、社会三者的联系和科学的本质。

总体而言,BSCS生物学教材考虑了社会的需要,学生发展的需要,科学研究的严密性和无限性等多个方面,体现了当前全球性教育改革课程社会化、活动化的方向和趋势,具有旺盛的生命力,其成功经验对于我国当前的生物学课程教材改革具有较大的借鉴意义。

2. 德国——让每个学生的特长得到充分发展的高中生物学教材

德国作为联邦制国家,联邦州有高度的文化教育自治权,可以独立确定本州各学科的"教学计划"或"教学框架计划"。生物学教科书实行"一纲多本"制,任何团体和个人(一般为大学教授、教学科研人员和中学生物学专业教师)均可根据州"教学计划"或"教学框架计划"编写教科书,经联邦州教科书委员会审定通过后便可被选用。"一纲多本"、"审定制"及"选用制"带来的竞争,使教科书丰富多彩、印制精良。德国普通高中生物学教科书体现了以下特点:

(1) 紧密联系生活,充分反映现代生物学发展　德国普通高中生物学教材重视反映现代生物科学技术在社会生产和个人生活中的应用,高度关注社会热点问题。在教材中安排了诸如"神经毒剂的危害、违禁药物、遗传学研究的风险及实际意义"等全球性社会问题的讨论内容。注重宣传生态学观点、环保知识,以及充分反映分子生物学知识与技术等现代生物学的新发展,是德国各州生物学教材的共同特点。

(2) 注重职业引导,兼顾就业与升学教育　德国高度重视职前教育和职业教育。在生物学教材中,安排结合学科特点进行职业引导以及组织带有职前教育性质的参观考察等社会实践的教学内容。而我国教材中尚未把职业引导列为高中阶段学科教育的一个重要渗透内容。另外,德国高中生物学课程从高二开始按"课程系统"实行分类教学,高中毕业后直接就业或准备升学但不再读生物学专业的学生,可选修生物学基础课程,保证了学生在基础教育阶段对基本知识和技能的掌握;计划继续攻读大学生物学专业的学生则可选修生物学提高课程,为学生今后大学专业研修作铺垫。两者教学内容的深度和广度均有所不同。这种既培养了全体学生的生物科学素养,又发挥了少数学生的特长,培养了生物学人才的做法,很值得我国借鉴。

(3) 打破学科界线,培养跨专业综合能力　"项目学习或跨专业学习"内容的设置,是德国各联邦州在普通高中生物学教学内容上的一个共同特色。在此类学习中,从学生自身的兴趣需要出发,在教师的指导下,自定目标、自定计划、自定活动及自行评价。德国高中生物学教学内容中除了包括对观察、解剖、显微镜的使用等生物学技能的训练外,还包含有对学生一般性科研能力的培养,如模型工作方法、提出假设及实验验证、错误分析及评判、形成理论、文字处理、计算机应用、数据处理分析等,从而打破了学科之间的绝对界线,培养了学生知识技能的跨专业综合应用能力和研究性学习能力。

3. 韩国——重视探究过程的高中科学教材

韩国的课程模式改革始于 1981 年,当时课程模式的特点是综合加分科。完全实施综合理科模式是从 1992 年的第 6 次教育改革开始的,第 7 次改革又做了部分调整。经历了 7 次的改革,韩国确定了本国的《科学》课程模式、课程内容和课程体系,教科书的内容和体系趋于稳定。

韩国是由国家以《科学与教育过程》管理课程的,各出版社均可出版教材。编写者依据《科学与教育过程》规定的内容选定素材、自编体系。韩国大多数《科学》教材的内容和体系基本相似,具有如下的特点:

(1) 体系特点　韩国《科学》教科书是以"拼盘"的形式把化学、物理、生物、地理等各学科的内容安排在不同的单元中,而各学科的内容在各分册中又自成体系。如生物学的知识体系是:《科学 1》——植物构成与机能、刺激与反应;《科学 2》——生殖的过程、遗传与进化;《科学 3》——新陈代谢、生殖、刺激与反应。

(2) 内容特色

● 教材内容一般是按探究过程的模式编写的:以发现问题、提出问题开始,经过探索问题,到解决问题结束。可以说,教材的编写不仅为学生提供了学习的内容,为教师提示了教学的过程,同时传授给了学生科学的探究方法。这种编写模式很适于学生自学。

● 教材既注重内容的先进性,又具有鲜活的生活气息:纵观韩国《科学》教材,其内容尽量采用学生实际生活中的素材,采用能为学生接受的新知识、新成果,以此激发学生的学习兴趣和学习动力。教材更多地介绍生物学与生活和当今社会密切相关的知识,具有很强的可读性。

● 实验内容丰富,形式多样:韩国《科学》教材的另一个特点是,实验内容穿插在基本理论、生物学概念等章、节中。实验内容充分体现了生活化、经验化。教材还借助形象、生动、大胆的模拟性实验,进行生物学基本概念和生物学术语的教学。

● 编排新颖、制作精良:教材中采用了大量的实物照片,甚至练习册中都采用彩色的插图,书中的图、表所占的篇幅大约占教科书的 1/4。数据详尽,图示真实、生动,易于学生对学习内容的理解和掌握。教科书和练习册的印制精美。

韩国的《科学》教材具有鲜明的特色,教材内容贴近社会、贴近生活、跟随时代,易唤起学生的兴趣和学生的学习动力。按探究过程的模式编写,符合学生的认知规律,方便学生的自学,培养了学生的自学能力和思维能力。从而易于实现韩国中等学校的培养目标:

追求学生身心的协调发展,寻求自我发现的机会;培养学生学习和生活所需的基本能力和解决问题的能力,具有创造性地表达自己的想法和感受的经验;具有掌握多层次知识和积极探索的能力。

3.2 我国中学生物学教材特色探析

我国第 8 次基础教育课程改革以来,教材的编写是"一标多版",经国家教育部立项出版并审定通过使用的初中生物学新课标教材已有 6 套,分别是人教版、济南版、苏教版、苏科版、北师大版和河北教育版;高中生物学新课标教材已有 5 套,分别是人教版、中图版、苏教版、浙科版和河北少儿版。下面仅选择使用面最广的人教版初、高中教材,以及香港和台湾有代表性的中学教材为例,主要就其特色进行探讨分析。

3.2.1 我国初中生物学教材特色探析

1. 人教版初中生物学新课标教材

人教版义务教育课程标准实验教科书《生物学》,是根据教育部颁布的《全日制义务教育生物课程标准(实验稿)》,由教育部课程教材研究所组织编写,由人民教育出版社出版的面向 21 世纪的初中生物学新教材(以下简称新教材)。这套新教材全书共分 4 册,供全日制义务教育 7、8 年级使用。新教材对教材体系、结构、内容、呈现方式等进行了革新;注重教材内容的现代化和开放性;重视教材内容的综合性和与相关学科的整合;及时更新内容,着重培养学生的创新精神和综合实践能力;立足于促进学生学习方式的改变;有利于教学设计的改进和教学策略的选择运用。这些特点具体体现在以下方面的改变中。

(1) 指导思想的转变 新教材以全面提高学生的生物科学素养为宗旨,以培养学生的创新精神和实践能力为重点,以促进学生转变学习方式为突破口,使教材符合学生发展的需要和社会需要,反映生物科学的新进展及其在社会中的广泛应用。

(2) 教材内容选择和组织的改变 在知识方面,注重对生物学概念和原理的领悟,适当删减需要单纯记忆的知识,不过分追求知识的系统性;减少知识内容份量,为学生主动探究提供时间和空间。

在能力方面,从培养学生的科学探究能力,特别是创新和实践能力出发,安排了较多的观察、实验、调查等活动;注重科学方法教育,安排了具有较强思考性的讨论题和思考题。

在情感态度与价值观方面,注意渗透爱国主义和辩证唯物主义教育;培养学生热爱大自然、爱护生物、热爱科学的情感,实事求是的态度;帮助学生树立人与自然和谐统一、可持续发展的观点,提高环境保护意识;引导学生正确理解科学、技术和社会的关系,形成科学价值观。

(3) 教材体系的构建 新教材突破传统的学科体系,摆脱"以知识为中心"的观念束缚,构建了以"人与生物圈"为主线的教材新体系。这种教材体系是时代和社会发展的需要,有助于学生明确自己在生物圈中的地位和作用,明确自己的社会责任,符合初中学生的认知水平。

(4) 教材功能的转变 从知识的传承转向全面提高科学素养,促进知识、能力和情感态度与价值观等领域的全面发展,体现科学、技术和社会的结合,渗透人文精神;从释疑解惑转向起疑生惑;从知识的单向传递转向引导学生自主学习、主动探究。

(5)教材呈现方式的改变 在呈现方式上,注重从学生的生活经验出发,避免从理论到理论;注重引导学生提出问题,主动探究,通过活动得出结论,体验科学探究的过程和方法,培养学生的学习能力;教材中设置了"科学技术社会"、"科学家的故事"、"与生物有关的职业"、"生物学与文学"等栏目,供学生阅读,以拓展视野,认识生物学的价值;在文字表述上力求通俗、准确、生动,并配有大量彩色插图,版式设计美观活泼,有利于激发学生的阅读兴趣。

2. 香港地区的初中科学教材

我国香港特别行政区的初中生物学教材是采用大综合的形式,在初中开设三年的科学课程。其课程内容主要有,初一:科学入门;生物;能量;由粒子组成的物质;溶剂与溶液;细胞与生殖。初二:普通气体;电学;热的传播;酸和碱;环境的探索;力与运动。初三:食物与运输;地球;电学与电子学。

香港的科学教材注重培养学生对科学世界的探究精神和丰富的想象力,强调探究方法,以及把科学与技术应用、社会问题和日常生活相联系。教材的主要特点是:

(1)内容弹性大 教材中的内容分为"核心"和"延展"两部分。核心内容包括所有学生均应掌握的基本课题,延展部分由额外课题组成,教师根据学生需要、兴趣及能力选择教授。这样,不仅能使学生普遍都得到发展,获得基本知识,而且能使教师因材施教,尊重学生的个性发展。同时,在教材中还以加框的形式标出了章节的重点,这样简洁明了地指出了学生应重点掌握的知识点,让学生一目了然,明确了重点内容。

(2)重视探究 教材注重培养学生的探究能力与探究精神。表现在:①实验内容多,大约占 50%,而且实验编排在先,让学生先做实验,然后在完成实验的基础上,讲述理论,这样对学生来说,实验内容是没学过的新知识,实验过程就是探索发现的过程,在此基础上,就可更深刻地理解有关新的理论知识;②教材设置了"齐来探究"、"专题探究"栏目,有助于培养其探究能力和探究精神,而且"齐来探究"栏目通过大家一起讨论与分析,还可以培养学生的团结协作精神,使学生认识到集体的作用。

(3)密切联系生活实际 教材从学生日常生活中常见的或碰到的事物和现象引入,并以问题的形式启发学生思考,得出结论。如在"眼睛的毛病"一节,先以"①班上有多少同学戴眼镜?②为什么他们要戴眼镜?③眼镜怎样矫正近视或远视?"这三个循序渐进的问题来导入内容,引发学生对眼睛的毛病的思考及学习兴趣。此外,有的章节后面编排有"科学与社会"这一栏目,它以问题的形式提供日常生活中的科学实例,以帮助学生对科学、技术和社会的互动作用有进一步的了解,认识到理论和实践相结合的重要性。

(4)提供相配套的资料与网站 教材除了在每一章后面编排有多项选择题和问答题外,还配有专门的"活动作业"和"综合练习",以辅助学生学习,巩固学生所学的知识。在教材每一章节中都注明了活动作业相应的页码,以方便教师和学生查找。此外,教材还十分重视互联网的应用,在一些知识点旁,附有相关的一些网站,以方便学生查找相关资料,进一步学习有关课题。例如,关于"酸雨"的内容,教材中给出了 6 个相关中、英文网站:〔英〕http: // www. gecities. com/Rain Forest/Vines/7050、〔中〕http: // webtitle.

chemistry. pu. edu. tw/life‐4. htm 等。这样不仅减少了学生查找资料所用的时间,提高了效率,而且指导学生正确地利用互联网上众多的信息资料,让学生体验到互联网的巨大作用。

3. 台湾省的初中综合生物学教材

我国台湾省在初中开设一年综合生物学课程,教材共分 12 章和三个附录。12 章分别为:第 1 章—我们的环境、第 2 章—生物体的构造、第 3 章—营养、第 4 章—生物体内物质的运输、第 5 章—协调作用、第 6 章—恒定性、第 7 章—生殖、第 8 章—遗传、第 9 章—演化、第 10 章—生物圈的生物、第 11 章—生物与环境、第 12 章—人类与环境。教材具有以下方面的特点:

(1) 以生物的生命活动为主线进行编写 教材将通常初级中学教材中分割开来的植物、细菌、真菌、病毒、动物、人体生理卫生、生物的遗传、进化和生态系统包含在一起,形成一门综合生物学课程;以整个生物的生命活动现象为线索,传授有关生物体的基本结构、生理功能以及生命的发生和发展、遗传和进化、生态环境等方面的基本知识和基本技能;强调使学生形成对生命科学的综合理解,为认识生物科学的价值,生物学的基本规律,形成基本观点,掌握基本原理,学会探索生命现象的思维方法打下坚实的基础;同时也为进一步学习生物学的各分支学科做好充分的准备。

(2) 每章节的教学都是以学生探究活动为主,教师讲解为辅 要求教师在讲授或做实验时提出问题,但对问题不提供答案,给学生充分发挥思维能力的机会,让学生自己去寻找答案,发掘知识,在探究过程中了解生物的生命活动,熟练科学方法和技巧,发展探究的兴趣。

(3) 理论教学和实验教学相互配合,理论与实践并重,重视学生动手能力的培养 全书 12 章,共有 33 个实验,每章少则 1 个实验,多则 5 个实验。每个实验分为目的、器材、步骤、问题 4 个部分。学生有实验记录本与教材相配套,实验记录本上每个实验分为记录和问题两部分,要求学生实验时,同时仔细观察实验过程,并进行详细记录,最后解答与本实验有关的问题。实验所需的设备比较简单,材料容易找到,方法简单易行,要求每个学生都要认真操作。

(4) 文字浅显精练,图表丰富多彩 教材的文字浅显精练。全书共有插图 331 幅,其中照片 145 幅,示意图 186 幅,绝大多数为彩图,教材图文并茂,生动有趣。许多插图已不是处于从属地位,而是代替文字说明,上升到主要地位。

(5) 尽可能采用现代化的教学手段 现代化的教学手段可打破课堂教学在时间、空间、地域方面的限制,缓解生物学教学中历来存在而难以解决的教学的系统性与生物生长的季节性、区域性的矛盾。电教手段的声、形、色,可很好地把世界各地不同季节的不同生物展现在学生面前,给学生提供丰富多彩而又真切的感性材料,有利于激发学生学习生物学的积极性和兴趣,开阔学生的视野,激发学生的求知欲。

(6) 开展多种形式的课外活动,以培养学生的实际工作能力 课外活动不仅能扩大学生的视野,增加学习生物学的兴趣,而且能巩固课堂知识,掌握科学实验的基本技能,并进一步发挥智能;同时又能培养集体主义观念,锻炼意志和毅力,收到教书育人的效果。如食用菌的栽培管理、花卉栽培、中草药种植、本地常见动植物种类资源调查、经济动物的养殖等。

3.2.2 我国高中生物学教材特色探析

1. 人教版高中生物学新课标教材

人教版普通高中课程标准实验教科书《生物》(以下简称新教材),是根据教育部颁布的《普通高中生物课程标准(实验)》,由教育部课程教材研究所组织编写。新教材包括 6 个模块,必修和选修各为三个模块。必修模块是:生物 1《分子与细胞》、生物 2《遗传和进化》、生物 3《稳态与环境》。选修模块是:选修 1《生物技术实践》、选修 2《生物科学与社会》、选修 3《现代生物科技专题》。新教材主要特点如下:

(1)构建结构合理、知识系统的教材体系

● 构建各模块主线突出,结构合理的知识体系:与大纲必修教材相比,三个必修模块教材在知识体系的构建上有着独到的特色。为凸显各模块在知识教育方面的价值,帮助学生形成良好的知识结构,每个模块的知识内容都围绕一定的主线展开;同时,根据学生的认知规律,确定知识内容的呈现顺序,使之形成结构合理的知识体系。

● 注意平衡知识的基础性和先进性:生物科学中的核心概念和基本原理是高中学生生物科学素养的重要组成部分,三个必修模块除了展现这些核心的知识以外,也注意到现代生物科学发展最迅速、成果应用最广泛、与社会和个人生活关系最密切的领域。如通道蛋白、人类蛋白质组计划、DNA 指纹技术等,教材通过加入这些反映时代特点、当代生物科学进步及与人们现实生活关系密切的内容,力求既能反映生物科学经典和核心的内容,又能反映现代生物科学和技术的新进展,充分注重了高中生物课程的先进性和发展性。

● 突出核心的概念、基本的原理和规律:教材知识忕内容着重围绕生物学基本概念、原理和规律展开,避免过多事实性知识的罗列堆砌和单纯描述,在认识"是什么"的基础上,更多地探讨"如何"和"为什么"。例如,关于动物和人体的激素调节,重点是让学生通过具体实例理解反馈调节和分级调节的原理,以及激素调节的特点,而不是罗列许多激素的分泌部位和生理作用。

● 体现现代生物科学技术的发展,激发学生的学习兴趣:教材在突出核心的概念、原理、规律的基础上,体现科学的发展性,展示给学生最新的科技成果和发展全景,激发学生的学习兴趣。如设置科学前沿栏目,栏目中的内容都是教材中核心内容的进一步拓展;"课外读"栏目编排的大多是一些大家十分关注的社会热点问题,如细胞工程、发酵工程、克隆技术等,对学生的吸引力很大。

● 注重知识的系统性和网络性:从每个模块的知识结构体系中可以清晰地体现出该模块严密的系统性和网络性。在《遗传和进化》模块中,系统性是按照遗传物质的证明及遗传定律的发现过程来逐步深入展开的;在《稳态与环境》模块中,将稳态提升到认识和分析事物的高度,不仅介绍动物、植物和人体等个体的稳态,也介绍种群、群落以及生态系统等群体的稳态,从而从不同层次和宏观的角度帮助学生认识到生命的复杂性和动态平衡性。

(2)重视科学探究,突出创新能力的培养

● 注重科学探究活动的层次和力度:在进一步强化初中基本科学方法的基础上,教材还针对高中学生有较强的分析、综合、动手能力以及一定的逻辑推理能力的特点,有针对性、循序渐进地在三个必修模块中加以强化,为学生将来的科学研究打下坚实的基础。

● 多样的科学探究活动为提高学生的探究能力提供了保证:新教材中的实验类型有验证性、探究性、定量分析性、观摩和模拟探究实验5种类型,极大地丰富了实验内容和实验方法。通过各种类型的实验,学生在接受科学的实验方法和准确的实验操作技能的同时,不断提高自主学习的能力,培养科学思维能力。此外,还有种类多样、数量不等的其他探究活动,例如,资料分析、资料搜集和分析、思考与讨论、模型建构、课外制作和课外实习以及针对性地培养学生探究能力的探究活动和技能训练活动等。

● 注重引入系统、数学和模型的方法:生命系统有自身的结构、产生、发展和变化的内在规律,让学生学习和理解这些规律,有助于形成系统的科学观;数学是自然科学的基础学科,将数学的方法引入生物学研究的时期正是生物学取得重大进展的历史时期;而模型的方法则在现代生命科学中起着越来越大的作用,例如,细胞膜的流动镶嵌模型、DNA的双螺旋结构模型、能量金字塔模型等。这些系统、数学和模型方法,是现代高中学生必须了解和应用的重要的科学方法,它不仅有助于学生学习生物科学,而且还为学生将来进行科学研究、进入社会参加工作,更好地解决生活和工作中的问题提供帮助。

● 开放的探究活动,给予学生更大的学习空间:改变学习方式,倡导探究性学习,不仅仅体现为课程标准的基本理念,更应该体现在教师的实际教学过程之中。除提供可操作性的、种类多样的探究活动外,在三本必修教材中还设置了11个比较完整的探究活动,这些探究性活动不仅比初中的深入,而且还具有更大的开放性,给教师开展探究活动的教学和学生探究性学习提供了更大的空间。

(3) 重视学生情感态度价值观的形成

● 树立科学的世界观和价值观:在广阔的社会背景中,生物学对人类文明有着巨大推动作用,同时又可能产生一些负面影响和冲击。为此,教材一方面介绍有关生物科学、技术和社会关系的资料,另一方面还引导学生深入探讨生物科学、技术和社会三者之间复杂的互动关系,理解科学的价值和局限性,养成热爱科学、尊重科学、理智地运用科学成果的情感和意识,树立人与自然和谐发展的观念,形成科学的世界观和价值观。

● 渗透STS教育,关注科学技术与社会的联系:学习生物学的目的并不仅限于获取生物科学的知识、方法和能力,还应关注科学、技术与社会的联系,为自己的行为和将来的研究工作承担起相应的责任和义务。必修教材为此在多个方面进行了渗透和教育,除在正文中进行渗透外,教材还设有"与现实生活的联系"栏目,注重科学、技术在现实生活中的应用;还设有"科学、技术和社会"专题栏目,让学生更加深刻地理解科学技术的社会价值,科学技术对社会的多方面影响,社会对科学技术的需求和推动作用等。让学生比较全面地、辩证地理解科学、技术和社会的关系。

● 更加注重科学史的介绍和科学精神的培养:科学史并不只是简单的科学发展的材料堆积,而是蕴含着人类的高度智慧,例如,大量的科学方法和创新、严密的逻辑和推理、丰富的科学精神和品质等。而这些正是高中学生科学素养的最重要的组成部分之一。将经典的科学实验引入教材,供学生学习和研究,是必修模块的一大特色,例如,细胞膜的研究、光合作用的研究、动物激素的研究等这些看似繁琐的材料,恰恰是提高学生生物科学素养的重要途径之一。

● 追求科学素养和人文素养的结合：具有一定的科学知识的科技专门人才只有具备了较高的人文和科学素养，才能更好地承担社会的责任。教材在呈现科学知识的同时，注重渗透科学精神和人文精神。例如，在介绍科学知识的形成过程中或科学家的发现创造时，都尽量体现人类社会和科学家在探索自然的过程中所表现出来的实事求是、永不停息、勇于创新的科学态度，不断追求新知、不懈探求真理、为真理献身的科学精神，等等，这些凝聚着人的目的、意志、情感与价值取向，既是科学素养的重要组成部分，也是人文精神的具体体现。

2. 香港地区的高中生物学教材

香港特别行政区在中四至中六开设生物科，生物科的课程内容主要有：生物的种类；细胞；维持生命；生物的发育及生命的延续；遗传学；生物与生物间及其与环境的相互关系。其教材特点为：

（1）重视探究 近年来，香港生物学教材不断修订，逐渐减少了"事实内容"，强调从做中学，强调实际活动与理论相结合。教材中实验内容较多，并以探究性实验为主，且教学顺序是先让学生做实验，然后讲述相应的理论知识，分析生活中的科学现象。这样，对学生来说，实验内容是没有学过的新知识，实验过程就是探索发现的过程，在此基础上，就可更深刻地理解有关的理论知识。同时，在未知的情况下进行实验，有利于学生思维能力、动手能力的培养，好似科学研究过程，让学生自己探索以获得结论。

（2）重视科学方法和过程的学习 生物学是一门自然学科，应采用科学的方法和科学的程序开展研究。香港的高中生物学课程标准特别强调：学生应能正确地观察和描述物体与现象；拟出假设及设计实验以求证并适当运用对照；阐释资料并用之作为评述及推理之基础；用直接和间接之证据推寻结论。

（3）注重和日常生活相关的知识的应用 香港的生物学教学要求学生"运用生物学之知识于日常生活中"。教材以学生日常生活中常见的和常碰到的事物和现象引入，并以问题的形式启发学生思考，得出结论。有的章节最后还以问题的形式提供日常生活中的科学实例，帮助学生对科学、技术和社会的相互作用有进一步的了解，认识到理论和实践相结合的重要性。

（4）关注环境教育 香港特别行政区政府和学校十分关注环境保护教育，但并没开设专门环保课程，而是采用跨课程的教学法，推广环境教育。而且，学校还安排教师进行相应的培训，为环境教育的实施提供保证。在生物学教材中渗透着大量环境教育的内容，要求学生"认识人是生物之一种及人在自然界中之地位"，"能够欣赏生物界之美景并尊重一切自然界之生物"，"爱护自然界之生物"。

（5）编排生动活泼 香港的高中生物学教材在内容编排上有一定特色，表现在：①实验领先，凡是有实验的教学内容，总是把实验放在前面，让学生先做实验，在完成实验的基础上，讲述相应的概念和理论；②列有讨论题，有的讨论题放在讲述理论知识之前，以问题的形式列出教材的要点，使学生了解学习内容，引起学习动机，激发学习兴趣，启发学生思考，有的讨论题放在理论知识讲述之后，要求学生运用已学的知识解释周围的科学现象；③附有大量插图，插图不仅制作精美，而且和文字内容结合紧密，相得益彰，使得教材图文并茂，生动形象。

3. 台湾省的高中生物学教材

我国台湾省的高级中学生物课程标准规定的教学内容是：第一部分，生物的通性：研究生物的目的与方法；生物的基本构造——细胞；生物的基本机能——代谢；细胞的生理作用；细胞与个体的生殖；生命的起源。第二部分，植物界：植物界的分类；滤过性病毒；细菌；黏菌与真菌；海洋里的绿色植物；最早的陆生植物——薛苔植物；维管束植物的演化；光合作用；呼吸作用；吸收与固着的器官——根；支持与输导的器官——茎；开花植物的生殖；植物的感应与生长的调节。第三部分，动物界：动物的特征；动物界的分类；多细胞动物的消化作用；多细胞动物体内的运输；多细胞动物的呼吸作用；多细胞动物的调节；动物的支持与运动；动物的生殖；动物的发生。第四部分，遗传与演化：生物的遗传；染色体学说；生物的演化。第五部分，生态。

台湾高中生物学教材具有与初中生物学教材相似的特点：教材编排体系既有以植物、动物等生物种类为主体的阐述，又有以生命活动特征为系统的编排；每章节的教学都是以学生探究活动为主，教师讲解为辅；理论教学和实验教学相互配合，理论与实践并重，重视学生能力的培养；文字浅显精练，图表丰富多彩；开展多种形式的课外活动，以培养学生的实际工作能力。

3.3 国内外中学生物学教材的发展趋势

国内外中学生物学教材虽然各具特色，整体呈现多样化的特点，但也有共同之处，总的发展趋势如下：

1. 分科、小综合和大综合三种教材体系并立，但趋向综合化

（1）以植物、动物、人体等生物种类为主线，以形态结构、生理、发生发展为顺序进行编写的分科体系　我国新课改前使用的人教版九年义务教育生物学教材就是这种体系。这种编写体系系统性强，教师较易讲授，也易为学生接受。但学生所学的知识基本上是分门别类，各自独立的，不易获得植物、动物、人体之间相互关联的综合性知识。同时，有关知识在植物、动物、人体等部分中重复出现，显得较为繁琐。

（2）以生物的生命活动为基本特征进行编写的小综合体系　我国现行的初高中生物学新课标教材、我国台湾省的中学生物学教材以及日本综合理科教材中的生物学部分就是这种体系。许多国家的生物学教材都采用这种编写体系。这些教材均以生物的生命特征为系统，并分别从植物、动物、人体几方面加以阐述、分析、比较，使学生比较全面地理解生物的主要生命特征。

（3）生物学与物理学、化学、自然地理学等学科合编的综合理科体系　美国、英国、德国、韩国、香港地区以及我国浙江省的综合理科教材就属于这一类，是目前国际上流行的教材体系。教材中各学科除了有专门的章节阐述外，还分别阐述了与本学科有关的其他学科的知识。生物学部分的知识体系也基本上是以生物的生命活动为基本特征进行编写的。

2. 注意教材内容与科学、技术、社会的紧密联系

当代科学技术突飞猛进，并日益渗入到社会的各个方面。为适应现代社会发展的需要，生物学教学注重基础知识的传授和能力培养，把学科教学与科学技术在社会生产和生

活实际中的应用结合起来,使学生不仅有生物学较深的基本知识,而且有广博的"STS"方面的知识和能力。例如,在美国《生命科学的研究》教材中,随处有"活动"一项,18 处插入"专业和尖端研究"标题,介绍与这部分教材密切相关的专业知识。教材中还列有"烟草、酒精和麻醉药"一章,详细讲述了常见的麻醉药品及服用危害,以适应美国的社会现实。再如,英国《社会中的科学和技术》教材,其内容主要选自当今世界最新科技知识和社会生活,涉及工业、农业、医药卫生、食品、环保、建筑等方面。

3. 实验数量多,并以探究性实验为主

美国、日本、韩国、俄罗斯等国家,我国的香港地区、台湾省,生物学教材中的实验内容大致占 50%,并以探究性实验为主。如俄罗斯在新的生物学课程标准中,规定植物学部分实验 38 课时,实习 6 课时,参观 6 课时,占植物学总课时(104)的近一半。在日本的综合理科教材中,不仅生物学实验的内容多,且类型丰富,除设有必做实验外,还专门设置了选做实验。

4. 重视学生能力培养和科学自然观培养

教材注重加强能力和观念的培养,表现在教材中适当减少了基础知识的内容,相对增加了观察、实验、调查等培养能力和科学自然观的内容。很多国家的教材都要求学生就自然界中所能看到的事物、现象以及科学史方面的实例拟定课题,并通过对一些课题的独立探索和自主研究,学习科学的实验研究方法,从而培养科学地看待自然的态度和解决问题的能力。

5. 设计多种形式的学习活动

强调课堂教学活动形式的多样化是现代教学论的重要观点。为配合多样化的教学,许多教材都设计了多种形式的教学活动,如定性观察、定量测量、数据整理、实验、讨论、角色扮演、游戏和研究性学习等。这些活动的共同特点是有趣、简单,重在体会研究的方法,对硬件设施的依赖性不高。

6. 强化教材的教学工具功能,教材趋于系列化和立体化

教科书与实验教材、音像教材、电子教材、教师教学参考书、学生活动报告册、挂图等多种教材系列配套,实现教材的系列化和立体化,这也是当今主要发达国家中生物学教材较为突出的一个特色。许多新编的教材不仅把教科书当成学习的资源,还强调教科书是学生学习和教师教学的工具。多数教材都把教学内容与学习过程结合起来进行编写,使教材成为学习的指南。有些教材把"科学研究方法"作为一个独立篇章编写。

7. 内容简练、浅显,具有一定弹性和灵活性,可读性强

教材内容简练、浅显,具有一定的弹性和灵活性,可读性强,是国内外生物学教材的一个重要变化趋势。内容选择上做到精选知识,控制数量,提高质量,降低难度。内容安排上不做"一刀切",有一定的伸缩性。如有的教材采用活页装订;有的把教材内容分为"核心"和"延展"两部分;有的增加"小资料"、"阅读材料"等栏目;有的设置"选做实验"和"进一步探究的活动"等内容。文字处理上比较简练,尽量以图代文,语言生动有趣,可读性强。另外,许多教材对教学进度不做统一规定,对教学方法不强求统一,思考题、作业题也更具开放性。

8. 插图精美、多样,与文字融为一体,趣味性强

插图不再是可有可无的点缀,而是表达教学内容和思想的一部分,是传播教学信息的一种重要媒介。有不少教材,插图占的版面甚至超过了文字。插图的类型有实物照片、某一过程现象的示意图、描述操作方法的说明图、趣味性的幽默画、帮助记忆的连环画、章首图、习题或思考题的附图等,具有与文字融为一体,注意开拓学生视野,有地方特色,趣味性强,制作精良等特点。

3.4 教材比较分析得到的启示

1. 要以《课程标准》为依据,确定教材编写的指导思想

《课程标准》遵照《基础教育课程改革纲要(试行)》的基本精神,在全面贯彻国家教育方针的基础上,根据学生发展的特点和教育规律,重视对学生进行全面的科学素养教育,体现国家对学生在生物科学知识、能力以及情感态度与价值观等方面的基本要求,着眼于培养学生终身学习的愿望和能力,体现了基础教育阶段生物课程的普及性、基础性、时代性和发展性。因此,教材的编写应以《课程标准》为依据,全面贯彻落实《课程标准》倡导的课程理念——面向全体学生,提高生物科学素养,倡导探究性学习,注重与现实生活的联系;体现《课程标准》提出的课程目标——使学生在知识、能力、情感态度与价值观等方面全面发展;使教材有利于转变学生的学习方式,有利于教师进行教学改革。

2. 要突出人与自然和谐发展和人类健康主题

突出人与自然和谐发展和人类健康主题,首先,应加强环境教育,使学生提高环境意识,正确认识环境问题的现状,学习解决环境问题的知识和观念,并使学生的行为与环境相和谐,这是时代和社会发展的需要。其次,能使学生明确自己在生物圈中的地位和作用,理解人与生物圈和谐共处所必备的知识和观念。第三,能使学生明确自己的社会责任,理解科学技术是"双刃剑"。第四,以生物科学宏观研究为主线,精选和串联生物科学重要的知识和观念,不仅克服了过去生物课程"难、繁、偏、旧"的弊端,符合学生的认识水平,而且也有利于生物学科内的综合。此外,还有利于让学生从关注身边的事物开始,强调生物科学知识与日常生活、情感体验、价值观等的紧密联系,强调生物学科、技术与社会的关系,有利于调动学生学习的主动性、积极性,有利于体验式、讨论式、探究式等学习方式的真正达成,使学生得到充分发展。因此,以这个主题整合中学生物学的教学内容,完全符合当今生物学基础教育突出人与自然和谐发展和人类健康主题的发展潮流,也符合我国目前的现状。

3. 要突破"以学科为中心"的观念束缚,以学生的发展为出发点

学生在基础教育阶段所学习的生物学知识,对于终身发展来说,只是起到奠基的作用。不能指望教材中的知识内容能够使学生解决一生会遇到的所有生物学问题。因此,教材不能面面俱到,而是要选取那些对学生的终身学习和发展最有价值的知识。知识性内容与基本概念、基本原理的相关性越高,在学生头脑中实现迁移的可能性就越大,时效性越长久,对学生终身学习和发展的价值越大。在以往的教材中,事实性知识偏多,而基本概念、基本原理等核心知识偏少,这也是导致许多学生学习生物学就靠死记硬背的原因之一。此外,教材内容的选择还应当符合学生的知识基础、心理特点和认识规律。

4. 要摆脱"以知识为中心"的观念束缚,构建合理的知识体系

生物课程的重要理念之一是全面提高学生的生物科学素养,也就是使学生在生物科学知识、能力、情感态度与价值观方面全面发展。要实现这样的目标,必须减少知识性内容的总量。教材从总体上减少知识的量,并不意味着降低生物课程的教学质量。删减的主要是对学生的终身学习和发展价值相对较低的知识,对于学生理解生物学的水平,不但不会降低,反而有助于提高。教材从总体上减少知识的量,也不意味着知识内容七零八碎,而是重新构建新颖而合理的知识体系。学生通过生物课的学习,应当自我构建完整的知识结构,知识结构化对于人的发展有重要意义。教材应当通过自身知识体系的构建,促进学生知识体系的构建。

5. 要强调生物科学与人文科学结合,反映社会、经济和科技发展的需要,体现科学、技术和社会的思想

生物科学的迅猛发展对社会和经济的发展日益显现巨大的推动作用,也影响到社会和个人生活的方方面面;当代社会发展的许多重大问题的解决,又都依赖于生物科学技术的进一步发展。教材编写应当融生物科学、技术和社会为一体,充分体现三者的互动,反映生物科学的发展及其对社会发展和个人生活的影响,注意介绍我国生物科学技术的成就和发展,注意加强生物科学和人文科学的结合与渗透。

6. 要注重科学探究,提倡学习方式多样化

学生在知识、能力、情感态度与价值观等方面的全面发展,应当通过他们积极参与活动来实现。首先,要充分认识活动的价值。有些内容本身不复杂,如果仅从掌握知识的角度来看,也许只需几分钟就能讲清楚,但是,如果让学生亲自参与活动,学生获得的不仅仅是知识,而且会有丰富的情感体验,探究能力得到发展,科学素养得到提高。第二,科学探究活动的设计应当丰富多样。只要是学生积极主动地获取生物科学知识,领悟科学研究方法进行的各种活动,都是科学探究活动。第三,科学探究活动的设计和安排应当以科学方法教育为重要线索。在设计教材知识体系的同时,应设计完整的科学方法体系,然后将两者进行整合,使之形成有机的整体。第四,科学探究活动的总体设计应当具有合理的能力梯度。学生科学探究能力的培养绝不是一蹴而就的,需经过模仿、练习、部分独立设计到独立设计等阶段。第五,在注重科学探究活动,加强探究性学习的同时,也应结合具体的教学内容,采用不同的教学策略和方法。

7. 要使教材具有一定的弹性和灵活性,以适应不同地区、不同学校办学条件的差异和学生个性化、多样化发展的需要

在按照课程标准编写必学内容的基础上,还应适当安排一些选学内容或选做内容,以适应不同地区和不同学校办学条件的差异,适应学生个性化和多样化发展的需要,拓宽学生的视野,发展学生的爱好和特长,培养学生的创新精神和探究能力。例如,在教材中编入一些小资料和课外阅读材料,设计一些选做实验和进一步探究的活动等。

8. 要实现科学内在逻辑与学生认识逻辑的统一,知识、能力和情感态度与价值观的统一

学科逻辑与学生的认识逻辑是不尽一致的。例如,形态结构是生理功能的基础,这是学科的内在逻辑,如果按照先结构后生理的顺序组织教学内容,学生固然能够接受,但是,不一定能够引起学生的学习兴趣。从生理功能出发,提出形态结构有关的问题,再引导学生探究形态结构与生理功能的关系,学生的兴趣就会增加。生物课程的目标是全面提高学生的生物科学素养,而生物科学素养是生物学知识、能力、情感态度与价值观的统一体,不能将三者割裂或对立。教材在内容的组织上,也应当做到将这三个方面的因素有机结合起来,不可偏废。

9. 要改变传统的注入式呈现方式,做到图文并茂,版式新颖

传统的注入式写法容易导致教师照本宣科,学生死记硬背。教材应当注重从学生的生活经验出发,创设情境,引导学生自主学习,主动探究,培养学生不断探索,勇于创新的科学精神,实事求是的科学态度,以及终身学习的能力。一是要写好章节的引言;二是要以学生的活动为正文部分的主体,知识的陈述不宜占过大篇幅;三是要做到图文并茂,提高可读性;四是要版式新颖,力求生动活泼。

10. 要立足于我国教学实际,做到积极稳妥;要借鉴国内外教材改革经验,博采众家之长

中学生物学教材的编写,必须立足于我国的中学生物学教学实际,从现实教学存在的问题中寻找改革努力方向。教材改革应积极稳妥,切实可行。对于我国教材改革的成功经验及现有教材的优点,应当吸收并加以发展。国外教材各具特色,有许多方面都值得我们学习和借鉴,但要有选择地"为我所用",不能机械照搬。

3.5 生物学多媒体教材

目前,人们对多媒体教材(multimedia teaching material)的概念仍存在不同的认识,对多媒体教材建设的目标缺乏正确定位,导致在多媒体教材的具体开发应用中出现分类混乱,教学内容简单,缺少深度,教育性不强,形式或华而不实,或未摆脱线性思维模式,缺少交互性,呆板生硬等问题。

要解决这种混乱状态,首先要正确理解多媒体教材的涵义。相对于多种观点而言,笔者认为将多媒体教材界定为"利用现代计算机和网络技术,以文字、图像、声音、视频以及虚拟场景等多种媒体有机结合,来呈现教学内容的现代教材形式。它是一门课程教学内容体系的多媒体表达,具有认知方式多元化、学习工具智能化、教学方式互动化的崭新特性"似乎更为妥帖。从本质上看,多媒体教材的目的在于提供丰富的教与学资源,构建一种网络化的学习环境,最大限度地实现和利用网络的优势。多媒体教材存在于这样一种超媒体的信息环境中,所有的教学资源以章节为基本单元,章节中又以知识点为节点,为学习者提供一种可自主整合学习资源的新型学习环境,体现了"按需教育"的教学理念。

3.5.1 多媒体教材的类型

生物学多媒体教材作为一种课程资源或工具,具有多元化的特征——生物学多媒体教材可供教师演示,可提供情境,也可作为工具支持学生自主学习、探究和解决问题,充分展示了它的资源和工具优势,这是传统纸质教材无法相比的。根据生物学多媒体教材呈现信息和适用情境的不同,通常将其分为以下几种类型。

1. 教学演示型

教学演示型生物学多媒体教材把板书、各种图表、动画集成在一起，并可获得快慢放、回放、缩放、特写等奇特效果，主要作为多媒体课堂教学的辅助工具。上课时，教师操作主控电脑，利用大屏幕或学生的电脑终端展示教材内容，通过师生对话等形式完成教学任务，类似于过去的课件，又与课件存在一些不同。例如，课件主要用于展示教学内容，而教学辅助型生物学多媒体教材的非线性化结构更为明显，往往在展示教学内容时自带音频讲解，并且允许使用者进行即时的互动操作。这类教材对硬件和教师电脑水平的要求较低，因而适用范围较广；缺点是不利于学生个性的培养。

2. 个别指导型

个别指导型（或称自助学习型）生物学多媒体教材类似于"自助餐"，学生可根据自己的喜好自由进入某一个学习环节进行生物学学习，再根据教材反馈出的学习情况信息，选择进入下一环节的学习。例如，学生在生物学复习中，可以利用此类教材进行答题练习。学生首先选择练习的难度级别，进入练习界面后，教材使用随机出题的方式让学生做练习，学生无法猜测下一道将会是什么题目，也就无法根据上一次的做题顺序回忆答案，从而真正检验自己的知识掌握程度。答题结束后，教材在反馈学生练习成绩的同时，会给出答错题目的答案和讲解提示，学生只有达到一定分数要求以后才可以选择是否进入下一测试环节。这类生物学多媒体教材有利于个别化学习，但不利于学生对生物学知识的系统掌握。

3. 模拟探究型

模拟探究型生物学多媒体教材常常利用动态演示来模拟生物学现象和过程的发生、发展、变化，并且鼓励学生提出自己的想法或假设，通过给学生布置探究任务、提示探究方法，让学生带着问题，利用计算机和网络进行自主或合作探究，然后通过网络转播探究结果或进行直接的师生对话交流，使学生深入理解生物学知识，从而达到学习的目的。例如，综合利用虚拟现实和人工智能等技术开发制作的生物学实验多媒体教材，可以实现虚拟实验，而且不受时间、空间的限制。大多数生物学实验，甚至在现实教学环境中很难实现或无法实现的实验项目，都可以用图形、图像等多媒体形式模拟实验全过程。学生可以首先查看实验任务提示和观看"演示实验"动画，然后自主"操作"计算机画面上的各种"实验仪器"进行模拟实验，计算机会根据学生的不同"操作"反馈出不同的"实验结果"，不仅形象、直观，而且省时、省力、省财。

4. 资料型

资料型生物学多媒体教材的目的在于给使用者呈现与生物学课程内容相关的各种多媒体信息资源；或者作为网络终端，提供相关链接，借助互联网为使用者提供更为丰富的教学信息。这类教材常常作为其他生物学多媒体教材的辅助，具有"信息工具"的作用。例如，将动物、植物、微生物等各种生物分门别类制成电子版"生物大百科全书"，借助多媒体直观、生动的表现手段，分别进行特征、生存环境、生态功能等方面的介绍，方便教师和学生随时检索与查阅。

5. 教学游戏型

教学游戏型与模拟探究型是形式不同、实质相同的两种多媒体教材。教学游戏型多媒体教材可以在游戏结束后立即显示出游戏的结果,能够提高学习的连贯性和趣味性。游戏结果往往有胜负之分,学生参与游戏的目的之一就是在与游戏对手的竞争中获胜,教学游戏也因此带上了浓厚的竞争色彩。竞争不仅使学习过程更加有吸引力,而且为学生提供了更多参与学习的机会,培养学生的竞争意识,磨练学生的意志品质。例如,可通过"丛林大冒险"桌棋类游戏学习《种子植物》,学生在游戏中需要根据植物特征、生存环境等识别"丛林"中的各种种子植物,只有识别正确才能继续前进或获得额外奖励,最终争取比游戏对手更早到达终点。这样,学生在游戏的氛围中,结合实例轻松学到了种子植物的特征等知识,达到了寓教于乐的教学目的。

6. 综合型

有许多生物学多媒体教材是以上各种类型的综合体,很难将其划分为哪一类。它们融教学模拟、动画演示、教学游戏、资料存储等多种功能于一体,利用这些功能共同帮助学生完成某一生物学学习任务。

3.5.2　多媒体教材的优点

与纸质教材的相比(见表 3-1),多媒体教材集合了多媒体直观、美观、立体感强、可进行动态模拟、容易操作等特点,以及传统 CAI 软件交互性强、信息量大、可以跟踪学习者学习状况等特点,具有一般纸质教材难以比拟的优点。

表 3-1　多媒体教材与纸质教材的比较

	纸质教材	多媒体教材
教材属性	静态	动态
信息再现方式	文本、图片	多媒体
组织结构	线性	线性和非线性
学习方式	统一步调	自定步调
内容范围	有限	无限链接
时效性	很快会过时	动态更新
学习中的交流形式	单向,主要是人际交互,同步交流	强交互性,以计算机为媒介交互,同步和异步交流
在学习系统中的地位	中心	一种学习资源
教材与师生的关系	教材→教师→学生(直线式)	三者之间的关系是网状的

1. 可以多维度呈现教学信息

传统纸质教材在呈现教学内容时,仅从一维的角度呈现静态信息,对于动态过程的描述多依靠文字,呈现方式单一,不够直观;而多媒体教材则可以弥补纸质教材的这一不足,使学生同时接收来自声音、图像、甚至触摸等多方面的多维立体化信息,视觉、听觉、触觉都受到不同程度的刺激,从而使大脑处于高度兴奋的状态,有效提高学习效率。正如詹慧静所言,"多媒体的应用使学习者进入了视、听觉并用,抽象逻辑思维与具体形象思维共同参与学习过程的多维动态,它使人的思维活动易于突破抽象逻辑思维的难点与局限,使教学活动更加符合人的自然思维习惯,从而获得更好的教学效果和更高的学习效率。"

2. 可以更好地体现因材施教的原则

因材施教的根本目的在于充分发挥人的潜能,提高人的整体素质,不同资质的学生都能得到充分发展。纸质教材的章节结构一般都是按照知识的发展顺序编排,教学过程都遵循先基础知识再高层知识的次序,师生双方都受到教材体系结构的束缚,一般不能自由跳跃;一些纸质教材的印刷质量、版面风格等诸多方面缺乏美学效应,与多媒体教材相比显示出呆板的一面。由于多媒体教材图、文、声、像并茂,可以变静态为动态,变抽象为具体,为学生提供更丰富的教学信息,并且可以对教学信息进行有效地非线性组织管理,由学生随时控制内容呈现的速度和次数,不受时空限制,从而可以有效照顾到学生的个别差异,给学生提供一个理想的学习环境,促进学生的个性化发展和全面发展。

3. 可以充分发挥学生的主体作用

提倡主体性教育,是适应素质教育的现实需要,也是当前教育改革的必然趋势。按照认知学习理论的观点,人的认识不是外界刺激直接给予的,而是外界刺激与人的内部心理过程相互作用产生的,必须发挥学生的主动参与性,才能获得有效的认知。多媒体教材把电视等媒体所具有的被动视听功能与计算机主动交互功能有机结合,产生出新的图文并茂、丰富多彩的人机交互方式,适合学生个别自主化学习。这种交互式的学习过程可充分激发学生的学习兴趣,使学生产生强烈的学习欲望,从而形成良好的学习动机,主动参与教学活动,转变了传统的以教师为导向,以课堂为中心的教育模式。

4. 可以实现教学模式的多元化

多媒体教材不仅根据教学需要分为多种类型,而且一般采用非线性结构,教学过程、教学单元和教学资源相对独立,可依据使用者、使用环境的变化而相应取舍,组合成多种教学形式,可适性强,大大提高了教材使用的效率和频率。例如,学生既可以按自己的学习基础、兴趣、知识、经验、任务需求和学习风格来选择自己所要学习的内容,或选择适合自己水平的练习,实现"学习者控制"的个别化学习模式;也可以用协商讨论的模式,使计算机像学习伙伴一样和学生进行讨论交流。

5. 可以有效地实现教育资源的共享

相对于纸质教材而言,多媒体教材的信息量更大,更加具有开放性,相应的课程资源可适时调整、补充和拓展,教材更新的周期可以大大缩短。多媒体教材的这种动态生成性,使其内容能够及时关注学科前沿,体现时代特色,适应现代知识高速增长的发展趋势。将数字化的教学信息加工后转存到光盘上,易于保存、推广和反复使用。网络的出现,为多媒体教材的应用提供了更为广阔的天地。网络化的多媒体教材能延伸到世界各地,充分实现教育资源的共享,尤其是远程网络教育的出现,使教学信息可以通过信息高速公路即时传播,学生可随时随地享受名师名教,同时可以提高生师比,节约师资和费用。此外,利用计算机可以实现对各种教学素材的不同方式的浏览,有利于加深学生对课程内容的理解;利用多媒体教材可以及时、有效地记录和反馈学生的学习状况,使教师方便地掌握学生的学习情况,同时也可促进学生学习的积极性;而索引以及查询技术的应用,可以使学生方便地查询所需内容,使多媒体教材不仅仅是教科书的替代品,而且具有"工具书"的作用。

总的来说,多媒体教材在开发过程中吸收了大量一线教学的宝贵经验,信息量大,集成性强,生动有趣,教学规范,参与面广,可反复演示,有利于开展个别化学习和实现资源的共享,提高教学的效果和效率,并且维护方便,更新较快,值得在中学生物学教学中广泛推广。

思考与讨论

1. 谈谈你对教材概念及分类的认识。
2. 你理想的优秀中学生物学教科书应具有哪些特点?
3. 试述多媒体教材的优点。

第4章　生物学新课程学习理论

1986年12月2日在日内瓦召开的第14届国际教育会议,把学生"学会如何学习"作为世界中等教育发展趋势的主要问题之一加以讨论,并指出:"科学技术发展的持续挑战,迫使所有国家的中等教育走上这条道路。"联合国教科文组织出版的《学会生存》一书中指出:"未来的文盲不再是不识字的人,而是没有学会学习的人。"基础教育课程改革以来,我国的教育工作者也日益关注学生如何"学"的问题,学习问题已成为当前教育理论研究和实践探索中的热点问题之一,并取得很大进展。

4.1　现代学习理论

4.1.1　学习的概念与分类

1. 学习的概念

学习(study)是一种十分普遍而又复杂的心理现象。通常,人们在下列三种意义上使用这一概念。

(1) 广义的学习　广义的学习指动物和人在后天生活中获得个体行为或经验的相对持久的变化过程。

这一概念包括以下三层内容:第一,学习不是专属于人的心理或行为,动物也有学习,学习就是靠后天的习得行为来适应不断变化的生存环境;第二,学习导致了动物和人心理或行为的变化,如经过学习,从不会操作到会操作,从不能理解到能够理解,但并非所有导致变化的因素都是学习,比如遗传的本能行为,以遗传素质为基础的自然成熟,因疾病引起的体力、精力的衰弱等,都不能归结于学习的范畴;第三,学习导致的行为或经验的变化是相对稳定持久的,只有相对持久的保持下来的行为或经验才属于学习,而因疲劳、药物或适应所引起的变化则不属于学习。

(2) 狭义的学习　狭义的学习专指人的学习。在这一意义上使用的学习概念就是为了要把人的学习同动物的学习区别开来。它指的是人在社会生活实践中,以语言为手段,积极主动地掌握社会和个体经验以及行为变化的过程。

狭义的学习包括如下两层内容:第一,人的学习与动物的学习有质的不同。动物的学习是在对环境的适应中进行的,主要是一个被动消极的过程,主动性较差;人的学习是在社会生活实践中进行的,是有明确目的追求的认识世界和改造世界的过程,这一过程是发挥人的能动性的过程。第二,人的学习以语言为手段。作为一种工具手段,语言文字使人突破了个体自身的狭窄范围而进到一个广大的时空中,人们借助这一工具,既可以进行跨地域的学习,又可以进行跨时间的学习;既可以掌握人类在漫长发展过程中积累起来的历史经验,又可以不断把握日益丰富的个体经验。动物没有语言,更没有文字,因此,动物只能积累个体的经验,这经验将随个体的死亡而消失。因此,动物的学习是非常有限的。

(3) 最狭义的学习 最狭义的学习特指学生的学习。在这一意义上使用的学习概念是为了把学生的学习同其他人的学习区别开来。它指的是在教师指导下,有目的,有计划、有组织地掌握人类积累起来的知识、技能,形成一定的道德品质和世界观的过程。

最狭义的学习包括如下三层意思:第一,学生的学习对象以书本知识为主。在学习过程中,学生的学习对象主要是人类已经认识到了的知识、技能、观念等间接经验,而且已经确定并写入课程、课程标准和教科书,是概括化了的知识体系。而其他人的学习对象则与此不同。学生所要学习和掌握的知识体系是根据社会的需要,从人类世代所积累的知识中挑选、提炼出来的最基本的材料,这些材料可以使学生不受个体的时间和空间限制,从而大大提高了学习的速度,缩短了对客观世界的认识过程。第二,学生的学习活动是有领导、有组织地进行的。在学习过程中,学生的学习是由教师指导进行的。教师根据教学要求,借助课堂、实验室等必要的教学设备,运用专门制作的教具,采用特定的教学方法,组织成特定的教学环境,为学生迅速大量地掌握人类的文化成果提供了可靠的保证。第三,学生的学习是快速高效的。在教师指导组织下的学生学习,可以最大限度地排除人们在探索这些知识的过程中可能出现的种种偶然的盲目成分,使学生学习具有明确的指向性和较大的受控性,使他们有可能在规定的期限内获得预期的效果。

2. 学习的分类

(1) 根据学习内容的方面分 根据学习内容的方面,学习可分为知识学习、技能学习、智力学习、道德学习和世界观学习。

● 知识学习:主要指掌握和运用人类所积累的间接经验。中学阶段主要是学习基础知识和基本概念。

● 技能学习:主要指训练学习生活所需要的基本动作技能。中学阶段主要是训练写字、观察、实验、劳动、运动等方面的基本技能。

● 智力学习:主要是指通过基础知识和基本技能的掌握,而促进的人的心理智慧方面的变化。中学阶段主要包括观察力、记忆力和基本的思维能力。

● 道德学习:主要指社会关系规范和行为习惯的学习和训练。中学阶段主要是学习道德规范,培养道德情操和形成道德行为。

● 世界观学习:主要指对世界的总体观点方面的学习。中学阶段主要是培养学生基本的辩证唯物主义和历史唯物主义的观点,以为建立科学的世界观打下良好的基础。

如上分类的价值是,可以告诉人们学习有哪些方面的内容,这些方面有哪些具体规定或元素。

(2) 根据学习内容的性质分 根据学习内容的性质,学习可分为机械学习和意义学习。

● 机械学习:学习的内容之间没有内在逻辑意义,无法与学生既成的认知结构建立联系;或者,学生惯于死记硬背,没有建立起有意义学习的态度。

● 意义学习:学习的内容之间有内在逻辑意义,能够与学生既成的认知结构建立联系并相互作用,学生通过新旧意义的同化来理解新内容。

这种分类的价值是,明确了机械学习与意义学习产生的依据,学生的学习是机械地接受还是有意义地理解,一个重要的依据是学习内容的性质。比如对一串无任何联系的数字的记忆或人名、地名的记忆,主要就是靠机械记忆。当然,由于机械学习的艰涩,应该尽可能提倡意义学习。

（3）根据学习的方式方法分　根据学习的方式方法,学习可分为接受性学习和建构学习。

● 接受性学习:是指教师在课堂上传授既成的知识或结论,学生通过同化接受系统的知识。

● 建构学习:是学习者借助他人的帮助和利用必要的学习资料,通过意义建构的方式获得知识,包括自主学习、合作学习、探究性学习等。

从学生学习方式方法的角度对学习所做的分类,可使人们看到不同方式方法各自的优缺点:接受性学习的优点是,教师可在有限的时间中向学生传授大量的系统知识,有利于发挥教师的主动性;但不足是压抑了学生主动性。建构学习的优点是,学生在教师指导启发下自主地、能动地去探索问题,掌握知识,培养能力,发展智力;但不足是所用教学时间较多。

4.1.2　学习理论简介

1. 刺激-反应学习理论

一般而言,刺激-反应论者(即行为主义心理学家)都把环境看作是刺激,把伴随而来的有机体行为看作是反应。因而,他们关注的是环境在个体学习中的重要性。学习者学习到些什么,是受环境控制的,而不是由个体决定的。他们认为:学习者的行为是他们对环境刺激所做出的反应,所有行为都是习得的。刺激-反应论者还特别强调强化在学习中的作用,认为可以根据一个人的强化史来分析任何行为。这种学习理论的逻辑延伸,就是要形成塑造行为(正强化,即肯定)或矫正行为(负强化,即否定)的方法。在教育方面,教师的职责就是要创设一种环境,尽可能在最大程度上强化学生的合适的行为。

2. 认知主义学习理论

认知心理学家认为,学习是个体作用于环境,而不是环境引起人的行为。环境只是提供潜在刺激,至于这些刺激是否受到注意或被加工,这取决于学习者内部的心理结构(即学习者知觉和概括自然社会和人类社会的方式)。个体根据自己的心理结构对环境刺激加以选择,当新的经验改变了学习者现有的心理结构时,学习就发生了。当今几乎所有认知心理学家都赞同下面的两个基本原理。第一,不平衡原则,即认为如果现有的结构在试图加工所选择的刺激不成功时,就失去了结构的平衡,个体在力图重新得到平衡时,认知结构的变化就产生了。第二,新的认知结构始终是受原有的结构影响的。所以,学习的迁移极为重要。认知学习理论在运用于教学实践时,强调要根据已有的训练结构,提供适当的问题情境,在解决问题的过程中掌握一般原理,以便能把学习内容用于解决新的问题。

3. 人本主义学习理论

人本主义学习论者试图从行为者而不是观察者的角度来解释和理解行为,他们所关注的是个人的感情、知觉、信念和意图,这些是使一个人不同于另一个人的内部行为。他们试图把认识与情感合二为一,以便培养出完整的人。人本主义学习理论的代表人物罗杰斯(C. R. Rogers)认为:怎样呈现教材并不重要,重要的是要引导学生从教材中获取个人意义。在教师看来是奇怪的或不寻常的行为,从学生的角度来看并不奇怪;当教师抱怨学生没有动机时,这实际上是说,学生没动机做教师要他们做的事情。信息对学习者是否具有个人意义,是信息保持的决定因素。教师与其让学生花费那么多时间去死记硬背,还不如让学生花些时间去寻找知识的个人意义,这样知识会成为他个人经验的一部分,令他终生不忘。

4. 建构主义学习理论

建构主义学习理论认为,知识不是通过教师传授得到的,而是学习者借助他人的帮助和利用必要的学习资料,通过意义建构的方式获得。因此,情境、协作、会话和意义建构是学习环境的4大要素。为此出现了三种教学方法:随机进入式教学、抛锚式教学、支架式教学,由此,教师的主要任务由单方面地灌输知识转向为学习者提供一个自由的学习环境,这个任务主要包括制作软件、提供学习指导、执行教学计划等。

4.2 生物学学习的影响因素

影响生物学学习的因素包括内在因素和情境因素两大方面。

4.2.1 影响生物学学习的内在因素

1. 学生的原有认知结构

美国教育心理学家奥苏贝尔曾经指出:"学生能否习得新信息,主要取决于他们的认知结构已有的有关概念;意义学习是通过新信息与学生认知结构中已有的有关概念的相互作用得以发生的;这种相互作用的结果导致了新旧知识的意义的同化。"他的观点与我国古代"温故而知新"的学习思想是相同的。因此,在生物学教学中,教师必须善于利用学生原有的知识基础,使新知识与学生的原有的生活经验、知识、技能建立密切联系,以使学生便于接受和掌握。例如,在进行"遗传的基本规律"教学时,教师应指导学生复习、回忆"细胞的有丝分裂"和"减数分裂"等有关知识,使这些知识成为学习"遗传的基本规律"的"先行组织者",从而促进新知识的同化学习。

2. 学生的智力因素

学生进行生物学学习活动总离不开注意、知觉、记忆、思维等智力活动,它们是认知活动的操作系统,其进行的方式、结果如何,将直接影响学生的认知活动。

(1)注意 注意总是伴随人的整个心理过程,是学习活动赖以产生的前提,因此,凡是能集中学生注意的方法都能促进学习。例如,教师在授课时提高或降低声音,板书重点内容时用彩色粉笔做标记,教师的姿势、动作、手势等动态特征,都可以有效地唤起学生的注意。

(2)知觉 知觉是个体感知客观事物,获得感性经验的心理活动。学生的多种学习活动都离不开知觉,增加知觉的方法主要有:扩大特征进行对比;强化或反馈;多种知觉作用结合。

(3)记忆 记忆是知识积累的重要手段,是进行思维和想象的基础,记忆的效果影响到学习的信息。记忆时应注意做到:机械记忆与理解记忆相结合;形象记忆与抽象记忆相结合。

（4）思维　思维是人脑对客观事物的概括和间接的反应。在认识过程中，思维实现着从现象到本质、从感性到理性的转化。提高思维效率应注意形象思维与抽象思维相结合，发散思维与聚合思维相结合。

3. 学生的非智力因素

非智力因素包括学习动机、兴趣、情感、意志、性格等。积极的非智力因素对于学生的学习可起到定向、引导、维护、调节和强化的作用。

在这些因素中，学习动机是直接推动学生进行学习活动的一种内部动力，它通过学习兴趣、情感、意志等表现出来。研究表明，动机产生于需要，但要使学习需要真正变成经常作用的、有效的学习动力，还必须采取相应的措施把学习动机从潜伏状态转入活动状态，使它们成为真正起推动学习作用的内部动因。动机的激发通常有以下几种形式。

（1）明确教学目的要求和知识的具体价值　教师在讲授每一节课之前，必须清楚地提出这节课的目的要求以引起学生的求知欲；结合教材内容讲明新知识在生活中的意义以及在知识体系中的地位，能引起学生对知识的重视，并调动其积极性。

（2）努力创设问题情境　创设问题情境，能有效地调动学生的学习积极性，促使他们积极思维。在生物学教学中，教师应努力创设问题情境，引起学生认知上的冲突，从而激发他们的学习动机和求知欲望。

（3）利用学习结果的反馈作用　学生及时了解学习的结果，包括看到所学知识在实际中应用的成效、解答问题时的正确与错误以及学习成绩的好坏等，均可激起进一步努力学习的动机，提高学习的信心。

（4）正确评价，适当表扬与鼓励　评价和奖惩是对学生学习成绩和态度的肯定或否定的一种强化方式，可以激发学生的上进心、自尊心，对学习动机的指向、强化、激活等有着很强烈的影响。研究证明，称赞和奖励等阳性诱因总是比斥责和惩戒等阴性诱因效果好。实践还证明，对学生的批评改为在指出其缺点或错误后，用激励性和指导性语言更容易使他们接受，从而激发努力学习的动机。

4.2.2　影响生物学学习的情境因素

情境因素是学生学习生物学的外因，对生物学学习具有重要的影响。情境因素有多种，在学校中最主要的是群体动力和师生关系。

1. 学习行为的群体动力

在社会心理学中，按照某种标准划分出来的人群共同体称为群体。在学校生活中，学生彼此之间以一定的交往方式和结合条件形成社会小群体。这种小群体主要有两种：一种是班级群体，包括其中的学习小组、生物学兴趣小组等子群体，它是学生中最重要、最基本的正式群体形式；另一种是由于爱好的相近、气质的相容或家庭背景相近、经历相似等因素结合而成的自由群体，这是松散的非正式群体，但富有浓厚的感情色彩，其影响不可忽视。

学生总是处于若干交叉的不同群体之中，特别是长期稳定地处于自己的班集体中，群体对他们的学习行为有积极的或消极的影响，这就是学习行为的群体动力。这种群体动力主要表现在以下两个方面。

(1) **群体意识的熏陶**　学生在学校中学习,时刻受着班风和学习氛围的熏陶。实践证明,把一个成绩较差的学生调到班风和学习氛围很好的班中,往往能较好地克服学习行为上的缺点,促使他积极上进;而一个成绩优良的学生调到班风不正、学习氛围很差的班中,往往抵制不住群体压力,染上一些不良学习习惯。

(2) **群体成员的竞争**　竞争是群体中自发的社会心理现象,是人际相互作用的一种基本形式。青少年学生有追求成功、维护自尊等心理要求,教师应通过有效的途径将这种心理要求引导到正确轨道上来,将学生的竞争积极性组织到集体学习活动中来。可以组织诸如生物学知识竞赛、生物学实验操作比赛、生物学智力抢答等活动。在这类活动中,个人在集体中分担一定的角色,个人的荣誉和奖赏与集体联系在一起,有利于培养合作精神,促进群体团结。在学习竞争中,每个成员以自己勤奋学习的态度和优秀的成绩激励和感染同伴,自己也同样受同伴的激励和感染,因而,每个成员在集体中的学习效率往往高于各自独立学习的效率。

2. 师生关系

教师既是知识的传授者,更是学生全面发展的培育者。学生对知识的需求必须通过与教师的交往才能实现,学生的智力、能力必须在教师的指导下才能有效地全面发展。所以,师生关系是影响学生学习行为的重要情境条件。

(1) **教师权威对学习行为的规范和制约**　在学校生活中,师生之间不仅具有教育者与被教育者的角色关系,同时也具有领导者与被领导者等角色关系。教师的这种角色地位使得学生具有"向师性",教师对学生的学习行为有较强的规范和制约作用。

(2) **师生情感对学习行为的激励**　新型师生关系的主要内容是尊师爱生、民主平等。师生情感融洽,在教学中教师就能取得学生的积极配合和热情支持,减少或避免学生不良行为的干扰。师生的密切交往产生亲切感,获得满意、喜爱等情感体验,能振奋教和学的情绪。学生在这样的气氛中乐于接受教师的教导,能提高认知活动的效率,达到"亲其师,信其道"和"教学相长"。

建立感情融洽的师生关系,关键在教师。教师应对学生倾注真诚的爱,自觉地保护他们的自尊心,热情肯定他们学习上的微小进步,主动密切和他们的交往,从而有效发挥情感因素对学生学习行为的激励和促进作用。

4.3　生物学新课程学习方法

生物学学习方法(biological learning method)是学生遵循学习规律,完成生物学学习任务所采用的手段、方式或途径。要使学生获得良好的学习效果,就必须注意使学生养成科学的学习方法。下面主要讨论生物学学习的基本方法和常用的识记方法。

4.3.1　生物学学习的基本方法

生物学学习的方法有很多,但从生物学的学习认知规律来看,代表性好、概括性强、能体现其规律的有以下几类基本的学习方法。

1. 模仿性学习

是指学生通过模仿活动来进行学习,这是一类带有强制性的学习。在生物学教学中,许多内容需要学生的模仿性学习,但在指导这类学习时,要注意不要就事论事,只停留在知识与技能的表面,也就是不要只"知其然",一定要做到"知其所以然"。这样才能克服这类学习过程的被动性和盲目性,增强主动性和积极性。例如,在使用显微镜观察生物的装片或切片时,从一开始学习使用显微镜,就不仅要指导学生在观察的过程中始终要用左眼注视目镜,右眼必须睁开,而且要具体说明这种规范动作的原理,使学生明确观察仅是一种手段,目的是要把观察到的结果准确记载下来(包括文字记载与绘图记载)。只有在左眼注视目镜,右眼睁开的情况下,才有可能及时、准确地记载观察的结果,从而提高学生在学习过程中的自觉性。

2. 概括抽象学习

是指从生动的直观到抽象的思维的学习方法,是思维学习方法之一,在分析经验和感性知识的基础上予以概括,形成概念和原理。生物学基础知识中许多概念的形成,对原理、规律的理解都是运用概括抽象的学习方法。例如,在学习"遗传的基本规律"时,从豌豆杂交实验及其后代的遗传表现入手,进而对杂文实验的结果提出解释的假说,然后对解释的假说进行验证实验,最后归纳出相应的遗传规律。

3. 逻辑推理学习

是指从抽象的思维到实践(具体的思维活动)的学习方法,也是思维学习方法之一,是对已掌握知识的引申和发展而获得新的知识。例如,在学习"外界条件对光合作用的影响"时,应从学生已掌握的光合作用的过程和实质加以引申,进一步阐明怎样通过外界条件来影响光合作用的过程,进而影响农作物的产量。

4. 解决问题的学习

这是指围绕着问题的解决来学习有关知识,是生物学教学中常用的学习方法之一。例如,在植物"水分和无机盐的吸收"教学中,首先指出,根的功能是"把植物体固定在土壤中,并从土壤中吸收水分和无机盐",然后围绕着"是不是根的各部分都有吸收功能"这一问题展开学习根的形态、根的结构、根对水分的吸收和根对无机盐的吸收。

5. 总结提高的学习

是指复习性的学习,把学习的阶段性和连续性结合起来,通过进一步学习,改善知识结构,使之系统化、条理化、综合化。例如,在动物学知识教学中,学过鱼纲、两栖纲、爬行纲、鸟纲和哺乳纲动物后,从它们的生活习性、运动器官、呼吸系统、循环系统、体温和生殖发育等几个方面加以归纳、总结和比较,这样不仅使学生进一步明确各纲动物的特征,而且还可从具体材料中理解脊椎动物的进化趋势。

生物学的学习活动既有课内的,又有课外的,但主要是以学习生物学教科书为中心的课堂学习活动。如果围绕课堂学习活动来划分生物学学习方法,则包括知识准备的方法(回想、提问等)、知识获得的方法(预习、阅读、听讲、观察、实验等)、知识巩固的方法(作业、练习、复习等)和知识应用的方法(作业、练习、测验、考试等)几个大的方面。这里不再展开讨论。

4.3.2 生物学学习中的识记方法

正确运用识记原理,并在识记的基础上进一步理解和掌握基础知识和基本技能,对于生物学学习是极其重要的。在生物学学习中常用的识记方法有以下几种。

1. 联系实际记忆法

把知识教学跟学生的各种学习实践结合起来,可以显著地提高识记的效果。例如,在"花的结构"教学中开展花的解剖,学生就能较容易也较牢固地掌握花的各部分结构及它们间的联系;在"蛙的受精卵的特征"教学中,结合指导学生观察蛙的受精卵,使学生能较为具体而清晰地掌握蛙的受精卵的特点。

把生物学知识与学生可以理解的生活、生产实践相联系,也可以加深识记的印象和提高识记的效果。例如,在学习"昆虫外激素"时,结合联系性外激素等生物防治的应用实际,使学生在了解如何应用人工合成的性外激素来破坏和干扰有害昆虫的正常繁殖,达到防治有害昆虫的实际中,对有关性外激素的知识有更为牢固的记忆。总之,把基础知识的学习与实际联系起来,可以提高形象记忆的效果,对加强基础知识的记忆有明显的促进作用。

2. 理解记忆法

对于必须记忆的基础知识和基本概念,要指导学生在理解知识的体系组成和内在联系的基础上记忆,避免死记硬背,可以明显地提高识记的效率和效果。例如,对于等位基因的概念可以从以下三个方面加以理解:一是从数量上,是成对的基因;二是从性质上,是控制着相对性状的基因;三是从位置上,是位于一对同源染色体的同一位置上的基因。

3. 比较记忆法

在生物学知识中,可比较的内容很多,通过比较可以充分显示知识的区别与联系,能加强记忆,加深理解。例如,光合作用与呼吸作用的区别与联系,原尿与终尿成分的区别,三大遗传规律的区别等。

4. 图解记忆法

对有关基础知识,除应充分利用教科书上的图解进行形象识记外,还要指导学生在学习与识记过程中自己编制图解。这样,可以把比较复杂的知识条理化、提纲化和形象化,既易于记忆,也记得较为牢固。

5. 识图记忆法

识图记忆是生物学基础知识记忆的重要方法之一,不但有助于生物体的形态结构知识的识记,而且对于生命活动的过程、有关生物体生理功能和生态等知识的记忆都有增效的作用。例如,在"细胞有丝分裂的过程"教学中,通过比较分裂期的前期、中期、后期和末期的几个模式图,就能比较容易而清晰地记忆各期的主要特点。再如,联系线粒体的结构示意图,就能形象地记忆其结构的特点。

6. 口诀记忆法

把复杂或难以识记的生物学知识,用简单、有代表性的语言编制成口诀,有益于识记和防止知识间的混淆。例如,十字花科的主要特征是:白菜、甘蓝、油菜花,四强雄蕊十字花,雌蕊一枚结角果,蔬菜油料都有它。

4.4　生物学新课程学习策略

学习的优化与有效,靠的不仅仅是一种程序化的,使学习过程严谨、学习环节到位的系统,还有一种超然于程序化学习之上的,使学习者作为主体能随时监控与调整自身学习活动的能动式学习。这种能动式学习就是学习的策略。

4.4.1　学习策略的概念

以布鲁纳于 1956 年首次提出"认知策略"为标志,学习策略(learning strategies)作为一个完整的概念被提出并逐渐发展。目前,关于学习策略虽有多种说法,但尚无被大家公认的定义。国外对学习策略概念的界定可归纳为以下 5 种观点:①学习策略是内隐的学习规则系统;②学习策略是在学习过程中用以提高学习效率的任何活动;③学习策略是具体的学习方法或技能;④学习策略是学生选择、整合、应用学习技巧的一套操作过程;⑤学习策略是能够促进知识的获得和储存以及信息利用的一系列过程。

学习策略自 20 世纪 80 年代介绍到我国,国内学者也对其概念进行了探讨研究,其中有代表性的观点有:①学习策略是个体在特定的学习情境中用以促进其获得知识或技能的内部方法的总和;②学习策略是学习者在学习活动中有效学习的规则、方法、技巧及调控;③学习策略是学习者为达到一定的学习目的,在元认知的作用下,根据学习情境的特点,调控学习方法的选择和使用,调控整个学习活动的内部学习方式或技巧。

综上所述,学习策略是指学习者在一定的情境下,针对一定的学习任务,依据学习的一般规则,主动对学习的程序、方法及工具进行有效的操作,从而提高学习质量和效率的一种对策系统。它既是一种学习思路,也是一种操作措施。学习策略不同于一般的学习方法,它不是一种纯客观的、外在的、可以照搬照套的模具,而是一种个人的、因人而异的、因势利导的操作对策系统。学习策略与个人的素质、认知水平及自我意识水平都有密不可分的联系。在一定程度上,学习策略的高低也是一个人综合素质水平的体现。

4.4.2　学习策略的特征

1. 艺术性

学习策略是根据学习活动的发展变化而采取的适合于学习活动规律的方式方法。当然,这里指的适合于学习活动规律的方式方法,并非是拘泥于一般的学习程序或套路的方法。尽管学习活动可以有一套规则、程序或步骤,学习策略也并不排除对规则的运用,但学习活动又是因人而异、千变万化的。因此,那种一般性的学习方法或技巧并非学习策略的本质特征,在学习策略意义上的方法往往是一种富有创造性的方式方法,是独特的、新颖的。从这个意义上说,学习策略带有很强的艺术性。

2. 主动性

学生的学习活动有主动和被动之分。被动学习或称机械学习,往往是以死记硬背的程序为特征,谈不上学习策略;而主动学习或称有意义学习,则注重学习策略。主动学习必有一定的学习策略相伴随,而学习策略的精神实质就是主体意识的明确和主动性的发挥。学习策略的主动性特征,主要体现为学习者在学习过程中所具有的能动性和控制性,也就是说,学习策略是学习者对学习活动的能动把握,是对自我学习活动的一种调整和监控,调控的方式可以有两种：一是学习者直接干预学习环节,达到学习目标;二是通过提高自身的认知功能,间接达到目标。

3. 对策性

学习策略总是在学习者面对具体任务时,为解决具体的学习问题而采取的行动方式,具有非常明确的目的,带有很强的针对性和操作性。学习策略当然也要遵循一般的学习规律,采用或借用一定的学习方法,但它是针对一定的情境、目的以及材料的特点,有选择地把这些方法加以具体化,从而相对地找到一种最优化的方法,最终形成一套有效的对策和操作过程。所以,学习策略对学习问题的解决,并非只看问题的"症状"而被动地采用一般性的"消炎"方式,而是要分析问题的"病因",力求主动找到一种有特效的最佳方式。

4.4.3 学习策略的结构

由于对学习策略内涵的不同理解,人们对学习策略的结构也存在不同的划分。国外学者从狭义的学习过程的角度,依据不同的方面提出了各自的观点。

根据学习策略所起作用的差异,丹塞雷(Dansereau)把学习策略分为基础策略(主策略)和支持策略(辅策略)。

根据学习的进程,加涅(E. D. Gagne)把学习策略分为选择性注意策略、编码策略、知道何时使用策略和检查学习策略。

根据学习策略的可教性,比格斯(Z. Biggs)把学习策略分为大策略、中策略和小策略。

迈克卡(Mckeachie)等则把学习策略分为认知策略、元认知策略和资源管理策略。

国内学者对学习策略构成的认识,代表性的两种观点为：一是把学习策略分为情意策略、认知策略、反审策略(元认知策略);二是把学习策略分为基本学习策略、支持性学习策略、自我调控策略(元认知策略)。

从上述国内外学者的观点可以看出,构成学习策略的核心是认知策略和元认知策略。前者是指对学习材料进行直接分析、转换或综合的策略;后者是指对学习起间接影响的策略,它包括对自己的认知加工过程进行计划、监控、调节和评估等。

4.4.4 学习策略的内容

1. 学习状态

学习状态主要是指人在学习时的生理、心理,特别是大脑所处的一种综合状态。它由供血供氧状态、注意状态、情绪状态等构成。注意状态一般与人脑紧张而稳定的意识状态有关,而情绪状态则一般与人的主导心境有关。

2. 认知能力与学习方式

认知能力主要指一般的认知水平及其发展状态,如观察、记忆、思维等品质方面的特征,也指一些具体的技能技巧。学习方式主要由一般的学习方法组成。

3. 认知策略与学习技巧

人在认知过程中形成了各种各样的认知能力,增长了各种各样的才智,认知策略实际上就是对自身才智与能力的利用能力或称指导方式。这是一种特殊的、非常重要的技能,是学生用来指导自己注意、学习、记忆和思维的能力。如在认知信息加工模式中,认知策略对认知能力的调节作用可以有以下几个方面:注意哪些特征;如何编码以便于提取;如何从事问题解决过程;怎样才有利于迁移。

4. 元认知技能与自我评价

元认知是作为一种监控系统而超然于学习过程之上的,是学生对自己学习系统的全面了解与整体的监控和协调。有的心理学家把它称为自我意识或自我控制。具体讲,元认知由以下三个部分组成:①元认知知识,是指人们所获得的与认知活动有关的那部分知识,涉及人类智力及活动,在这类知识储存中,有些具有陈述的性质,如知道自己记忆力较差,有些具有程序性质,如知道什么时候借什么方式来弥补记忆力不足,元认知知识大致又可以分为关于人的知识、关于作业知识和关于策略知识三类;②元认知体验,是指从属于认知活动的认识体验或情感体验,它可以在认知活动之前、之中或之后的任何时候发生;③元认知调节和监控,是指由学生在试图解决问题的过程中使用的自我调节机制构成的,如计划自己下一步行动,检索自己可能要使用的各种策略的结果,监控各种行动的效用,检验、修正、评价自己的学习策略等。

元认知技能除了具有自身结构系统外,同时也是由一些从属领域构成的,如元记忆技能、元领会技能等。

4.4.5　生物学学习策略的形成

生物学学习策略的形成不是一朝一夕之事,也不是单纯的形式训练所能奏效的。它与学生的生物学学习活动紧紧联系在一起,是随着主体学习活动的逐渐深入和丰富而形成、发展起来的。生物学学习策略的训练步骤如下:

(1)激励与保持良好的注意、情绪与动机状态　这一步骤不仅要使心理活动处于觉醒与兴奋状态,更要激活同当前学习活动有关的所有因素与学习方法关系的意识。

(2)分析学习情境　这一步骤要求学生把握有关学什么、何时学、在何处学、为什么学和怎样学的问题,估计自己的学习风格等,以提供选择学习方法的依据。

(3)选择学习方法,制订学习计划　这一步骤要求学生综合考虑学习情境的有关因素与学习方法的关系,确定学习的时间安排表,把学习任务分为具体的几个部分,列出可能需要的学习方法。

(4)执行学习计划,实际地使用学习方法,监控学习过程　这一步骤要求学生监控性地检查自己的学习行为,不断把有关学习变量与所实施的学习计划、学习方法联系起来对照检查,以估计学习计划与学习方法所能达到的效果。

(5)维持或更改已选用的学习计划和学习方法　这一步骤要求学生如果对监控结果满意,可维持原有计划和方法;反之,则重新评价或修改原有计划和方法。更改可能是调整部分内容,也可能是改变整个计划与方法。

(6)总结性地评价选用的学习计划与方法所达到的效果　这一步骤要求学生对学习过程进行总结性评价,作为这次学习的反馈与下次学习的准备。如果学习效果佳,说明原有方法与各种学习因素相互适合的水平高。

4.5 生物学新课程教学中的探究性学习

中学生物学《课程标准》明确提出了"倡导探究性学习"的课程理念。这是我国继续深化教育教学改革的必然要求,也是我国全面实施素质教育,培养具有创新精神和实践能力的高素质人才的需要。

4.5.1 探究性学习的概念及特点

探究性学习是一种学习的活动、方式、策略和理念,泛指学生主动探究的学习活动,适用于学生对所有学科课程的学习。这种认识有利于完整地理解探究性学习的本质,有利于探究性学习向各个学科教学的渗透,促进基础教育教学改革,从根本上重塑学校学习文化,改变学生的学习方式。

探究性学习从根本上超越了学科界线,成为综合性的、以实践问题为核心的、不断迈向未知领域的一种学习活动、方式、策略或理念。探究性学习具有多方面的特点,主要有以下各点。

1. 实践性(活动性)

探究性学习不只是文本式的学习方式,不局限于记诵,而是强调学生在实践中、活动中学习发展,以获得更多的直接经验。

2. 亲历性(过程性)

探究性学习强调学生的亲力亲为,不是教师的包办代替;强调学生学习活动的过程,不片面追求学生研究的结果。

3. 自主性(主动性)

探究性学习是在教师指导下,学生自主探究的过程,培养学生学习的自主性和主动性是其目的之一。

4. 综合性(多样性)

是指探究性学习方式方法与其他多种学习方式方法(如接受性学习)的整合运用。应克服机械单一的教学模式,积极合理地整合多种学习方式方法,这是提高探究性学习效益的重要途径。

5. 开放性

一是学习空间的开放,要求学生从课堂走向课下,从校园走向社会。二是学习内容的开放,探究课题除来自本学科外,还可以来自其他课程,来自社会、自然和学生的生活。三是学习途径的开放,可以检索网络、图书、报刊、电视等媒体,也可以走访社会有关部门、单位,采访各方面的专家、学者。四是学习结果的开放,不强求学生学习结果的一致。

6. 指导性

探究性学习不同于科学家的研究,教师指导必不可少。如选题的确定、活动的组织等,都离不开教师的指导。

7. 经验性

使学生获得一定的研究经验是探究性学习基本目的之一。"经验"不等于"知识",当代认识论研究表明:"经验是个体化的知识,而知识是组织化的经验。"

8. 学习性

探究性学习首先是一种"学习",重心在"学习"而不在"探究"。不像科学家以发现、发明或问题解决为己任。

4.5.2　探究性学习的实施

1. 探究性学习的实施过程

探究性学习的基本实施过程如下:

(1)提出问题　要求:尝试从日常生活、生产实际或学习中发现与生物学相关的问题;尝试书面或口头表述这些问题;描述已知科学知识与所发现问题的冲突。

(2)作出假设　要求:应用已有知识,对问题的答案提出可能的设想;估计假设的可检验性。

(3)制订计划　要求:拟订探究计划;列出所需要的材料与用具;选出控制变量;设计对照实验。

(4)实施计划　要求:进行观察、实验;收集证据、数据;尝试评价证据、数据的可靠性。

(5)得出结论　要求:描述现象;分析和判断证据、数据;得出结论。

(6)表达、交流　要求:写出探究报告;交流探究过程和结论。

2. 探究性学习的实施策略

(1)前提:明确概念　科学地界定探究性学习,明确其概念,领会其实质,了解其特点,是生物学教学实施探究性学习的基础和前提。目的是为了避免教学实践中的盲目性,防止研究性学习搞形式、走过场。

探究性学习作为一种学习方式、策略和理念,其实质都是为了改变学生以单纯地接受知识为主的学习方式,以培养学生的创新精神、实践能力和充分开发学生的各种潜能为最终目的。它使学生在学习过程中处于一种积极主动的主体地位,思维活动不受束缚和压抑。学生的学习空间、学习内容、学习途径和结论都是开放的。强调学生在实践中、活动中学习和发展,获得更多的直接经验。强调学习方法的多样化,与其他多种方法整合运用,克服机械单一模式。强调学生的亲力亲为,不是教师的包办代替。强调学生学习活动的过程,不片面追求学生研究的结果。总之,探究性学习强调的是在现实的问题情境中去"做"、去"经验"、去"尝试"、去"反思",而不是在虚拟的问题情境中去"听"、去"记"、去"背"、去"再现"。做到人人参与,互相合作,全面发展,使每个学生都有一个自我体验、自我感悟、自我实现的个性心理和特长的发展过程。

(2)先导:转变观念　教育思想观念的转变是生物学教学实施研究性学习的根本问题和先导条件。我们认为,转变观念最需要解决 4 个问题:其一是不仅仅中学生物学教师需要转变观念,学生、学生家长、学校领导、教育行政部门,甚至每一个公民都要转变观念,树立正确的教学观、学生观、人才观、质量观、评价观等,为实施研究性学习创造条件。其二是要在"切实转变"上下工夫,不是口头上、形式上的转变,而是真正从思想认识到具体行为上转变,使之落到实处。其三是生物学教师需要确立三个课程理念:①作为科学教育的生物学课程理念,生物学作为自然科学之一,是研究生命现象和生命活动规律的科学,对提高学生的科学素养起重要作用,生物界丰富色彩,变化万千,奥秘无穷,许多生物学问题值得学生去研究、探索、解答,这就为研究性学习的开展提供了丰富的素材,打下了坚实的生物学科基础;②倡导探究性学习的生物学课程理念,整个科学发展的历史就是一部科学探究的历史,学生也应探究性地学习生物科学知识,生物学探究的类型多种多样,主要有基于实验、测量、资料搜集和分析、模拟、技术设计和综合性的探究等类型;③科学和人文相结合的生物学课程理念,科学教育呼唤人文精神的回归,生物学是自然科学中与人文科学结合紧密的领域,生物学教学应关注科学、技术与社会的联系,培养学生的人道主义精神和民主意识,理解生物科学的"真"和"美",珍爱生命,爱护自然。其四是生物学教师需要树立两个教育教学观念:①鼓励创新和实践,探究性学习旨在培养学生的创新精神和实践能力,在指导方法和培养能力的同时,更加重视培养学生严谨的治学态度和创新人格;②学会欣赏学生,要用发展的眼光来看学生,重过程、轻结论,多鼓励、少批评,要为学生提供自主发展的空间,不要把自己的意见、结论强加给学生。

(3)关键:提高素质　实施探究性学习,教师是关键。探究性学习改变了以往教师在教学中的地位和作用,教师不再只是知识的传授者,而将同时成为学习者、组织者、协作者、参与者、研究者、指导者和促进者。这种角色的转变对教师的整体素质提出了新的更高的要求。

基于探究性学习和生物学科的特点,生物学教师除了要转变教育观念外,还需要在以下方面补充、提高和完善:①知识方面,需要补充与生物学有关的社会、生产和生活实践知识,生物科学技术新进展、新成就方面的知识,与探究性学习相应的教育学、心理学、教学法理论知识,常用的科研知识,常用的现代教育技术知识等;②技能方面,包括生物学教学基本技能,生物学观察、实验技能,电化教学手段的使用操作技能,电子技术、多媒体技术、网络技术、网上通信和远程通信等现代信息技术;③能力方面,需要提高创新教学设计的能力,指导学生学习的能力,合作性教学的能力,新知识汲取的能力,搜集、处理、应用信息的能力,观察、实验能力,理性思维与创造性反思的能力,综合理解和综合评价的能力等。

(4)核心:突出主体　教学是一种师生的双边活动,教师和学生是教学活动中具有主观能动性的两个因素,共同参与和完成教学活动。从生物学教学过程的特点和探究性学习的实质来看,教师的主导作用必不可少,但学生的主体地位更应得到充分体现。能否突出学生的主体地位,是生物学教学能否有效地实施探究性学习的核心问题。

学生主体的基本涵义是指学生在教学活动中的主体意识和参与的态度、程度以及对活动的体验。这包括两个相互联系的方面,一个是教师正确看待并尽力尊重、激发学生的主体意识,吸引学生全身心投入;另一个是学生的自我意识、实际参与和主宰教学活动的行为。由此我们不难看出,传统的被动接受式教学过分强调教师的作用,漠视了学生的主体地位,使学生的学习立足于被动地接受教师的知识传授,偏重于对生物学知识的机械记忆、浅层理解和简单应用,使学生的学习始终围绕着教师、教材、课堂;教学结构设计和教学内容设计都是按照教师事先安排的程序进行的,学生没有自主性、选择性和主动性,因而在整个教学过程中始终处于被动滞后的局面,学生思维的积极性、创造性处于抑制状态,多数学生的思维达不到应有的兴奋度,学生的自我表现欲望和自我价值得不到充分展示和体现。因此,我们必须把以学生为主体的教育观念切实落实到生物学教学实际中,这样才能更有效地实施探究性学习。

3. 实施探究性学习应注意的问题

从内容上,探究的主题要有价值;从形式上,探究过程不要流于形式;从与其他学习方式的关系上,不要完全否定接受性学习,应合理地整合多种学习方式方法;从数量和难度上,不要加重学生的学业负担。

思考与讨论

1. 查阅有关资料,试析建构主义学习理论对我国基础教育课程改革的指导作用。
2. 结合自己的实际,谈谈如何形成良好的学习策略。
3. 在生物学教学中开展探究性学习应注意哪些问题? 并阐明理由。

第 5 章　生物学新课程教学方法手段

教学方法(teaching methods)是教学过程整体结构中的一个重要组成部分,是教学的基本要素之一。它是传递教学内容,完成教学任务,实现教学目标的工具和手段。"工欲善其事,必先利其器。"因此,正确理解、选择和运用教学方法,对于提高教学质量和效率,培养合格人才具有重要意义。

5.1　教学方法概说

5.1.1　教学方法的概念

对于教学方法的概念,人们有不同的解释。目前我国有代表性的观点主要有以下几种。

《中国大百科全书·教育》中指出,教学方法是"为了完成一定的教学任务,师生在共同活动中采用的手段。既包括教师教的方法,也包括学生学的方法"。

《教育大词典》中认为,教学方法是"师生为完成一定教学任务在共同活动中所采用的教学方式、途径和手段"。

王策三所著的《教学论稿》中指出,"教学方法是指为达到教学目的,实现教学内容,运用教学手段而进行的,由教学原则指导的,一整套方式组成的,师生相互作用的活动。"

李秉德所著的《教学论》中认为,"教学方法,是在教学过程中,教师和学生为实现教学目的,完成教学任务而采取的教与学相互作用的活动方式的总称。"

教学方法的概念由"教学"和"方法"两个概念构成。方法是达到某种目的,完成某种操作的活动形式或一整套方式,是通往目的的途径,是旨在达到一定目的并按照一定原则加以调节的活动。教学方法不仅包含"方法"的一般特征,而且还有自己的专有特征。基于以上认识,我们认为,教学方法是在教学过程中,为实现教学目的,完成教学任务,师生在共同活动中所采用的教学方式的总称。

5.1.2　生物学教学的常用教学方法

教学方法丰富多彩、多种多样。生物学教学常用的教学方法主要包括讲授法、谈话法、讨论法、直观教学法、实验教学法、练习法等。

1. 讲授法

讲授法是指教师通过口头语言,系统地向学生传授科学知识、思想观点,发展学生能力的方法。讲授法是一种运用极为广泛的教学方法,其优点在于能在较短的时间内,向学生系统地传授较多的知识;结合传授内容能有目的、有计划地对学生进行思想品德教育。此外,讲授法还可以与直观教学法、实验教学法等结合运用,并由讲授法起主导作用。因此,无论过去,还是当前,讲授法都应是学校教学中一种常用的、既经济又可靠的教学方法。但是,如果教师在教学过程中不能正确地运用,则容易造成满堂灌的僵死局面,不利于学生学习兴趣的激发和能力的培养。应该指出的是,造成这一情况的根本原因是对讲授法的不正确运用,而非讲授法本身。

2. 谈话法

谈话法是指教师根据教学目的的要求和学生已有的知识经验提出问题,通过师生间的问答对话而使学生获得知识、发展能力的方法。谈话法的优点在于能更好地从学生的实际出发,激发学生的思考,从而对所获得的知识理解深刻、记忆牢固;能够促进学生思维能力和表达能力的提高;还有利于信息的及时反馈,增进师生之间的相互理解。

3. 讨论法

讨论法是指教师指导学生以班级或小组形式,围绕某一课题各抒己见、展开争论、相互启发,以提高学生认识的方法。讨论法的优点在于能充分发挥集体的作用,使学生之间相互启发、集思广益;有利于培养学生运用所学知识分析问题和解决问题的能力;有利于学生语言表达能力的提高。

4. 直观教学法

直观教学法是指教师通过演示各种直观教具、实物等,使学生在观察中获得对事物和现象的感性认识的方法。直观教学法的优点在于通过向学生展示生动的直观材料,调动学生学习的积极性,有利于培养学生的观察能力。

5. 实验教学法

实验教学法是指学生在教师的指导下,利用一定的仪器设备、实验材料等进行独立操作,通过观察和研究获取直接经验、培养技能和能力的方法。实验教学法的优点在于能使学生通过独立操作和亲自观察获得直接经验,理论联系实际,有利于学生形成科学的知识体系;可以使学生掌握实践操作技能,培养学生的实际操作能力和独立从事科学研究的精神。

6. 练习法

练习法是指学生在教师指导下,通过课堂及课外作业,运用已有的知识独立解决问题,以巩固知识、形成技能技巧的方法。练习法的优点在于通过练习巩固所学知识,形成技能技巧;在独立活动中,可以培养学生克服困难的意志品质,养成勤于思考和按时完成学习任务的良好习惯。

5.1.3　现代教学方法的特点及发展趋势

现代教学方法是与传统教学方法相对而言的。由于传统教学方法否定学生在学习中的主观能动性,把学生看成单纯接受知识的容器,对学生的智力发展有着极大的局限性,因此,自 20 世纪 50 年代以来,教学理论的研究、教学方法的改革在世界范围内掀起了热潮。现代科学技术的迅猛发展,对人才培养的质量,尤其是对学生创新精神和创新能力提出了更高的要求,因而以发展学生智能为出发点的现代教学方法应运而生。国外把现代教学方法的涵义归纳为 4 点:①现代教学方法是为了表达现代教学目的而采用的师生之间活动的形式;②现代教学方法是传递现代教学内容的手段;③现代教学方法是教师引导学生学习的途径;④现代教学方法是现代教学工作的总和。

1. 现代教学方法的特点

现代教学方法与传统教学方法相比,有以下几个主要特点:

(1)以发展学生的智能为出发点 现代教学方法以发展学生的智能为出发点,以培养学生的创新精神和能力为目标,在保证"双基"的同时,体现出现代教学方法的时代特色。美国心理学家布鲁纳的"发现法"之所以能风靡全球,德国教育家瓦根舍因提出的"范例教学法"之所以能产生巨大的影响,就是因为适应了发展学生智能,培养创新精神和能力的时代要求。

(2)以充分体现学生主体地位和发挥教师主导作用为基本特征 现代教学方法强调教学是在教师指导下的学生的认知过程,在这个认知过程中要充分调动学生学习的积极性,激发学生学习的自觉性和兴趣,形成学生自身对知识的渴望。前苏联教育家赞可夫十分重视学生学习的内部诱因,另一典型代表布鲁纳更是强调内在动机的作用,同时又肯定教师的主导作用。现代教学方法要求教师的主导作用和学生的主体地位有机地统一起来,并充分体现学生的主体地位。教师要根据不同的教学目的和教学内容,运用正确的方法和手段,积极引导学生主动参与教学过程,充分发挥其积极性、主动性,使学生真正成为教学的主体。

(3)注重学生学习方法的研究与培养 现代教学方法既重视研究教师的教,更注重研究学生的学。作为新时代的教师"授之以鱼"不如"授之以渔",应培养学生掌握科学的学习方法。例如,现在的讲授法不仅要使学生掌握好讲授的基础知识,而且要使学生学习和掌握教师讲授的思路,掌握分析问题、解决问题的方法和途径。学生做课后思考题时已不再是满足于答案的正确,而是要注重获得答案的过程,要求学生积极思考,以此促进知识的飞跃。近年来,无论是国内还是国外,越来越重视对学习理论的研究,许多教育学家、心理学家提出了种种学习方法的类型、模式,进而提出了一些相应的教学方法。

(4)重视学生非智力因素的作用 在教学过程中,学生学习活动的心理基础十分复杂,除了认识活动外,还伴随情感、兴趣等非智力因素。这些因素在学生的学习过程中起重要作用,甚至影响到学生一生的发展。所以现代教学方法提出,在教学过程中要重视情感、兴趣等在学生学习中的作用,要使学生的智力因素和非智力因素综合发展。这既符合学生的学习实际,又是以心理学为基础的。心理学研究证明,人的认识与情感、兴趣等非智力因素具有不可分割的联系,不同的情感、兴趣对学习有不同的影响。

(5)对传统教学方法适当保留并加以改革 自20世纪50年代以来,新的教学方法层出不穷,传统教学方法受到激烈抨击。但是,传统的教学方法并没有被完全抛弃。教学改革的历史经验告诉我们,传统教学方法有其精华,也有其糟粕;既有合理的、积极的成分,又有不合理的、消极的方面。现代教学方法也不是十全十美、万能的。因此,现代教学方法是对传统教学方法的继承和创新,应对传统教学方法适当保留并加以改革。

2. 现代教学方法的发展趋势

在社会不断进步、科技迅猛发展和知识量剧增的背景下,广大教育工作者都更加注重教学价值和教学效率问题。人们认识到,改革教学方法是提高教学质量和效率的重要途径。近年来,人们从不同角度、不同方面出发,对教学方法进行了改革和实验,涌现出一系列新的教学方法。我国教育理论工作者对现代教学方法进行了深入的探究,对其发展的趋势提出了多种看法。

有人归纳出 5 大趋势:第一,心理科学的研究成果已成为现代教学方法发展的重要基础和前提;第二,现代教学方法发展与教学实验紧密配合;第三,以系统整体的观点研究教学方法理论;第四,注重教学方法在发展学生智能、培养学生非智力因素中职能作用的发挥;第五,把研究学生学习方法、培养学生自学能力放在前所未有的突出地位。

也有人归纳为以下 5 个方面:第一,重视实现学生的主体性;第二,重视教学中学生知、情、意的统一;第三,加强学习方法研究;第四,重视现代教育技术的应用;第五,教学方法的模式化。

现代教学方法的发展还呈现出下列趋势:第一,注重学生主体性的发挥,调动学生学习的积极性;第二,注重吸收心理学的研究成果,加强教学实验;第三,注重学生智能发展和非智力因素的培养;第四,注重从系统整体的观点研究教学方法理论;第五,注重现代教育技术在教学中的应用。

以上这些观点,为我们全面正确地理解和把握现代教学方法的内涵、特点及发展提供了新的视野和理论参照。

3. 现代教学方法示例——发现法

发现法又称引导发现法或发现问题法,是由美国著名心理学家布鲁纳在 20 世纪 60 年代,根据瑞士心理学家皮亚杰(J. Piaget)的认知结构发展理论,并总结杜威实用主义教育活动的经验教训所提出的。所谓发现法是指学生在学习概念和原理时,教师通过提供适于学生进行“再发现”的问题情境和教材内容,引导学生积极开展独立的探索、研究,自行发现并掌握相应的概念和原理,培养学生创造能力的方法。

采用发现教学主要在于鼓励学生的怀疑态度,培养学生的发现精神。运用发现法进行教学要求学生在教师的指导下,像科学家进行科学研究一样,通过自己的探索、研究发现以前未曾认识的观念之间的关系,从而掌握相应的概念和原理,发展创造能力。因此,运用这种方法既使学生学习了知识,又发展了学生的智力,培养了能力以及获取知识的科学态度和方法。但是,并非所有的教学内容都适用发现法,而且采用此方法需要花费较多的时间,因此,也没有必要使所有的教学内容都让学生通过“发现”来掌握。

运用发现进行教学的基本过程包括以下几个阶段:①创设问题情境,教师深入分析教学内容,根据教学需要,创设问题情境,激发学生质疑,使其产生“发现”的愿望;②提出假设,学生根据解决问题的需要,搜集并阅读和学习有关材料,在此基础上对教师提出的问题作出各种可能的假设、推测;③检验假设,学生在教师引导下,开展自由讨论,对假设进行检验,正确的就可以作为结论和结果,错误的进行修改和补充;④作出结论,学生在充分讨论和验证假设的基础上,对教师提出的问题作出结论。

5.2　生物学教学改革的几个理论问题

21 世纪的人才应具有创新能力、实践能力、科学精神、合作精神、竞争意识、自我发展意识、责任感、良好的身心素质、精深的专业知识和广博的知识面等素质。在生物学教学改革的进程中,应立足于 21 世纪人才素质培养的要求,从宏观方面正确把握改革的指导思想,从微观角度找准改革的切入点,并大力拓展教学视角,倡导教学个性化。

1. 生物学教学改革的宏观指导思想

（1）以学生发展为中心 生物学教学要实施素质教育,首先必须树立以学生终身发展为中心的教育观,坚持"以人为本",结合生物学知识体系和学科特点,创造适合学生个性发展的条件,激发每个人的积极性,使其在德、智、体、美、劳等方面都得到和谐、健康的发展。这就要求教师应尊重学生,爱护学生,把学生视为教学的主体。学生是有思想、有情感、有自尊心的活生生的人,需要学习也需要休息和娱乐,需要教育也需要别人的理解和尊重。

（2）着眼于学生学会学习 联合国教科文组织曾指出:"未来的文盲不再是不识字的人,而是没有学会学习的人。"显然,在生物学教学中必须指导学生"会"学习,使他们主动地学,积极地学,创造性地学。我们必须让学生不仅会学知识,更要学会自学,具有较强的自学能力。21 世纪是生物科学蓬勃发展的世纪,还必须让学生关心人口、健康、生活质量、粮食、资源、环境等与社会及个人生活都密切相关的问题,让学生学会关心、学会合作,具有开拓进取、创新应变等适应未来的能力。

（3）着力培养学生的创新能力 发展创新思维是素质教育的灵魂,也是培养生物学能力的关键。在生物学教学中,要鼓励和引导学习独立思考,勇于提出自己的见解;要在坚持全面发展和基本要求的前提下,鼓励多样性,探索面向全体学生进行因材施教的方法和途径;充分开发每个学生的创新思维潜能,培养创新能力。可以说,尊重学生个性,积极创造条件,以最大限度地发挥每个学生的创造性,是衡量社会进步和教育功能全面的重要标志,也正是生物学教学改革应努力达到的目标之一。

2. 生物学教学改革的微观切入点

（1）教学内容现代化 在新中国成立后的较长时间里,我国中学生物学课程的教学内容和体系,虽经过几次较大的变动,但却没有根本性的变化。直至近些年启动的基础教育课程改革,才使得生物学课程教材有了较大跨度的改革。随着现代科技进步,生物学的发展速度越来越快,生物学作为人类科学知识的重要部分,对于提高人的整体素质有着不可替代的作用。因此,生物学课程应以未来社会生活中所需要的基本生物学知识为主,精选教学内容,力求加强基础,反映本质,建立新的知识结构体系。在教学内容上应充分体现基础性与先进性的统一,即在重视学生学习生物学基础知识、基本技能的同时,应十分重视学生掌握与现代文明社会发展明确相关,适应 21 世纪竞争挑战的现代生物学知识与技术。

（2）教学方法自主化 各种新的教学方法不断产生和引进,并运用于生物学教学中,已取得较好效果。但总体而言,目前我国生物学教学仍主要满足于学生对生物学知识的机械记忆和积累,学生仍处于被动接受的地位。新世纪的生物学教学在教学方法上应有所突破,关键在于真正做到自主化,即在教师指导下,学生主动探究,充分体现学生的主体地位。学习过程是学生在一定条件下对客观事物的反映过程,是一个主动建构的过程。作为认识对象的知识并不像实物一样,可以有教师简单地传递给学生,而必须靠学生自己来建构,并且纳入自己的知识结构中,别人是无法代替的。针对教材和学生的特点,教师可自主选择不同的教学方法,最大限度地调动学生的学习积极性,鼓励学生动手动脑,质疑问难,培养学生的探索创新精神。

(3) 教学手段多样化　生物学教学必须突出和加强直观教学和实验教学,不仅要用好标本、模型、挂图等传统教具,还要加强幻灯、投影、电视、计算机等现代化教学媒体的应用,使教学手段现代化、多样化和高效化。教师必须具有现代化教育意识,掌握现代教育技术,能指导学生思维、探究和自学,进行创造性学习,尤其是要根据每个学生情况的反馈,改进教学,真正体现因材施教和个别化教育。

(4) 课堂结构高效化　课堂教学是教学的基本形式,是教学工作的中心环节。因此,生物学教学改革的重点应该放在优化课堂教学结构、提高课堂教学效率上。课堂结构高效化并不一定是大容量、快节奏和高要求,衡量课堂结构是否达到高效化的主要因素有:学生主动、积极参与的程度;学生掌握知识、技能和能力的水平;学生当堂练习、巩固的质量;信息反馈畅通的程度;充分有效地利用教学时间的情况。生物学教学要向课堂教学的每一分钟要质量,向教学研究和教学改革要质量。教师要大胆改革课堂教学,要少讲、精讲,多留时间让学生思考、讨论、观察、实验、练习;要加强指导,帮助学生落实学习计划,真正做到让学生主动、生动、活泼地发展。

(5) 学法指导经常化　教师的教是为了不教,要“授人以渔”,让学生终身受用。作为生物学教师,不仅要教会学生怎样读书、怎样听课、怎样练习、怎样观察、怎样实验,还要教会学生如何用生物学知识、观点、方法思考和解决实际问题。生物学的学习方法指导,可以采用专题训练或专题讲座的形式,但应更多地与课堂教学有机地结合起来,与课外指导结合起来。

(6) 能力培养始终化　要切实改变生物学教学重知识轻能力的倾向,坚决摒弃那种只重视知识教学而忽视实践性教学和知识应用,突出应考能力而忽视其他能力培养的做法。生物学教学要将能力培养贯彻始终,大力培养学生的多种能力。要把生物学教学目标定位在培养能力与传授知识相结合、发展整体素质与发展个性特长相结合上,使学生学会学习、学会生存、学会生活。

3. 拓展生物学教学视角

(1) 哲学视角　哲学认知论、方法论与实践论是现代教育教学理论的首要基础。哲学是研究世界观的学问,就认知过程、思维过程及情感体验过程来看,可塑性很大的学生将来如何为人处事,争得发展,有益社会;怎样去判断是非,辨别善恶,追求真理,造福人类,都与哲学素质有着千丝万缕的联系。可以说,学生的哲学素质是文化科学素质的中枢。因此,生物学教学在传授知识的同时,应尽量拓展哲学视角,培养和提高学生的哲学素质。第一,要树立学生的辩证唯物主义世界观。生物学知识中蕴含着丰富的辩证唯物主义教育素材,其中包含世界的物质性观点、普遍联系观点、对立统一观点、进化发展观点、生态学观点等。第二,要向学生开展思维科学方法论和价值观教育。生物学是当代自然科学的前沿,生物技术是当今新技术革命的重要组成部分。结合具体的生物学知识教学,进行思维科学方法论和价值观教育的渗透,使学生养成运用思维科学方法和价值观思考和处理实际问题的习惯。

（2）美学视角　美学是研究人对现实的审美个性和审美意识,美的创造、发展及规律的科学。拓展美学视角,渗透审美教育,是 21 世纪的生物学教学的一项新的重要任务。一是要从不同的方面让学生感受美。如生物体形态、结构和功能的自然美;生物学知识的科学美;教学语言和课堂结构的节奏美、思维美;教学器具的结构美;生物学家的心灵美;等等。二是要正确地引导学生追求美。结合相关的生物学知识,引导学生追求心灵美、仪表美、语言美和行为美。三是要努力激发学生创造美。学生在对美的体验和追求过程中,更要努力去创造美,以树立正确的审美观,获得对生物学美的鉴赏能力。生物学教学中的美育,不仅有利于激发学生的生物学兴趣,提高学习效率,还能陶冶性情,促进学生身心的健康发展,做到以美引真,以美促善。

（3）心理学视角　心理学理论是生物学教学的基础理论之一。在生物学教学中,学生学习动机和兴趣的养成,知识的记忆和巩固,技能的训练和形成,能力的培养,学业成绩的测量与评价等,都与心理学理论有着密切关系。运用心理学理论揭示并研究学生的心理发展规律,遵循和运用其规律指导教与学,从而提高生物学教学的科学性和效率。另外,对学生要进行专门的心理指导和训练,科学地开发学生的心理潜能,培养良好的心理素质。

（4）伦理学视角　具备良好的伦理道德品质,对人类有责任感,是 21 世纪人才素质的基本要求之一。从这个角度看,对学生进行伦理学教育是任何一个学科不可推卸的责任。在生物学教学中,让学生接触一些重大的社会问题,像人口、健康、粮食、环境、能源和资源等,使学生意识到现代科学技术高度发展的同时也带来了一些严重的社会问题,有些甚至危及了人类自身的生存和发展,从而增强学生的社会责任感、生态伦理道德观和对人类的爱心。通过潜移默化的教育,学生的社会责任感和伦理道德观将得到培养和加强,最终实现把"自然人"转化为"社会人",造就能适应信息社会所需要的合格人才。

4. 倡导生物学教学个性化

近年来,在中学生物学教学中,广大生物学教师构建和运用多种教学模式,如"师生双边活动"的教学模式,"目标、探索、引导、反馈"的教学模式,"导读、精讲、质疑、练习"的教学模式,"探究式"教学模式等,这对改进生物学教学,提高生物学教学质量,无疑具有积极意义。但同时我们也看到,由此带来的教学过程过于程式化和模式化的倾向,在一定程度上扼杀了教学的个性化,既不利于教师在教学中的艺术创造,也不利于凸现教育的主体人格。为此,我们认为,在重视生物课教学模式构建和运用的同时,有必要强调课堂教学的个性化。

（1）教材处理的个性化　教材处理的个性化是指对具体的教材内容处理要因教师而异,这个"异"就是教师教学个性和教学风格的体现。教材处理应在遵循教学的一般规律的前提下,充分发挥教师个性的创造性。在教材处理中,要坚持共性和个性相结合,既要坚持教材处理的一般原则,又要根据教师个人的特点所设定的思路去剪辑教材,形成自己的独特风格。就生物学每堂课的教学内容来说,不能离开教材所安排的知识结构和教学目标,但在组织教材时,又有各自的个性化创造。

生物学教学要实现能力培养、情感态度与价值观的教育,必须首先使学生掌握相应的生物学知识。教师在教材处理时,要致力于揭示教材知识的内在联系,利用学生原有的知识同化新知,从而建构新的知识结构。其次,要揭示知识发生的过程,帮助学生掌握研究和发现知识的方法与途径。就作为自然科学教育重要组成部分的生物课教学来说,不仅要使学生"知其然",还要使学生"知其所以然"。而如何引导学生在感知教材、分析教材内容中,生动活泼地去探索知识的发生过程,在掌握知识的同时,教会学生探索知识的方法,不同的教师各有自己的"绝招"。第三,要分析和挖掘生物学教材中的情感因素,对教材作情感化处理,即对教材内容进行加工和组织,赋予教材内容一定的情感色彩,增强教育性和感召力,这也需要教师对教材进行创造性的处理。

(2) **教学方法的个性化**　教学方法的个性化包含个别化和多样化两层含义。个别化是指教学方法要重视照顾差异,趋向个别适应,因材施教,特别要注意增强和培养学生的主体意识、参与意识、创新精神和独立思考能力。多样化是指教学方法要实现多样性的统一,即在设计教学方法时,要从学生、教材、教学目标的实际出发,在一定教学策略指导下,以一种方法为主,融合多种方法,形成一种优化组合的教学方案。教师可根据自己的教育价值观和个性特点,在教学策略上呈现一定的倾向性。总之,只有使教学方法设计实现个别化和多样性的统一,才能充分发挥教师的教学创造性,使中学生物学教学真正具有鲜明的个性特征。

以《伴性遗传》这节课教学为例,不同的教师就有不同的教学策略,从而也就有不同的教学组合方式。有的教师先向学生讲述生活中所接触到的人类伴性遗传病的一些实例和现象,从中提出问题,引发学生思考,通过实例分析,帮助学生弄清伴性遗传的概念、本质及特点。也有的教师先让学生回顾前面所学过的常染色体遗传的三大定律,然后结合实例,通过对常染色体遗传和伴性遗传的比较分析,总结出它们的异同点,最后使学生掌握伴性遗传的有关知识。因此,在教学实践中,教师既要重视借鉴他人成功的教学策略和教学方法,又要根据自身特点及教学对象、教材内容的具体情况,选择优化的教学方法或组合方案,形成自己的课堂教学特色,才能收到良好的教学效果。

(3) **教学情境的个性化**　课堂教学情境是学生参与学习的具体现实环境。一个优化的充满情感和理智的个性化教学情境,是激励学生主动参与学习的根本保证。个性化教学情境是集情、趣、智于一体的。有情才能激起学生积极的情感,才能融洽师生的关系,才能营造和谐、民主、合作和探究的教学氛围;有智才能激起"愤悱"的学习情境,才能诱导、启发学生积极思维;有趣才能使学生乐学,才能激起学生学习的内在动机。

个性化教学情境的创设没有统一的程式,它是教师的匠心独运,是教师创造个性的自然流露。在生物课教学中,教师或通过生动有趣的观察和实验,或展示形象逼真的实物、标本和模型,或讲述引人入胜的新闻、故事,或引用蕴含哲理的诗词歌赋、名言俗语,或进行出神入化的角色扮演,或设问激疑,等等,都能为学生创设富有情趣的教学情境。如有位教师在《生殖的类型》一课的教学中,是结合社会热点问题,以设问激疑的方式导入新课的。其导语是:"同学们知道现在已有克隆羊、克隆牛、克隆猴等,何谓克隆? 西游记中孙悟空拔把毫毛是否为我国古代幻想型克隆? 我国现在有何克隆能力? 克隆属哪一种生殖方式? 有什么意义?"这种导入设计,起到一石激千浪,入境兴趣生的效果。至于在教学中创设什么样的教学情境,这既因教材内容而异,因学生情况而异,也因教师素质而异。即使同一教学内容,不同教师创设的教学情境也会各不相同,有着各自的特色。

（4）**教学语言的个性化**　个性化教学语言是教师教学风格的外在表现,是激发学生学习热情、引起学生积极思维、提高教学质量的关键所在。个性化的教学语言必须是集真、善、美于一体的语言。首先,它应是科学性的语言,主要体现在语言的准确、规范和逻辑性、系统性上;其次,它应是充满趣味性的语言,表现为语言生动、形象,富有理趣、情趣;第三,它还应是充满情感性的语言,能动之以情,以情感人。

教学语言的个性化要求根据教师的个性特点,扬长避短,发展自己独具特色的教学语言艺术风格。如擅长抒情,就发展以情感强烈为特征的情感型教学语言风格;如擅长推理,就发展以严密逻辑性为特色的理智型教学语言风格;如二者兼而有之,就发展以情感与理智相结合为特点的综合型教学语言风格。有一位教师在《环境保护》教学时,通过列举野生动植物资源状况、环境污染的现象及危害、我国保护环境的有关法律和措施等方面的大量数据和实例,发挥他擅长抒情的特长,运用富有真挚情感的语言讲述,取得很好教学效果,提高了学生的环保意识。

总之,生物学教师要想把自己的课上得有声有色、活泼多姿,必须发挥自己的教学个性。而要形成和发展自己的教学个性,教师首先必须具有强烈的创新意识,否则人云亦云,生搬硬套,是不可能形成自己独特的教学个性和教学风格的。此外,还必须加强生物学专业知识的学习,加强教育教学理论的学习,并注意拓宽自己的知识面。只有这样,才能使自己的教学个性不断发展、日臻完美,从而实现生物学教学个性化。

5.3　生物学新课程教学中的启发式教学

教学过程的实现必须以教学方法为手段。尽管具体的教学方法多种多样,但就其指导思想来划分,可分为启发式和注入式两大类。启发式能充分体现生物学新课程教学过程的特点,应作为我们教学工作的指导思想。

5.3.1　启发式教学概述

1. 启发式教学的涵义

启发式教学(heuristic teaching)是教师在教学工作中依据学生学习过程的客观规律,引导学生主动、积极、自觉地学习的教学指导思想以及与之相应的教学方法。其实质在于正确处理教与学的相互关系,它反映了教学的客观规律。

2. 启发式教学的特点

启发式教学的特点可以用 4 个"强调"和"实现"来概括,即:①强调学生是学习的主体,教师要调动学生的学习积极性,实现教师的主导作用与学生的积极性相结合;②强调智力的充分发展,实现系统知识的学习与智力的充分发展相结合;③强调激发学生内在的学习动力,实现内在动力与学习责任感相结合;④强调理论与实践联系,实现书本知识与直接经验相结合。这 4 个特点正是我们衡量一种教学方法是不是启发式的标准。不管采用什么教学方法,只要体现以上特点,就是启发式,反之就不是。绝不能片面地认为某些方法是注入式,某些方法才是启发式。

3. 启发式教学的意义

启发式教学的重要意义在于:①可充分调动学生的学习积极性,引导他们独立思考,融会贯通地掌握生物学知识和技能；②可以提高学生分析问题、解决问题和探索问题的能力，发展学生智力；③能有效提高教学效率和质量；④有利于学生思想觉悟的提高和情感态度与价值观的培养。因此，生物学教学必须采用启发式教学，废止注入式。

4. 启发式教学溯源与发展

我国古代的教育家、思想家、儒家学派的创始人孔子最早应用启发式教学，"启发"一词就源于孔子的"不愤不启，不悱不发"。对"不愤不启，不悱不发"这句话的理解，宋代名儒朱熹是这样解释的："愤者，心求通而未得之意；悱者，口欲言而未能之貌。启，谓开其意；发，谓达其辞。"就是说，教师在学生未达到"心愤口悱"这种境界时，不要启发，应在学生有了某种心理需求之时，再加以开导、指点，使其产生"顿悟"才能发挥"启发"的功效。孔子的这种观点，直至今天，也颇有见地，对启发式教学的发展产生了深远影响。

在欧洲，启发式则起源于古希腊思想家苏格拉底，当时他用"问答法"来启发学生的独立思考以探求真理。此后，中外不少历史人物都表述过实现启发式的愿望和要求，并勇于实践。直到当代，由于教学理论的发展和教学经验的积累，启发式教学才日益丰富和完善，由古代启发式演进为现代启发式。

当前，国内外教学改革中的许多创造和见解都是同启发式教学的要求相关联的。我国是启发式教学发展最早的国家，应使其在生物学新课程教学中发挥更大的作用，这也有待于进行更深入的理论研究和实践探索。

5.3.2　生物学教学实行启发式教学的基本途径

实行启发式教学的方法途径很多，这里主要介绍以下 4 个方面。

1. 激发学生的学习兴趣

启发式教学特别强调兴趣、积极性、动机等因素，因此，激发学习兴趣，调动学习积极性，培养正确的学习动机，变"要我学"为"我要学"是实行启发式教学的前提和关键。

学习兴趣是指学生对学习活动产生的心理上的爱好和追求的倾向，是推动学习活动的内部动机。从几位著名教育家、科学家的言论也不难看出其重要性。孔子说："知之者不如好知者，好知者不如乐知者。"夸美纽斯说："兴趣是创造一个快乐和光明的教学环境的途径之一。"皮亚杰说："所有智力方面的工作都需要依赖于兴趣。"爱因斯坦也曾说："热爱是最好的老师。"

如何培养学生的学习的兴趣？要回答这个问题，首先要搞清楚兴趣存在于哪里，学生对什么感兴趣。对此，我们曾做过调查，结果显示：①兴趣存在于思维和探索中，学生对于探究性的自主学习感兴趣；②兴趣存在于活动中，学生对生物学实验、观察、调查、实习等实践活动和直观教学感兴趣；③兴趣存在于成功中，学生对有效的学习感兴趣。

激发学生的学习兴趣，应做好如下几个方面：

（1）重视导言的作用　好的导言富有悬念，能唤起学生的求知欲和兴趣，把注意力吸引到要学习的主题上来。

（2）力求理论联系实际　学生从小对生物和生物学知识就有一定的感性认识，教学中应特别注意生物学知识与生产和生活实际的联系，增加与实际联系的内容，多举与实际联系的例子。这样，不仅可以使学生高度认识生物学知识的价值，而且还可以调动学生的学习积极性和兴趣。

（3）创设问题情境　问题情境是指在新奇未知事物刺激下,学生形成认知中突然想提出问题或接受提问,并产生解决此问题的强烈愿望的一种情境。它能激发学生的求知欲,培养学习兴趣和创造愿望。生物学教学中创设问题情境的策略主要有:提出一个有意义的问题,学生不能或很难用已有知识去解决,只有学习新课后才能解决;根据学生对某一学习对象认识上的差异,揭示矛盾,摆出对立的两种看法,要学生做出选择,并说明理由;把验证性实验变成探究性实验,等等。

（4）加强直观教学和实验教学　直观教学和实验教学能够激发学生的学习兴趣,既符合学生的年龄特征和认知规律,又体现生物学科特点。这对于提高生物学教学质量和学生素质极其重要。

2. 启发式的讲授

提到讲授,往往有注入式之嫌,这种认识是片面的。其实,深思熟虑和精心设计的讲授,完全可以高度启发学生的学习积极性,取得良好的教学效果。启发式教学仍需教师系统地讲授,但必须注意以下讲授技巧:

（1）带着问题讲　要求教师的教学语言生动有趣、形象直观、思考性强。不断揭示矛盾,提出问题,环环紧扣,让学生带着问题听讲,始终在教师的引导下积极思考,主动地获取知识。

（2）少而精讲　少而精讲就是抓住教学内容的主要矛盾来讲。主要矛盾就是突出重点,突破难点,重点讲够,难点讲透,从而保证牢固掌握知识,做到举一反三,触类旁通。

（3）结合学生活动讲　教学是师生的双边活动。注入式的讲授是教师唱"独角戏",启发式讲授则要求引导学生多个感官投入教学活动,要动眼、动脑、动口、动手。

（4）用贴切的比喻讲　比喻可把抽象、深奥的知识讲得生动、形象,使之浅显化、具体化,可启发学生通过类比推理的逻辑方法,借助联想这一思维形式学习生物学知识,使教师的讲述深入浅出。

3. 善于提出问题

学习是一个不断发现问题、提出问题、思考问题、解决问题的过程。善于提问,能叩开学生的心灵之扉,激起思维的波澜。提什么样的问题才算善于提问呢? 问题可分为事实性和思考性两类。如"是什么"、"有哪些"之类属于事实性问题,思考性差,要少提。而"为什么"、"如何"、"怎样"之类则属于思考性问题,学生必须独立思考才能回答,应多提。

4. 培养学生的自学能力

培养学生的自学能力是生物学的教学目标之一,也是实行启发式教学的重要途径。启发式教学强调在教师引导下,学生自主地学习。在生物学教学中,教师要教给学生学习的方法,学生不仅要"学会",还要"会学",使他们会预习、会读书、会听讲、会练习、会记忆、会观察、会实验、会思考,养成良好的自学习惯,具有较强的自学能力。

5.4　现代教学手段对生物学教学的影响

现代教学手段(modern teaching media)是指利用现代科学技术制作的、储存和传递教学信息的媒体。现代教学媒体包括硬件(如幻灯机、投影机、录音机、录像机、计算机等)

和软件(如幻灯片、投影片、录音带、录像带、计算机盘片等)两部分。现代教学手段与传统教学手段相比,具有设备电子化、智能化,存储信息大容量化,呈现信息的手段现代化、多媒体化,教学时空的广泛适应性等优点和趋势。

现代教学手段在生物学教学中的广泛应用及所带来的问题越来越引起重视,它不仅促使人们教育思想、教育观念的更新,而且也对生物学教学理论与实践产生强烈的冲击和深刻的影响。传统的教师角色、学习模式、师生关系受到挑战和考验,并正发生变化;现代教学手段与传统教学手段的关系也需要重新认识和定位。

5.4.1　对教师角色的影响

在传统教学中,强调教师的主导作用,忽视学生的主体性,教师是知识的"讲述人",是信息的"传播者",是教学活动的"领导者"。现代教学手段的发展,特别是多媒体技术、通信技术、网络技术等信息技术在教学中的应用,使跨学科领域联结起来,形成一个全球化课堂,人们很容易从外部数据资料中获得信息和知识,教师的角色仅仅是"讲述人"、"传播者"和"领导者"已远远不够,还应是学生学习活动的"引路人"、"设计者"和"合作者"。先进技术手段的应用,使教师从繁重的教学工作中解放出来,有更多的时间和精力从事教育科研和自身培训,教师还应成为一位教育"研究者"和终身"学习者",以便更好地发挥教师的主导作用。面对现代教学手段对教师角色的挑战,首先,教师要转变观念,树立正确的教育观、知识观、人才观,提高现代教育技术意识,应该认识到,教师是现代教学手段的直接使用者和受益者,它的出现为教师施展才华提供了契机,如果不把握这一历史机遇,就会成为时代的落伍者。其次,教师要积极地投入到生物学教学实践中,开展现代教学手段运用方面的科学研究,不断探索、有所发现、有所创新。第三,教师要加强自身的培训和学习,不断接受新的知识,提高运用现代教学手段的能力,完成对自己角色形象的重新塑造。

随着智能化教学手段的出现,有一种观点认为,教学机器将可能代替教师进行教学。对此,瑞典教育学家托斯顿·胡森尖锐地批评道:"不要把学校看作是一个教学工厂,机器不能代替教师。在有理由用机器代替教师的少数情况下,也必须把这种教学看作是反常的。"虽然现代教学手段可以帮助教师做很多技术性的工作,但是却很难从根本上取代教师。教学实践也证明,教师的下列长处是教学机器所不具有的:教师熟悉自己的学生,了解他们的个性差异,利于因材施教;在师生交往过程中,教师与学生有情感上的交流;师生面对面的交流,教师作用的权威性、示范性,教师的崇高品格和职业美德,都会潜移默化地影响学生。由此我们有理由相信,教学机器是不可能解决所有教育问题的,"教人还是要有人来教,教书本质是教人,只不过是尚未过渡到机器教人的阶段,进入那个阶段后,可能才知'人教人'是难以替代的"。

5.4.2　对学生学习的影响

现代教学手段的广泛应用使得传统的"文字学习"发生了革命性变化,进入一个"电子学习"时代。学生所面对的不仅有传统教具、文字教材,还有各种电教设备和电教教材。现代教学手段在控制、输导、重现教学信息方面极为方便和快捷,教学效果大为提高;通过图、文、音、像信息,更为形象、具体地传授知识和表现教学内容,并大大扩大时空范围,有利于学生接受并上升为理性认识;可根据教学需要,把教学内容对象的大小、远近、静动、虚实、快慢、繁简进行适当调控,从而变抽象为具体,增强教学的表现力。在现代教学媒体面前,学生不仅可以从容不迫地学习,充分发挥学习的积极性和主动性,而且可以不受时间、空间的限制,自由地安排学习,把以教师为中心的单一学习模式转变成了体现学生主体地位的多种学习模式。例如,仅计算机多媒体教学就有多媒体组合课堂教学、多媒体个别化交互教学、多媒体网络教学等形式。人工智能技术、模拟技术、虚拟现实技术和网络技术的应用,使学生可以运用过去不曾想到的新的学习方式,学到过去无法学到的内容。如利用计算机模拟技术,学生可以不冒任何风险在模拟的飞行舱里学习驾驶飞机和其他飞行器;利用虚拟现实技术,学生可以"身临其境"地感受登上月球的情况。

对学生来说,如何适应这种新的学习环境和学习模式,如何将自己已经习惯于文字学习的思维定势改变过来,如何创造性地利用新的学习形式等,就成为需要解决的问题。第一,学生要提高认识,摆正自己的位置,从接受灌输的被动地位,转变为有机会参与教学、参与操作、发现知识、掌握知识的主动地位。第二,要加强学生的操作技能训练,提高运用现代教学手段进行学习的能力。第三,由于现代教学手段在拥有显著优点的同时,还存在疏于品德、人格教育,缺少情感教育,容易误导学生,有损于学生身体健康等方面的缺点,所以,教师要严格要求,加强教学管理和监督,培养学生的自觉性和自制力,注意净化社会育人环境,使学生免受负面影响。学生在利用现代教学手段的教学中如何学习,确实是一个需要深入研究的课题。

5.4.3 对师生关系的影响

师生关系是教学系统中一种最为重要的人际关系。探讨现代教学手段对传统师生关系的影响,构建现代教学条件下的师生关系新体系,是现代教学论亟待研究的又一重要问题。由于现代教学手段的介入,传统的师生关系正受到挑战和考验,并发生微妙的变化。在传统师生关系中,教师是知识的化身,是绝对的权威,担当着教育者、领导者、知识传授者的角色;而学生则"唯师"是从,处于接受教育、服从领导和被动接受知识的地位。现代教学手段运用于教学中,一方面对师生的角色特征和交往时空等产生显著的积极影响,从而使师生关系表现出民主、平等、和谐的本质特色,向着建立新型师生关系的方向发展。另一方面,教学中的"人—机"关系或"人—机—人"关系,都会削弱师生之间的直接交流,作为活生生的人的教师与学生之间的直接交流,其教育价值是不可替代的。即使是教师的一个手势、一种眼神,都会起到一定的教育效果。如某位学生在课堂提问时回答对了一个较难的问题,教师以惊喜的目光注视他,或流露出赞许的表情,对学生将是一种鼓舞,这是冷冰冰的机器不可能实现的。因此,在利用现代教学手段进行的教学中,应保证有一定时间的面授,发挥师生直接交流的作用。教师作为师生关系建立的协调者和主导者,要善于把握和利用现代教学手段积极因素的作用,避免和消除消极因素的影响,为建立新型师生关系发挥应有的作用。

5.4.4 与传统教学手段的关系问题

有人认为现代教学手段具有传统教学手段不可比拟的优势,必将取代传统教学手段而使教学领域发生根本性的变化,这是教学手段发展的历史必然。其实,这种观点有它的偏激之处。现代教学手段并非凭空产生,它是在传统教学手段的基础上发展起来的,两者不是对立的,而是互补的。虽然传统教学手段的形态比较原始,承载教学信息的能力低下,传递教学信息的能力也比较简单、机械,但是,传统教学手段仍然存在某些现代教学手段所不具备的优点,如有利于学生的品德、人格教育,有利于教师对教学过程的直接督导、控制等。传统教学手段和现代教学手段各具优缺点,只青睐现代教学手段而鄙弃传统教学手段显然是不正确的。实践证明,现代教学手段的滥用也会产生一定的负面效应,比如,计算器的使用使学习数学演算被认为是多余的,这不利于学生演算能力的培养;使用翻译机,会影响学生学习外语的积极性,等等。鉴于此,在教学中应扬长避短,把现代教学手段的先进性与传统教学手段的积极性有机地结合起来,体现二者相互补充、融合渗透的关系,实现教学手段和教学过程的优化,提高教学的效率与质量。

5.5　计算机辅助教学在生物学教学中的应用

把计算机辅助教学引入到生物学教学领域,使生物学教学更加生动活泼,改善了信息输出的效率和质量,促进了教师的教和学生的学,是生物学教学中的重要媒体。

5.5.1　生物学教学开展计算机辅助教学的理论依据和学科基础

1. 教育学理论依据

CAI 的教育学理论是建立在正确的学生观基础之上的,它充分肯定学生的主体地位,调动学生的学习积极性。CAI 能为学生创设一种良好的求知和探究环境,引导学生沿着积极的思维方向,在生动活泼的教学氛围中,主动地获取知识、掌握技能、提高能力、培养良好的情感态度与价值观。

2. 心理学理论依据

变化的事物、有趣的直观形象最容易引起人的注意,从而在大脑中形成较深刻的印象。好的 CAI 课件可以按照既定方案及课堂临时需要而变化,可以人机交互,能为学生提供大量感性材料,使学生始终处于一种良好的情绪状态。而良好的情绪状态下,思维最敏捷,解决问题最迅速,学习最富于创造性。

3. 生物学科基础

生物学是研究生命现象和生命活动规律的科学,研究对象是有生命的生物体,生命性是生物学科的本质特征。生物学还是一门以实验为基础的实验科学,实验性是生物学的突出特点。另外,生物学还具有现代性、广泛性、综合性等特点。生物界丰富多彩,变化万千,奥秘无穷,许多生物学问题都需要借助直观教学手段开展教学,尤其是多媒体教学技术的应用。这就为 CAI 的开展提供了丰富的素材,打下了坚实的生物学科基础。

5.5.2　生物学教学开展计算机辅助教学对教师素质的要求

实施 CAI 活动的关键是教师。CAI 的实施改变了以往教师在教学中的地位和作用,教师不再只是知识的传授者,而将同时成为学习者、组织者、协作者、参与者、研究者、指导者和促进者。这种角色的转变对教师的整体素质提出了新的更高的要求。基于 CAI 的特点和生物学科的特点,生物学教师应具备以下的基本素质。

1. 建立现代教育教学观念

建立现代教育教学观念,是有效开展 CAI 的根本和前提。首先,必须树立以学生终身发展为中心的教育观。其次,要着眼于学生学会学习。第三,要着力培养学生的创新精神和实践能力。第四,要学会欣赏学生。

2. 具有丰富的知识

生物学教师除了要有精深的生物学专业知识外,还要具有广博的相关学科知识,丰富的生产和生活知识,与 CAI 活动相应的教育学、心理学、教学法理论知识,现代教育技术知识等。这些知识是开展 CAI 的基础和保证。

3. 掌握一定的技能

实施 CAI 活动需要的技能主要包括:生物学教学基本技能,生物学观察和实验技能,各种电化教学手段的使用操作技能,与 CAI 有关的电子技术、网络技术、网上通信和远程通信等现代信息技术。

4. 具有较强的能力

适应 CAI 需要的基本能力有:教学设计能力,教学预测能力,指导学生学习的能力,协作性教学的能力,新知识汲取的能力,搜集和处理信息的能力,综合理解和综合评价的能力以及理性思维与创造性反思的能力等。

5.5.3 生物学教学开展计算机辅助教学的基本程序

下面以基于网络的生物学多媒体计算机辅助教学模式为例,介绍 CAI 基本程序。

1. 创设问题情境(情境导入)

教师把学生将要学习的生物学知识以问题形式或动画情境呈现给学生,造成学生认知结构与周围环境的不平衡,引起学生对学习目标的注意和兴趣。教师在课件中要创设出为理解各类生物学学习主题所需的接近真实经验的情境;创设有利于发展联想思维和建立新旧概念联系的情境,如概念情境、问题情境、过程情境、规律情境等。

2. 自主学习(自主探究)

教师不直接向学生提供问题的答案,而是让学生在学习目标的指引下,利用教师准备好的课件,借助"人机对话"的手段和计算机多媒体网络的强大功能来进行自主探究学习。教师可以适当地给予线索和方法的提示,并及时指导和帮助自主学习有困难的学生,树立学习的信心。

3. 协作学习(网上交流)

在自主学习之后,学生将各自的学习结果进行网上交流和讨论,教师需保证交流的有序性。通过自主学习而获得的对某生物学主题的意义建构有时并不全面和正确,需要在一个相互协作的学习群体中对各自的观点、假设进行批判性地考察、协商和辩论,从而加深、补充、修正每个学生对当前问题的理解。教师应尽量调动全体学生都积极参与其中,尽可能地让学生自己得出正确结论。

4. 归纳总结(分析指导)

教师对学习内容中的基本生物学概念、原理或规律进行总结分析,引导学生理清知识的含义及内在联系,以及新旧知识之间的对比和联系。同时教师还可以对学生的学习策略给以指导。

5. 练习评价(反馈评讲)

教师在课件中为学生设计一些可供选择并有一定针对性的补充学习资料和强化练习,既反映生物学的基本概念、原理,又能适应不同学生的要求,以便通过强化练习纠正原有的错误理解或片面认识,最终达到符合要求的意义建构。多媒体网络不仅能对学生进行当堂测试,还可实施反馈,帮助教师准确地评价学生的学习结果,帮助学生了解自己的学习情况。测试题应侧重检查学生对知识的理解而非记忆。

思考与讨论

1. 谈谈你对 21 世纪人才素质要求的认识。
2. 你对"教学有法,教无定法,贵在得法"这句话是如何理解的?
3. 如何看待现代教学手段的负面影响?

第6章 生物学新课程教学设计

教师的备课就是一种传统的教学设计,但往往是建立在教师个人经验的基础上。随着教学过程的日益复杂和教学手段的现代化,仅仅依靠教师经验为基础的教学设计已不能适应现代教育的发展。20世纪60年代以来,世界上出现了一种新的教学设计观,它以传播理论、学习理论、教学理论等为基础,利用系统科学的方法研究教学过程,综合考虑教学过程中的各种因素,不仅为优化教学过程提供了理论指导,而且提供了许多具体操作方法,形成一门以解决教学问题为宗旨的独立的新兴应用科学。

6.1 教学设计概述

教学设计(instructional design)是指运用系统的方法,分析教学问题和确定教学目标,建立解决问题的策略方案、试行方案,评价试行结果和对方案进行修改的过程。

教学设计以学习理论、教学理论和传播理论为基础,以优化教学效果为最终目标,把各种教学因素(教师、学生、教学内容、教学条件、教学目标、教学方法、教学媒体、教学组织形式、教学活动等)有机地结合起来,并用一套具体的操作程序进行协调和配置,使教学过程形成一个完整的系统。这个系统中的每一个程序都有相应的理论和方法作为科学依据,每一步的"输出"决策是下一步的"输入",而每一步又从下一步的反馈中得到经验,从而使教学过程形成紧密联系的整体。因而,教学设计显示出很强的理论性、科学性、再现性和操作性。

6.1.1 教学设计的理论基础

教学设计是以教学系统、教学过程为研究对象,用信息论的观点看待教学过程。教学是一个传播教学信息的过程,有内在的规律和理论。所以,教学设计以传播理论作为自身的理论基础。同时,教学设计还对教和学双边活动进行设计,并以人类学习的心理机制为依据,探索教学机制和建立合理规划,安排教学过程的理论与程序。因此,学习理论和教学理论也作为教学设计的理论基础。

6.1.2 教学设计的作用

教学活动的一个重要特征就是计划性。通过教学设计,可以减少教学中的盲目性,增强教学的计划性。可以说,没有优化的教学设计就不会产生优化的教学活动,也就难以取得最佳的教学效果。所以,教学设计是开展教学活动的前提和基础,既提供教学"施工"的蓝图,又指导教学的实际工作,如评价、反馈等活动。教学设计能使教师清楚地知道学生要学的内容,学生将产生哪些学习行为,并以此确定教学目标,使学生了解学习的方向和所要达到的目标。

　　通过教学设计,教师可以依据教学目标和学生特点,采用有效、可行的技术策略,选择适当的教学方法和媒体,实施已定的教学方案,保证教学活动的正常进行。通过教学设计,教师还可以有效地掌握学生学习的初始状态和学习后的状态,调整下一阶段的教学措施。

　　教学设计作为一个过程,既适用于新的教学系统的设计,也适用一门课程的设计;既可用于一个教学单元的设计或课堂教学设计,也可用于教学软件的设计。

6.1.3　教学设计的原则

1. 系统性原则

　　是指教师在设计教学时必须采用系统分析的方法去考察教学系统的各个要素,分析各要素的功能、作用以及要素之间的关系,从系统状态和相互联系中构思教学活动。教学是由教师、学生、教学内容、教学手段等要素组成的系统,只有对这些要素从功能、结构以及相互关系等方面进行系统的分析,把握在具体教学内容和特定教学对象条件下的教学系统特征,才能对教学作出最佳设计。

2. 整体性原则

　　是指教学设计时应对教学过程及构成教学系统的诸要素作综合性的、整体的考虑。这一原则含有两层意思:一是教学设计要考虑认知、能力、情感等多重教学目标,将它们纳入教学设计的整体方案中,这也是检验教学设计成功的一个标准。二是教学设计时要全面考虑教学系统的各个要素,把它们看成一个整体,不能只注重某一个或几个要素。

3. 最优化原则

　　是指教学设计要建立最优的标准体系,如最优的教学目标和评价标准体系,选择或组合最佳的教学策略、方法和程序等,以取得最好的教学效果。前苏联教育家巴班斯基认为,教学的"最优化"不等于"理想化",最优化是指在一定条件下是最好的;换言之,最优的标准是相对的,教学设计是在特定的教学任务下,针对某群体具体的学生进行的。

4. 灵活性原则

　　是指教学设计不应恪守一种模式或一种程序,而应在反映教学活动规律的前提下采用多种方式或方法,从而使设计更具适用性和针对性。

6.2　新课程对教学设计的要求

　　我国当前的基础教育课程改革是一次深刻的基础教育整体变革。随着课程功能、课程理念、课程内容、课程架构、课程实施与课程评价的变化,新课程必然对教师的教学活动(包括教学设计、教学实施、教学评价等)提出一定的要求。新课程对教学设计的要求主要体现在以下 5 个方面。

6.2.1　要充分体现新课程的基本理念

　　基础教育课程改革把"学生发展为本"作为基本的课程理念。"学生的发展"既指全体学生的发展,也指全面和谐的发展、终身持续的发展、活泼主动的发展和个性特长的发展。新课程的教学设计要为每位学生的发展创造合适的"学习的条件"。

1. 促进全体学生的最佳发展

新课程建构了一个符合素质教育要求的,具有普及性、基础性和发展性的课程体系,这为教学设计提供了一个很好的平台。新课程的教学设计要以提高全体国民素质为目标,面向全体学生,促使每位学生在原有基础上得到最大限度的发展。面向全体学生的实质是面向每一个有差异的学生"个体"。因此,在教学中,教师要把基本要求同特殊要求结合起来,把着眼全体同因材施教结合起来,把班级授课同差异教学结合起来。

2. 着眼学生基本素养的全面提高

学生的素养是其内在的心理特性,取决于他的心理结构及其质量水平,提高学生的素养,就必须化知识为智慧,积文化为品性。新课程把课程的功能定位于促进学生的全面发展,因此,新课程的教学设计不仅要重视基础知识的教学和基本技能的训练,发展学生的智慧和能力,而且要促进他们积极的情感态度以及正确价值观的形成。

3. 引导学生生动活泼地、主动地学习

为了培养适应新世纪要求的、具有创新精神和实践能力的一代新人,新课程的教学设计要注重充分发挥学习者的主体作用,创设合适的教学情境和条件,激发学生的学习热情和动机,引导他们主动参与、乐于探究、勤于动手,在自主的活动中理解、掌握和运用所学的知识。

6.2.2 应整体把握教学活动的结构

我们通常把教学活动的结构看成是教师、学生、教材和环境4个因素相互作用的动态系统。新课程对"课程"涵义的理解也从强调"教材"这一单一因素走向教师、学生、教材、环境4个要素的整合。因此,新课程的教学设计应当以系统的眼光和动态的观念看待教学活动,处理好各个要素之间的相互关系,整体地把握结构。

1. 课程的目标结构决定教学的活动结构

课程目标是课程编制的根据,也是教学活动的出发点和归宿。新课程的教学设计作为达成课程目标的一种筹划,必然以课程目标为依归。在国家课程标准中,不仅对课程的总目标、具体目标以及内容标准进行了清晰的叙述,而且还提出了每一部分目标的多维度结构框架,即知识与技能、过程与方法、情感态度与价值观。因此,新课程的教学设计要把教师的教学、学生的学习、教材的组织以及环境的构建统一起来,使之围绕这三方面的要求形成有序运行的系统。

2. 整合教师、学生、教材、环境四个结构要素

在新课程的视野中,教材绝不等于课程,教学设计也并非只是备"课"。新课程强调把课程视为学生的经验,强调教学过程本身的价值,这就必然把课程视为教师、学生、教材、环境4因素持续交互作用的动态情境,课程由此变成一种动态的、生长性的"生态系统"和完整文化,教学设计当然也就应当注重对教师、学生、教材、环境4个因素的配合与整合。

3. 实现学生学习、教师教学、教材呈现等方式的同步变革

新课程的实施要求改变学生的学习方式,确立学生在课程中的主体地位,建立自主、探索、发现、研究以及合作学习的机制。而要真正转变学生的学习方式，就必定要改变教材的呈现方式、教师的教学方式和师生的互动方式，可以说这是新课程的教学设计的着力点。事实上，当代的课程学习方式已经走向以理解、体验、反思、研究、创造为根本，现代信息技术也已全面介入教学过程。这一切不能不促使新课程的教学设计实现一次新的跨越。

6.2.3　要突出创新精神与实践能力的培养

江泽民同志指出："必须把增强民族创新能力提到关系中华民族兴衰存亡的高度来认识，教育在培育民族创新精神和培养创造性人才方面，肩负着特殊使命。"素质教育就是以培养学生创新精神和实践能力为重点的教育，新课程的教学设计必须凸显这一要求。

1. 培养学生的多种能力

《中共中央国务院关于深化教育改革全面推进素质教育的决定》指出，智育工作"要让学生感受、理解知识产生和发展的过程，培养学生的科学精神和创新思维习惯，重视培养学生搜集、处理信息的能力，获取新知识的能力，分析和解决问题的能力，语言文字表达能力以及团结协作和社会活动能力"。新课程的实施落实了这一精神，构想出面向未来的人才在智慧和能力方面的发展要求，同时也为新课程的设计提供了一个基本的思路。

2. 让学生感受和理解知识产生与发展的过程

新课程把过程与方法作为课程目标之一，强调"过程"，强调学生感知、理解并参与新知识的寻求与获得，这是新课程实施很重要的特点。就学科知识的掌握而言，"过程"表征该学科的探究经历与方法，结果表征该学科的探究成果，只有二者的完善结合，才能算是真正地全面占有了知识。而且，感受和理解知识的产生与发展的过程，对于教会学生学习、弘扬科学精神、提高科学素养、培养创新意识与实践能力、发展创造个性，都有重要的意义。

3. 创设学生自主参与、探究发现、合作交流的教学情境

为了培养学生的创新精神与实践能力，教学设计应当创设一定的情境，安排一系列的"教学事件"，并提供相应的教学条件，通过教材呈现方式的变革、活动任务的"交付"、教学方式与师生互动方式的变化，最大限度地组织学生亲历科学探究的过程，在动手、动口、动脑和"做中学"、"用中学"的协作参与中，发展他们的个性和能力。

6.2.4　应依据学科特点和知识类型

教学设计总是针对特定的学科和不同的知识类型而做出的具体筹划。学科特点的相异和知识类型的差别必然是教学设计要认真研究的一个重要方面。新课程在学科观和知识观上的变化，更要求我们更新教学观念，努力探索符合不同学科特点和知识类型的教学设计思路和模式。

1. 超越学科中心与知识本位取向

随着当代课程价值观的变化和课程功能观的调整，以学科为中心、知识为本位的取向被"学生发展为本"取代，"学科观"也赋予了新的内涵——学科是培养学生生存与发展能力的教学内容，是谋求学生整体发展、有利于学生主体活动而选取的经过整合的文明成果;学科知识的框架是假设性的、动态变化的;学科的学习是以人类文化遗产为线索展开的对话,各门学科知识的学习是建立在超学科的综合性学习的基础上的。

2. 凸显本学科在目标、内容、方法上的特点

每一门学科都有特定的研究对象和范围,其体系建构和知识集合也各具特色,反映了客观世界的多样性和各种关系与联系的复杂性。教学设计必须认真钻研课程标准对各门学科的性质界定、目标设置、内容构成以及教学建议,针对各自学科的特点,提出有效教学的模式和具体措施。

3. 按照知识类型组织教学

当代对知识的分类多种多样,针对不同类型知识的教学设计也异彩纷呈。加涅依据学习结果的分类以及他对教学事件同学习过程关系所作的研究,已经为人们所熟知,并进入了教学设计的操作领域。晚近引起人们注意的是以安德森、梅耶为代表的认知心理学家对知识的分类,即按照陈述性知识、程序性知识和策略性知识进行不同的教学设计。这种主张为教学设计拓宽了思路。

6.2.5 要适应学生的学习心理和年龄特征

学习理论是教学设计最重要的理论基础。当系统理论为教学的整体设计勾勒出大的方向与图景以后,学习理论便为教学设计提供了具体的指导,学习理论中的知觉、强化、记忆、转换、理解、迁移、问题解决等研究成果,都对教学设计产生深刻的影响。

1. 认真研究学生的阶段特征和学习准备

"为学习而设计",做到"心中有人"。学生是发展中的人,在某一年龄阶段,都会出现一些一般的、典型的、本质的心理特征,教学设计应当认真分析,并根据学生的发展水平、认知方式和已有的知识经验准备,提供适当的学习指导和支持条件,以保证他们的学习需要与动机、知识经验与智慧技能、认知策略与学习方式,能与课程的习得很好地匹配。

2. 考虑学习活动中动力因素与智力因素的统一

在影响学生学习成效的心理变量中,动力因素、智力因素和策略因素总是综合地发生作用;教学设计应当将这三者统一起来,使情知渗透、求知与得法统合,在强化认知活动中发展学生的智力兴趣和学习效能感,以志趣和理智感趋驱动认知的积极化,使学科学习的过程成为学生全面和谐发展的过程。

3. 注意学生课堂学习心理动力变化同教学事件的配合

课堂教学中学生的心理动力变化是有规律的,这种心理动力的变化通常就成为我们教学程序安排的一种重要参照。教学设计大师加涅提出,将课堂学习中学生的心理状态同教学事件进行匹配,这为我们提供了一个很有价值的操作框架。

另外,在新课程的教学设计中,还应辩证认识和处理课堂教学中的多种关系。教学设计作为一种对教学活动中各种要素、各种资源的系统规划与安排,必然要处理好诸如教与学、书本知识与学生经验、知识的结论与过程、目标与策略方法等关系。在认识和处理这些关系时,一定要多一点辩证,少一些绝对;多一点具体分析,少一些一刀切。

6.3 生物学新课程教学设计的基本环节

教学设计的对象是教学系统,大到一门课程,小至一个课时甚至其中一个环节;相应地可以把它分为课程教学设计、学期(学年)教学设计、单元教学设计和课时教学设计等类型。课时教学设计是经常进行的一种类型,下面主要讨论课时教学设计。

教学设计时无论采取何种步骤,都可大致分为如下密切相关、互相影响的 4 个环节。

6.3.1 明确教学目标,分析教学任务

从任务分析的角度看,此环节主要对学生学习后的终点行为进行分析。所谓终点行为是指学生学习的最后结果,即教学目标规定的预期学习结果。教学目标是教师的教和学生的学的重要依据。教学是一个受多种因素影响的复杂活动,需要有一系列明确、具体的教学目标作为教学活动的参照点。教学目标指明了教学活动运行的方向,让教师了解学生应学习哪些内容,学到何种程度,还能引导学生的活动,使他们明确要掌握的内容,减少学习中的盲目性。

教学目标也是建立教学评价标准的依据。确定了教学目标之后,经过教学活动,教师需要依据教学目标检查自己的教学工作,评价学习水平,了解学生是否完成了教学的任务或达到了目标。教学目标一定要明确、具体,便于操作和评价。在明确教学目标这个环节,教师的主要工作是:从教学目的和要求出发,认真分析教学内容,找出内容中的知识点,并根据对学生情况的了解,写出教学目标。

6.3.2 了解学生特点,掌握起点行为

这个环节亦称作诊断性评价。进行教学设计,除了确定教学目标、分析学生的终点行为、分析教学内容外,还要对教学对象有客观、正确的了解,即对学生学习前的起点行为进行分析。所谓起点行为是指学生已有的与新学习有关的能力或倾向的准备水平。教学的起点总是以学生已有的水平为标准,起点过高或过低都不能激发学生的学习动机,促使学生正常发展。所以,了解学生、进行诊断性评价是教学设计不可缺少的环节,诊断得来的资料,既可以作为确定教学目标的依据,又能成为制定教学措施的参考。

了解学生已有的水平可以从下列三个方面进行:①知识基础,包括学生已有知识结构、学生对新知识的了解程度等;②心理发展水平,包括学生的年龄特征、智力和能力发展水平、学生学习生物学的动机和兴趣;③社会环境,包括学生家庭的文化背景和职业背景、学校的教学环境、班级群体的学习风气等。教师应根据教学的需要和教学内容的具体要求了解、诊断学生。了解学生可通过问卷法、谈话法、观察法、课堂提问、测验和考试等方法进行。

6.3.3 制定教学措施,选择教学策略

这是教学设计中一个具有规划性和创造性的环节。前两个环节是教学设计的前提,这个环节则涉及教学设计的实质性内容。它要解决的中心问题是:如何依据教学目标和学生已有的水平合理地选择教学策略、教学方法和教学媒体,形成系统的教学过程实施

方案。

教学策略是指为了达到教学目标而采用的教学方式、途径和步骤的总称。教学策略可分为教学组织策略和教学表达策略。教学组织策略解决以什么样的方式和程序进行教学的问题，制定教学组织策略，就是确立教学的基本环节和步骤。教学表达策略则解决以什么方式和方法呈现教学内容、引导学生的学习行为以实现教学目标的问题。同时，它为选择教学方法和教学媒体提供了参照条件。

选择教学方法和教学媒体是制定教学措施的重要内容。教学方法是为实现教学目标、完成教学任务而运用教学媒体进行的师生相互作用的方式。教学方法不是某件物质实体，而是对媒体或工具运用过程中形成的一系列活动；教学媒体则是指教学过程中所采用的信息传递工具，如黑板、教科书、挂图、标本、模型、幻灯、投影、录像、电视、电影和计算机等，不同的媒体在呈现教学信息上有不同的功能和特点。

教学方法和教学媒体是实现教学目标的重要条件，也是教学策略得以实施的重要支柱。从系统科学方法的角度看，选择教学方法和教学媒体要全面地、整体地和综合地考虑各种因素，如教学目标、内容特点、媒体功能、学生差异、教师水平以及教学环境等。

6.3.4 实施教学评价，改进教学方案

实施教学评价是教学设计的重要环节。教学评价就是依据教学目标，运用评价的手段和方法对教学过程及预期的效果给予价值上的判断。教学评价的目的是获得有关教学活动的反馈信息，使师生知道教学水平以及学生达到教学目标的程度，并使教师了解已采用的教学策略、方法和手段还有什么缺陷，以便调整、补充和修正。教学评价除了解学生已有水平、确定其初始能力的诊断性评价外，还有形成性评价和总结性评价。

上述 4 个基本环节概括地说明了生物学教学设计要做的 4 项主要工作。在具体的设计过程中，四者没有严格的先后关系，在教学设计时，第一、第二环节往往是同时开展的。

6.4 生物学新课程教学设计的基本模式

虽然生物学课时教学设计大致可分为确定教学目标、了解学生特点、制定教学措施和实施教学评价 4 个环节，但在教学实践中，根据具体的教学任务，依据不同的教学指导思想，可以采取不同的设计步骤，从而形成不同的教学设计模式。能较好体现新课程要求的生物学教学设计模式是系统方法模式和过程设计模式。

6.4.1 系统方法模式

这种教学设计模式是以教学目标为基点进行系统的设计，最终以实现教学目标为目的，亦称为以目标为基础的教学设计模式，设计步骤呈直线型。该模式具体分为以下 9 个步骤。

1. 确定教学目标

设计初始，首先根据总的教学目标确定行为目标，即确定学生经过学习之后能够做什么，达到何种程度，并确定课程中的重点、难点以及其他特殊的要求。

2. 进行教学分析

确定教学目标之后,通过分析目标,确定学生必须学到的各级知识和技能,并确定掌握某种技能的过程或步骤,然后用图表或框图表示出来。

3. 确定初始行为及其特征

为了保证教学的进行,必须提前了解学生已有的能力和知识水平,判断他们能否完成学习任务,是否需要做适当的补充或调整。

4. 写出操作目标

完成了对教学的分析和学生初始行为的阐述之后,教师还要写出操作目标,明确地陈述学生在完成学习之后能具体做什么,即学到的技能以及运用技能的条件和操作成功的标准等。

5. 确定测验项目的参考标准

要求以教学目标为依据,设立测验评价的参照标准。这些参照标准的好坏要用目标来衡量,并且测验项目和要求与目标所陈述的行为类型应有关联。

6. 设计教学策略

根据前面 5 个步骤所得到的信息,教师可以确定在教学中采用什么样的策略,即采用什么样的信息表达方式,什么样的教学方法、教学媒体和教学组织形式来引导学生实现教学目标。

7. 选择教学材料

这项工作要求充分考虑如何运用已确定的教学策略开展教学活动,如何多方面地利用有用的资料,其中最重要的是教科书、学生活动报告册、教师教学参考书、试卷等。

8. 进行形成性评价

在构思了一个完整的教学方案之后,还需要作出一系列评价,以便对此方案进行修改和调整。

9. 修正教学

根据形成性评价所得到的资料,可以发现教学中的不足之处,从而修正教学方案。

6.4.2　过程设计模式

过程设计模式与系统方法模式的区别,主要是它的步骤是非直线型的。这种模式的设计步骤可以根据教学的需要从任何一点起步,具有较强的实用性。

1. 确定教学目的和课题

这一步骤主要解决教学中想要完成什么任务,首先要了解总的教学目的,然后选择教学的课题,即列出在总的教学目的中所要讲授的主要课题,这是进行教学的基础。

2. 列出学生的重要特点

这一步主要研究有哪些因素会影响学生的学习进展,主要了解学生的一般特征、能力、兴趣需求以及影响学生的主要因素是专业知识还是心理发展水平或社会环境等。

3. 确定学习目标

这一步要确定学生通过学习应该掌握的知识与技能,确定通过学习应使学生的行为产生哪些变化。对于这些行为变化,应作具体的陈述或表达。

4. 确定学习目标的具体内容

这一步骤是进行任务分析,即考虑为了实现每个学习目标,学生应该学习哪些具体内容。在分析教学内容时应考虑:①所要教和学的内容和类型;②哪些现象、事实、概念和原理与这些内容有关;③为了掌握这些内容,需要哪些过渡性的知识。回答了这些问题,教学内容也就清楚了。

5. 对学生的有关知识水平进行预测

为了减少教学中的盲目性,要对学生进行预测,旨在了解学生对学习某个课题有无基本准备,是否具备了学习的基础,以便对教学方案的部分内容进行删改和补充,使其更具针对性。

6. 构思教学活动,选用教学资源

这一步是要确定完成教学目标用什么样的教学方法和教学资料最合适。一般地说,教师要对选择的教学方法和教学资源的优缺点有所了解,在使用上要符合学生的特点,使各种资源和活动形式达到最佳的配合。

7. 评价和修正教学方案

根据学生完成学习任务,达到教学目标的情况,评定学生的学习,并评价和修正教学方案。

6.5 生物学新课程教学设计案例

生物学教学设计活动的结果最终要体现在教学设计方案中,教学设计方案是对教学设计活动的系统、全面的陈述,是教师创造性劳动的产物。教学设计方案是将教材的每一节划分成一课时或几课时,按课时设计的教学方案,通常简称为教案。教案不是课本的简单照搬,而是教师结合个人的具体情况、学生的实际、学校的条件、课时教学内容特点、教学方法和教学手段等因素进行整体的、综合性的思考,为最优地完成课时教学目标而进行创造性劳动的结晶。因此,它是教师进行教学活动的重要依据,也是教师进行教学研究、总结教学经验的重要资料。

教学案例:神经冲动的产生和传导

【教学内容】

第三章 动物稳态维持的生理基础,第一节 神经冲动的产生和传导(普通高中课程标准实验教科书生物学必修三《稳态与环境》,中国地图出版社)。

【教学设计的指导思想】

本节内容与学生自身有密切的联系,学生也有一定的相关经验,很感兴趣。而且这节课是通过重现科学发现史,让学生自己动手来验证科学结论。教师要利用这一点,充分调动学生的好奇心和求知欲,发挥他们的动手能力,通过自己的实践验证科学家的论断。本节的最大特点就是"论战"这部分,让学生从不同观点出发,充分讨论。在质疑、争论中得出正确的观点,从而提高学生分析问题、总结问题的能力,培养学生的科学素养,体现新课标的精神。

【教材分析】

(1)教材的地位及知识的前后联系 本节课教学设计的根据是:中国地图出版社

出版的普通高中课程标准实验教科书,生物学必修模块《稳态与环境》,第一单元第三章《动物稳态维持的生理基础》之第一节《神经冲动的产生和传导》。教学对象是高中一年级学生。本节是初中教材中神经调节部分的延伸,在高中教材中是学生学习整个第三章的基础,其中生物电的验证实验也是第三章中课题研究的内容,体现了新课标的特点。

(2) 教学重点、难点

● 教学重点:生物电的发现;膜电位的产生;动作电位的传导。

● 教学难点:蛙腿论战的探究活动;膜电位的产生。

(3) 教材组织和结构特点　这部分内容知识点不多,但有一定难度。要想学生透彻地理解并不容易。可以以蛙腿论战为突破口,让学生对神经、生物电有一个较为感性的认识,通过讨论得出生物电存在的事实。再将钠钾泵、离子通道等微观的东西用多媒体动画展示出来,结合他们已有的物理、化学知识,问题就会一个个迎刃而解。

【教学目标制定】

(1) 知识目标　知道蛙腿论战;通过动手实验,理解生物电现象的存在;理解膜电位产生的原理;知道钠—钾泵;理解动作电位的传导方式,并会应用相关知识解决问题;了解动作电位在神经纤维上传导的一般特征。

(2) 能力目标　通过重复蛙腿论战中的部分实验,正确使用简单的解剖器械;了解蟾蜍坐骨神经——腓肠肌标本的制作方法;初步学会客观地观察和描述生物现象,从中提出并解决相关的生物学问题。

(3) 情感态度与价值观目标　通过对科学发现史的学习,学生认识到科学论战会加速科学的发展,进而乐于学习生物学,养成质疑的科学精神和科学态度;通过学习钠—钾泵、离子通道及膜电位的产生和动作电位的传导,学生形成生物体的结构与功能、局部与整体相统一的观点。

【学情分析】

神经冲动的产生和传导与每个人的健康、行为都有密切的关系,也都有相关的体会。学生对这部分知识很感兴趣,有学习的欲望。学生在初中时学习过有关神经的知识,知道神经元、神经纤维等有关知识,但内容十分简单。本节课,学生通过自己动手、动脑,发现问题、解决问题,结合教师的讲授,学习神经冲动产生和传导的机理和本质。

【教学方法设计】

本节课采用实验法、讨论法为主,结合演示法、讲述法等多种教学方法,运用多媒体辅助教学,通过学生自己动手,边学边讨论探究的教学方式。

【教学媒体设计】

利用多媒体辅助教学,主要向学生展示相关的图片、动画,将微观世界呈现给学生,使学生有一个较为形象、具体的认识,便于理解所学内容。

【教学过程设计】

(1) 教学流程图

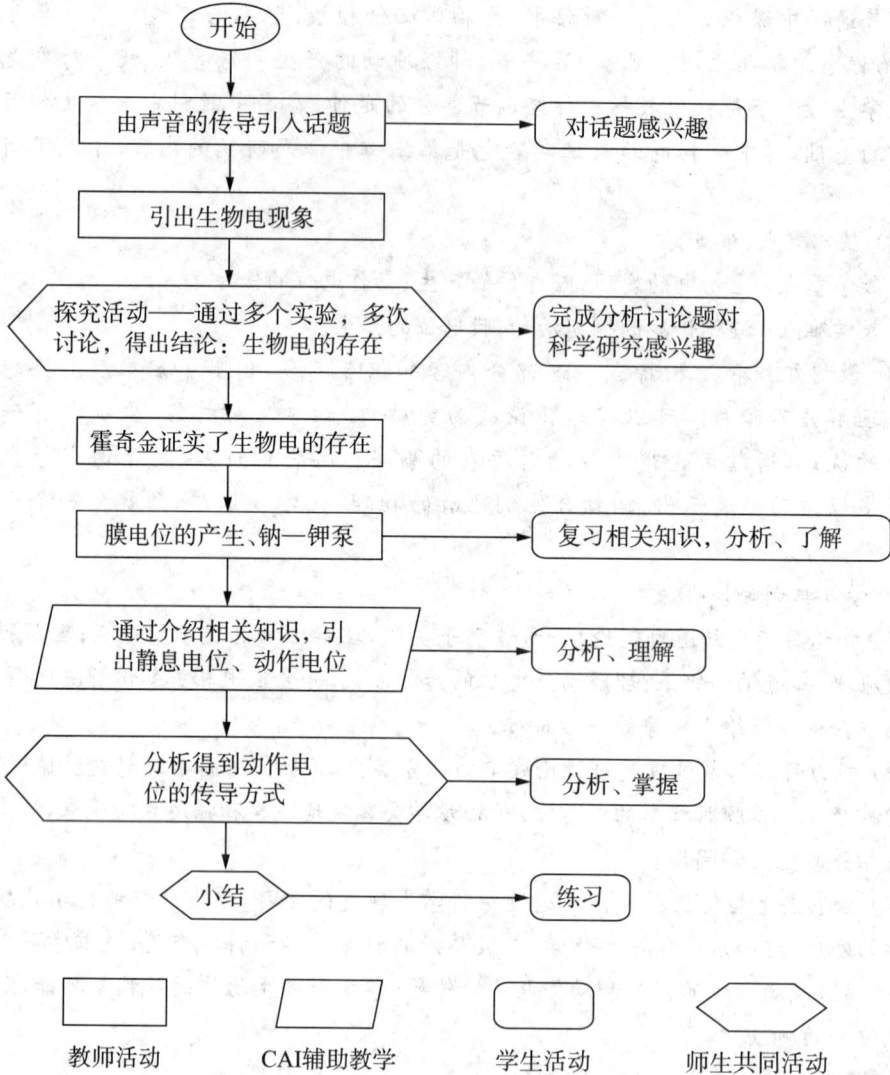

（2）教学过程

表 6-1　教学过程

程序	活动内容		设计意图
	教师活动	学生活动	
导入新课	提问：图片上的两个人在干什么？ 为什么电话可以传导声音？将声音转换成了什么？ 画面上这个人又在做什么？ 她如何控制自己的运动？	打电话。 转换成电信号。 打高尔夫球。 通过神经系统。	由学生熟悉的问题切入，调动学生的积极性。
生物电的发现　引子	生物电现象在动植物体内是普遍存在的。那么生物电是如何发现的呢？是在伽伐尼和伏打两位科学家的科学辩论中发现的。下面，我们分成几个小组，重复科学家的实验，注意思考、发现问题。		过渡到主题。

程序		活动内容		设计意图
		教师活动	学生活动	
生物电的发现	探究活动	演示蟾蜍坐骨神经——腓肠肌标本的制作方法,强调注意的问题。 简单介绍任氏液。 要求学生制备蟾蜍坐骨神经——腓肠肌标本。 带领学生重复伽伐尼和伏打的实验,并引导他们思考: 1. 用双金属回路接触标本。 让学生讨论。 提出伽伐尼的解释。 提出伏打的疑问。 2. 用单金属回路接触标本。 让学生与伏打的解释对比。 3. 做伽伐尼支持者们的两个实验。 总结"无金属实验"的妙处。	学习制作标本。 制备蟾蜍坐骨神经——腓肠肌标本。 进行实验。 观察现象,思考原因。 将自己的想法与伽伐尼的解释作对比。 实验、讨论,与伏打的观点对比、讨论。 实验。 分小组讨论,派代表发言,得出结论。	为实验做好准备 通过学生实验和讨论,理解生物电的存在及其发现过程,提高学生的动手能力和分析问题的能力。
膜电位的产生	膜电位产生原因	霍奇金的实验证实了生物电的存在。 提出膜电位的概念。 细胞膜内外的离子浓度不同造成的。复习细胞排钠保钾的特点。介绍主要离子的分布。	 复习细胞排钠保钾的特点。	 将前后知识相联系。
	钠—钾泵	展示课件,简单介绍钠—钾泵。 与主动运输的知识联系。	简单了解钠钾泵的作用。	为后面的知识作铺垫。
	静息电位 动作电位	通过课件说明神经处于静息状态时,钾离子的运动方向及形成的电位。当细胞受到刺激后,钠离子的运动方向及形成的电位。	结合化学的有关知识,掌握离子运动的规律及电荷的分布。	
动作电位的传导	冲动的传导	引导学生分析兴奋区与静息区电荷分布的特点,分析动作电位传导的方式。	思考电荷流动的方向与兴奋传导方向的关系。 理解兴奋的双向传导。	调动学生积极性,互动教学。
	相关链接	介绍动作电位在神经纤维上传导的一般特征。 引导学生与生活经验相联系。	了解相关知识。 联系实际,体会生理完整性、绝缘性等特征。	
小结		教师带领学生回顾本节重点内容。		培养学生归纳知识的能力,检查学习效果。
练习		学生回答,归纳,教师指点,完成课本上的"巩固提高"的题目。		

(3) 板书提纲

第一节　神经冲动的产生和传导

一、生物电的发现

探究活动:蛙腿论战

二、膜电位的产生

1. 膜电位的概念

2. 静息电位产生的原理

3. 动作电位产生的原理

三、动作电位的传导

1. 动作电位在神经纤维上传导的过程

2. 动作电位在神经纤维上传导的特点

【点评】

《神经冲动的产生和传导》一节课,课标要求能说明神经冲动的产生和传导,"说明"是理解层次的行为动词,也就是能解释和阐明神经冲动的产生和传导。本节课包括3个知识点,即生物电的发现、膜电位的产生和动作电位的传导。生物电的发现这部分内容,通过探究活动——蛙腿论战,重现科学发现史,培养学生分析问题、解决问题的能力,以及正确的科学实验方法,提高学生的科学素养。膜电位的产生这部分内容,结合多媒体课件,了解钠—钾泵的作用特点,从而理解膜电位产生的原理,即当神经细胞处于静息状态时,细胞处于膜外带正电、膜内带负电的静息电位;当神经细胞受到刺激后,细胞处于膜内带正电、膜外带负电的动作电位。动作电位的传导这部分内容,通过引导学生分析兴奋区与静息区电荷分布的特点,理解动作电位传导的方式和兴奋的双向传导。本节课通过学生讨论,教师引导、点拨,运用多媒体课件辅助教学,师生共同探究神经冲动的产生和传导,学生掌握了膜电位产生原理和动作电位传导特点的知识,提高了实验设计能力和分析问题、解决问题的能力,培养了科学精神、科学态度和科学素养。

思考与讨论

1. 教学设计与传统的教师备课有什么不同?

2. 人们常说"备好课才能上好课",请谈谈你对这句话的理解。

3. 完成初中或高中生物学一节课的教学设计。

第 7 章　生物学新课程教学模式

　　教学模式是教育教学工作者在长期教学实践中,根据社会的需要和教育教学的发展不断总结、改进教学而逐步形成的,它起源于教学实践,又指导教学实践,是影响教学效率与质量的重要因素。了解教学模式的发展及其规律,对于适应新课程改革,提高教学质量和效率具有重要意义。

7.1　教学模式概述

7.1.1　教学模式的涵义

　　对教学模式(instructional model)概念的界定,国内外学者的看法不尽相同。国外较有影响的是美国的乔伊斯(B. Joyce)和韦尔(M. Weil)在《教学模式》一书中的定义,他们认为,教学模式是构成课程和课业、选择教材、提示教师活动的一种范型或计划。我国较为一致的一种观点认为,教学模式又称教学结构,简单地说就是在一定教学思想指导下所建立的比较典型的、稳定的教学程序或阶段。教学模式的研究与教学过程的研究密切相关。教学模式也是一个综合性的课题。它的核心是用系统、结构和功能等观点来研究教学中已经运用或尚未开发的教学过程的方式,同时,考察其理论和实践的基础,并建立一种系统化和多样化相统一的教学模式体系,以便成为教学可借鉴的基本模式框架。

　　教育是人类特有的社会现象,是一种创造性艺术。从它的诞生之日直至今天,教育的内容、方式、方法都有很大的发展变化。特别是近两个世纪,由于教育观念的更新和现代手段的引进,其发展变化的速度之快是空前的。教育本身因人、因地、因时而变化无穷。由此看来,教学没有一成不变的刻板的固定模式。但是,它又遵循发挥制约作用的客观规律,这些规律常以不同的教育教学的形式和方式表现出来。教学中出现的稳定化、系统化和理论化的形式,就是我们现在所说的教学模式。

　　教学模式的研究起源于 20 世纪 70 年代。美国在 1972 年出版了乔伊斯和韦尔合著的《教学模式》一书。他们认为教学方式上的"好"与"坏",都是相对于具体教学任务和教学对象而说的,因此,不存在某种适用于一切教学任务和对象的"最佳"的教学形式,应提倡多种教学方式。为此,他们从所搜集的关于教学过程的理论、学说、研究方案和纲领中,选出 22 种组织成较规范的形式进行分类研究和阐述。此书出版后,在教育界引起了很大的反响。特别是近些年来,国外许多教育学和心理学书籍中都有专门论述教学模式的内容。

　　乔伊斯和韦尔还认为:"所谓教学,就是创造由教育内容、教学方法、教学作用、社会关系、活动类型、设施组成的环境。"而组成教学的"这些要素是彼此相互作用,规定着教师的行为的"。因此,教学模式理论的研究,对教学法、课程计划和教学系统设计,都会提供有益的启示。

7.1.2 教学模式的构成要素

从教学论的角度来审视教学模式，一般认为，一种教学模式应具备以下基本的构成要素。

1. 指导思想

教学模式都是在一定的教学理论和教学思想指导下构建的。例如：程序教学模式是新行为主义派代表斯金纳(B. F. Skinner)根据行为心理学提出来的，并成为建立各个教学模式的理论基础。

2. 主题

每一种教学模式的构建不仅遵循一种教学思想，还必须有一个鲜明的主题。这个主题贯穿整个教学模式并起主导作用。它支配构成模式的其他因素，同时，产生出与主题有关的一系列范畴。例如：问题教学模式的主题是"问题性"，它的理论基础是"实验逻辑"的反省思维学说，是以儿童为中心，教师针对儿童在生活和活动中遇到困难提出问题，然后帮助学生分析、寻求假设、进行实验，以便获得解决问题的方法，并获得一定的知识。因此，这个主题不仅制约着这个模式的目标、内容、程序和方法，而且产生"问题情境"、"学习性问题"、"学生假设"等一系列问题。

3. 目标

目标是教学模式中要完成主题所规定的任务。例如布鲁纳创立的"发现探究"教学模式，让学生通过发现去学习，其目标是使学生具有一定的创造能力，成为"研究者"、"创造者"。目标可使主题进一步具体化。

4. 程序

程序是完成目标的先后顺序、步骤和过程。由于教学模式各不相同，每一种模式都有自己独特的操作程序与步骤。

5. 策略

策略是完成教学目标的一系列途径、手段和方法体系。例如，范例教学的目标，一是克服教材内容的繁琐性；二是让学生活动，在活动中获得知识和认识科学的方法。因此，在教学策略上要求达到4个统一：教学与教育统一；解决问题的学习与系统学习统一；掌握知识与培养能力统一；主体与客体统一。在教学策略上达到4个统一的同时，还要求教师做到5个分析：基本原理的分析；智力作用的分析；未来定义的分析；内容结构的分析；内容特点的分析。

6. 内容

是指每种教学模式都有适合自己主题的课程内容和设计方法，以形成达到一定目标的课程结构。例如：范例教学的模式，在教学内容上要求遵循基本性、基础性、范例性三个原则。

7. 评价

每种教学模式为了检验教学效果，都有适合自己特点的评价标准和方法。

上述教学模式的7种因素彼此是相互联系、互相制约，它们共同构建起有特点的教学模式。然而,教学模式中各个因素和各个因素中的具体内容,则因教学模式的不同而产生差异。

7.1.3　生物学教学模式的特点

生物学教学模式作为一般教学模式的子系统,首先具有一般教学模式的普遍特点,同时还具有其独特性。概括地看,生物学教学模式具有以下方面的主要特点。

1. 系统性

无论从理论上还是从实践上看,生物学教学模式都表现出一定的系统性。理论上是由指导思想、主题、目标、程序、策略、内容和评价等要素构成;实践上是将教学方法、教学手段和教学组织形式等方面融为一体的程序系统。

2. 独特性

独特性是指生物学教学模式特有的性能。任何一种生物学教学模式都有其特定的应用目标、条件和范围。如果超越了或不具备特定的目标、条件和范围,就很难产生好的教学效果。

3. 操作性

教学模式是教学过程中应遵循的、比较稳定的教学程序及方法、策略体系,比一般的教学理论更接近教学实践。生物学教学模式不仅结合生物学科特点提出了比较具体的教学流程,而且提出了此流程中师生应扮演的角色和需运用的教学策略,具有很强的可操作性。

4. 中介性

教学模式在教学理论与教学实践之间起中介作用。它来源于教学实践,同时又是某种教育思想或教学理论的简化表达形式;它使教学理论具体化,又使教学实践概括化。这种中介性保证了教学理论对教学实践的指导作用,同时保证教学实践反过来进一步丰富和发展教学理论。

5. 发展性

生物学教学模式一旦形成,其基本结构保持相对稳定,但这并不意味着教学模式的内部要素和基本结构不发生变化,而是要随着生物学教学实践、概念和理论的变化而不断地发展。从整体上看,会有新的教学模式不断出现,也会有落后的教学模式逐渐被淘汰,教学模式体系不断向着多样化和现代化发展。就某一个具体的教学模式而言,也具有一定的发展性,有一个不断被修正和被完善的过程,其教学程序允许存在若干个变式。

7.2　生物学新课程的基础教学模式

生物学新课程的基础教学模式包括新授课、实验课、复习课、考试课等,下面主要对新授课和复习课进行案例说明。

7.2.1　新授课

新授课是指运用各种教学方法和手段使学生学习新的知识和技能、培养能力、发展情感态度与价值观的一种教学形式。新授课是一种最重要、最常用的生物学课型。

生物学新课标倡导探究性学习,力图促进学生学习方式的变革,引导学生主动参与探究过程,勤于动手和动脑,培养学生的多种能力。探究性学习不应成为唯一的方式,根据教学内容、学生、教师和学校情况等的不同,可采用各种不同的教学方式、方法、手段和模式,如演示、讲授、模拟、游戏、专题讨论、项目设计、个案研究等,它们具有各自的特点、优势和适用条件。但新授课的教学过程通常包括组织教学、复习检查、学习新知识、复习巩固和布置作业等基本环节。

教学案例:细胞的基本结构

【教学内容】

第二章 细胞的构成,第二节 细胞的基本结构(普通高中课程标准实验教科书生物学必修一《分子与细胞》,中国地图出版社)。

【教学目标】

(1)知识目标 简述细胞的基本结构;概述细胞器的结构和功能;说明各种细胞器之间的分工协作。

(2)能力目标 使用显微镜观察细胞的基本结构;快速识别动植物细胞的亚显微结构图;描述各种细胞器的功能并能对各种细胞器之间的功能进行一定的联系和综合;培养科学的实验能力和探究能力以及交流与合作能力。

(3)情感态度与价值观目标 养成科学的实验态度,普遍联系的辩证唯物主义观点以及团队合作精神。

【教学重点难点】

(1)教学重点 细胞器的结构和功能。

(2)教学难点 细胞器的结构功能及其分工合作。

【教学过程】

复习提问:构成细胞的化合物主要有哪些种类?

生:水、无机盐、糖类、脂质、蛋白质、核酸。

师:由这些化合物构成了细胞结构,然后才有细胞的各种代谢活动,那么大家回忆一下,在初中学习的细胞的结构都有哪些?(导入新课。)

生:细胞膜、细胞质、细胞核、液泡(如果学生说不全,老师给予引导和补充。)

师:好,下面大家一起通过实验再一次验证一下初中学习的关于细胞结构的知识,并仔细观察看有没有新的发现。同学们先打开课本的 19 页,按照实验 2 的要求两分钟时间完成第一和第二两步并记录时间,然后按照课本 18 页实验 1 的要求进行实验,先在低倍镜下观察并记录你观察到的细胞结构,然后换用高倍镜观察并记录细胞结构,观察 3 分钟后同桌之间交流观察结果。

学生进行实验 1 并进行交流(6 分钟)(整个过程中教师要巡视指导学生使用显微镜)。

师:大家都已经在显微镜下观察了细胞的结构,现在我问大家,在低倍镜下观察了哪些结构?

生:细胞壁、细胞膜、细胞质、细胞核、液泡。

师：嗯,这些结构大家在初中都已经学习过,现在咱们通过显微镜观察过了,这些结构大家都能看到吗?

生：不能。

师：你看到了哪些,哪些又没看到?

提问几个学生来回答,结果可能有所不同。

教师强调：细胞壁是较厚的一层,很容易看到,但是大家要注意,细胞膜是紧紧贴在细胞壁内侧的薄薄的一层膜,不容易直接看到,细胞质是无色的液态物质,也很难看到,液泡比较大,容易看到,细胞核相对小一些,但折光性较强,通过调节细准焦螺旋也可以看到。

师：一起小结一下观察的细胞的结构。

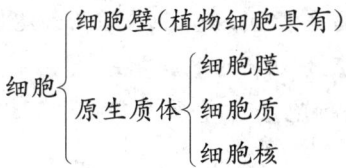

$$细胞\begin{cases}细胞壁（植物细胞具有）\\原生质体\begin{cases}细胞膜\\细胞质\\细胞核\end{cases}\end{cases}$$

细胞就是由细胞膜包被的原生质体,原生质就是活细胞内的全部生命物质,包括细胞膜、细胞质和细胞核。原生质体的中央是细胞核,细胞膜以内、细胞核以外的原生质称为细胞质,植物细胞在原生质团的外面具有细胞壁。细胞质是不均匀的,含有许多结构,其中在光镜和电镜下能显示出来的,具有一定形态特点并执行特定功能的结构称为细胞器。如大家刚刚看到的液泡就是一种细胞器,还有大家看到的那些绿色的小颗粒,那也是一种细胞器,叫叶绿体,细胞器有多种,下面咱们一起学习关于细胞器的知识。同学们打开课本 20 页,阅读教材第 20、21 页,然后总结关于细胞器的种类、结构及功能等的相关知识,填出下面表格的空白部分(10 分钟)。

20 分钟已经到了,等一会咱们再一起来完成表格,现在大家先回到刚才实验 2 的步骤,完成 3、4 步骤(4 分钟)(教师指导学生完成)。

由实验观察线粒体转到表格上来,边提问讲解边填表格(表 7-1)。

表 7-1　细胞器的种类、结构和功能

细胞器	膜结构	功能及举例
线粒体		
叶绿体		
内质网		
高尔基体		
溶酶体		
液泡		
中心体		
核糖体		

(1) 线粒体　刚才大家看到的细胞中深色的小颗粒是一种细胞器,它就是线粒体。线粒体普遍存在于动物细胞和植物细胞中。如果用电子显微镜观察,线粒体由双层膜围

成,是细胞的有氧呼吸的主要场所,细胞生命活动所需能量的95%来自线粒体,是细胞的"动力车间"。比如肌细胞进行收缩活动时,所需能量就是由线粒体有氧呼吸提供的,大家讨论一下,看看还可以举出哪些生理活动是由线粒体提供能量的?

生:细胞对某些物质的吸收与运输、细胞内物质的合成……

（2）叶绿体　同学们在实验1中看到的绿色的小颗粒就是叶绿体,叶绿体是植物细胞中光合作用的场所,由双层膜围成,能将光能转化为化学能,是细胞内的"能量转化车间"。大家思考一下,叶绿体在哪些细胞中会更多一些?（叶肉细胞中）

（3）内质网　内质网是由单层膜围成的网状管道系统,在细胞质中的分布十分广泛,增大了细胞内的膜面积,为各种化学反应的进行提供了有利条件。内质网与蛋白质、脂质和糖类的合成有关,也是蛋白质等物质的运输通道。

（4）高尔基体　高尔基体由成摞的单层膜围成的扁平囊和小泡组成,植物细胞的高尔基体与细胞壁的形成有关,动物细胞的高尔基体与细胞分泌物的形成有关。

（5）溶酶体　溶酶体是动物细胞中由单层膜围成的细胞器,内含多种酸性水解酶,执行细胞内消化作用,是细胞内的"酶仓库"。

（6）液泡　液泡是由单层膜围成的囊泡,内有细胞液。细胞液中溶解着一些有机小分子和无机物质,使其具有一定的浓度。它与细胞的吸水有关。

（7）中心体　中心体存在于动物细胞和低等植物细胞中,每个中心体由两个互相垂直的中心粒组成,与细胞分裂过程中纺锤体的形成有关。

（8）核糖体　核糖体是椭球形的粒状小体,有些附着在内质网及核膜的外表面,有些游离在细胞质中,是合成蛋白质的场所。

每种细胞器都有各自的功能,并相互联系。线粒体提供的能量可供细胞中各种代谢活动利用,而能量的释放是由一系列蛋白质组成的酶催化完成的,这些酶又是由细胞中的核糖体、内质网、高尔基体等参与合成加工的。例如人类唾液的分泌过程,先由核糖体合成唾液中的一些相关的酶,然后由内质网运输,高尔基体进一步加工并分泌到唾液腺细胞的外面,整个过程中合成、加工、运输、分泌等所消耗的能量都依赖线粒体提供。所以,细胞中的各种细胞器既有分工又相互协作,共同维持着细胞的正常生命活动。

学生看书回顾教材知识并自己进行小结（3分钟）。

做基础训练练习题：先由学生独立完成,然后小组讨论,最后师生一起订正（6分钟）。

【教学设计说明】

学生在初中已经学习了细胞的显微结构,但细胞更细微的结构并不了解,所以通过两个小的探究实验让学生对细胞的亚显微结构有一个初步的认识,在此基础上,学生就会更主动地去了解各部分亚显微结构及其功能,最后可以举例引导学生分析各细胞结构之间的相互联系。

由于观察鸡肝细胞中的线粒体的实验染色时间较长,所以课堂安排可以在上课初就安排学生把该实验的前两步做完,等染色时间到了之后再继续学习有关线粒体的知识。

7.2.2 复习课

教学实践证明,学习生物学的宏观或微观结构的知识,如果不经过复习是不可能完全掌握的,复习所支出的时间往往并不少于首次学习所需的时间。复习的目的在于巩固知识,但又不仅仅是起巩固知识的作用,更重要的是改造知识,使知识结构化,提高知识的质量。在教学过程中,复习不只是学生的事,也是教师教学工作的重要组成部分。

生物学复习课是指为了巩固、加深、扩展学生所学生物学知识而组织的一种生物学教学形式。生物学知识的复习有经常性复习和阶段性复习两种:经常性复习包括引入新课前的复习,边教边复习,巩固新课的复习以及课后复习,其目的是及时巩固生物学知识,随时将新旧知识联系起来,并起温故而知新的作用;阶段复习包括章或单元复习和总复习,目的是把这一阶段所学的知识系统化,进一步巩固生物学知识。

教学案例:细胞的构成

【教学内容】

第二章 细胞的构成(普通高中课程标准实验教科书生物学必修一《分子与细胞》,中国地图出版社)。

【教学目标】

(1) 知识目标 识记细胞的化学组成;概述细胞的基本结构;区别真核细胞和原核细胞。

(2) 能力目标 培养知识的综合能力,能够进行相关知识的整合。

(3) 情感态度与价值观目标 培养合作学习精神。

【教学重点难点】

(1) 教学重点 细胞的化学组成;细胞结构是细胞生理活动的基础。

(2) 教学难点 各部分结构功能之间的综合联系。

【教学过程】

(一) 复习串讲

1. 细胞的化学组成

(1) 构成细胞的化学元素

大量元素:C、H、O、N、P、S、K、Ca、Mg 等。

微量元素:Mn、Zn、Cu、B、Mo 等。

都是无机自然界常见的元素,说明:生物界和非生物界具有统一性。

(2) 构成细胞的化合物 ①糖类:还原糖检测:与班氏试剂煮沸产生砖红色沉淀;②脂质:脂肪与苏丹Ⅲ出现橘红色;③蛋白质:蛋白质遇双缩脲试剂显紫色;④核酸;⑤水;⑥无机盐。

2. 细胞的基本结构

(1) 细胞壁

(2) 细胞膜

(3) 细胞质:①细胞质基质;②细胞器:线粒体、高尔基体、溶酶体、中心体、核糖体、液泡、内质网、叶绿体,每种细胞器各有其结构和功能,细胞器之间既相对独立又相互联系。

（4）细胞核

3. 真核细胞与原核细胞

真核细胞有核膜、有具膜的细胞器;原核细胞无核膜、无具膜的细胞器;原核生物向真核生物的进化极大地促进了生物界由低级向高级发展。

(二) 列出本章的知识结构(由学生自己完成,15 分钟)

选择学生中完成较好的知识结构进行投影展示,不完善部分给予指正(3 分钟)。

细胞的构成知识结构图如下:

构成细胞的化学元素：C、H、O、N、P、S 等元素

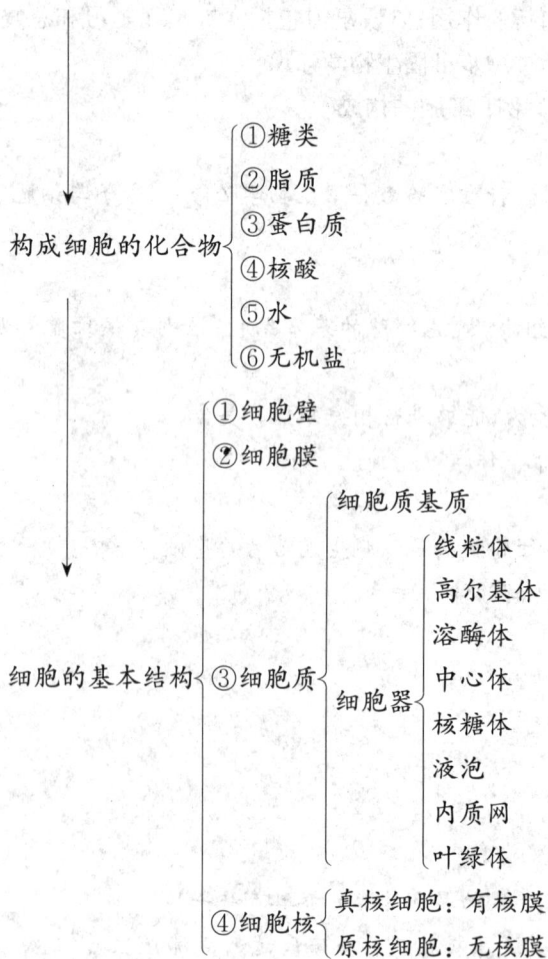

构成细胞的化合物
- ①糖类
- ②脂质
- ③蛋白质
- ④核酸
- ⑤水
- ⑥无机盐

细胞的基本结构
- ①细胞壁
- ②细胞膜
- ③细胞质
  - 细胞质基质
  - 细胞器
    - 线粒体
    - 高尔基体
    - 溶酶体
    - 中心体
    - 核糖体
    - 液泡
    - 内质网
    - 叶绿体
- ④细胞核
  - 真核细胞：有核膜
  - 原核细胞：无核膜

(三) 巩固练习

做基础训练单元练习。

【教学设计说明】

按照课本章节顺序,教师引导学生回忆教材相关内容,部分重要内容以提问的形式进行,将教材串讲一遍,然后由学生自己列出本章的知识结构,选择较好的投影展出,最后进行练习巩固。

7.3　生物学新课程的拓展教学模式

生物学新课程的拓展教学模式包括探究活动、研究性学习、综合能力培养、现代信息技术与生物教学的整合等,下面主要对探究活动和现代信息技术与生物教学的整合进行案例说明。

7.3.1　探究活动

生物课程标准明确提出课程的基本理念之一是"倡导探究性学习",力图促进学生学习方式的变革,引导学生主动参与探究过程、勤于动手和动脑,逐步培养学生搜集和处理科学信息的能力、获取新知识的能力、批判性思维的能力、分析和解决问题的能力,以及交流与合作的能力等,重在培养创新精神和实践能力。因此,在教学过程中教师一定要落实好这一基本理念,创设情境,调动学生的积极性、主动性,提高学生的求知欲,让学生亲历思考和探究的过程,领悟科学探究的方法,提高分析和解决问题的能力。

教师在组织探究活动时应注意以下几个方面:要有明确的教学目标,要有值得探究的问题或研究任务,要有民主的师生关系和求真求实的氛围,探究性学习是重要的学习方式,但不应成为唯一的方式。

教师应尽可能多地让学生参与实验和其他实践活动。在同时拥有现实环境的实验条件和虚拟环境的模拟条件时,教师应首选现实环境,使学生身临其境,亲自动手。通过实验和其他实践活动,不仅可以帮助学生更好地理解和掌握相关的知识,有利于他们在观察、实验操作、科学思维、识图和绘图、语言表达等方面能力的发展,也能促进学生尊重事实、坚持真理的科学态度的形成。

教学案例：体温调节

【教学内容】

第二章　动物稳态维持及其意义,第四节　体温调节(普通高中课程标准实验教科书生物学必修三《稳态与环境》,中国地图出版社)。

【教学目标】

(1) 知识目标　简述机体产热与散热的平衡及意义;说明体温调节的过程。

(2) 能力目标　培养学生调查、分析、总结、绘制原理图的能力。

(3) 情感态度与价值观目标　用辩证的观点看待人的体温过高或过低。

【教学重点难点】

(1) 教学重点　体温调节的过程及意义。

(2) 教学难点　体温调节的过程及机理。

【教学过程】

(一) 导入新课

上一节课,我们布置了一个活动,请同学们测量并记录一天当中不同时间外界环境和教室内的温度及体温,下面请一个同学展示一下测量的结果。

学生用投影仪展示测量记录数据(表 7-2)及根据数据绘制的柱形图(图 7-1)。

表 7-2　室内外温度与体温(单位℃)

时间	06:00	09:00	12:00	15:00	18:00	21:00	平均
室外	17.3	20.5	25.7	24.6	22.5	20.0	21.77
室内	22.5	25.6	27.6	26.9	25.7	24.6	25.48
体温	36.5	36.7	36.7	36.8	36.6	36.7	36.67

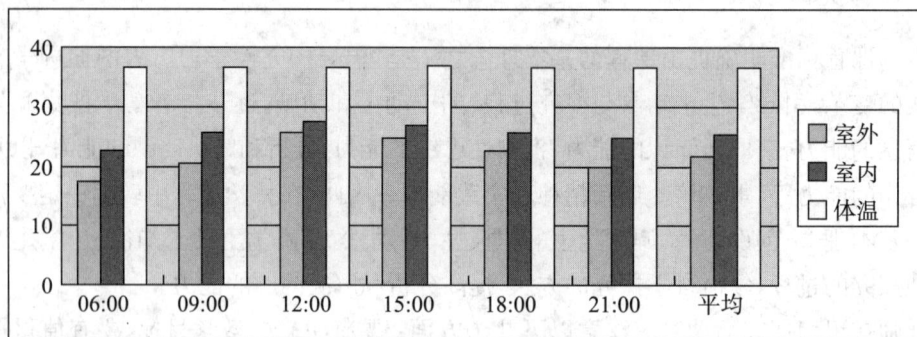

图 7-1　室内外温度与体温的关系

教师提出问题:

1. 室外温度一天中的最高值和最低值相差多少? 室内温度一天中的最高值和最低值相差多少? 哪一个差值大? 为什么?

2. 体温一天中的最高值和最低值相差多少? 与前两个差值相比,有什么特点?

学生根据展示的数据分析讨论后回答:

室外温度一天中的最高值和最低值相差 8.4℃,室内温度一天中的最高值和最低值相差 5.1℃,室外的温度差值要大一些,室内的温度差值要小一些。因为室内相对封闭,受外界环境影响较小,受人为因素如室内人数、通风情况等影响大一些。

体温一天中的最高值和最低值相差 0.3℃,与前两个差值相比,体温变化幅度较小,相对来说较稳定。

教师:我们经常会关注自己的体温,正常人体温一般在 37℃ 左右保持相对恒定,哪些动物与人一样能保持体温恒定呢? 它们又是如何保持体温恒定的呢?

学生回答:鸟类和哺乳类动物体温恒定。

教师:对。在冬天的时候,我们一般见不到青蛙、蛇等变温动物,因为天冷了它们要冬眠,它们的身体随寒冬的到来变得冰冷。冬眠是一些动物对寒冷环境的一种适应性调节行为。但是像鸟类和哺乳类这样的恒温动物一般不用冬眠,体温也不会因为气温过低而下降,能在不同的温度环境下保持体温的恒定。

(二) 新课

(板书)第四节　体温调节

教师:什么是体温? 为什么体温能够保持相对恒定?

(学生分析课本上产热和散热之间的动态平衡示意图。)

(板书)1. 产热和散热的平衡

学生：体温指的是身体内部的温度，即内环境的温度。体温的恒定是机体产热和散热保持动态平衡的结果。

教师：人体在生命活动过程中不断地产生热量，同时又通过一定的途径不断地散失热量，产热和散热保持了动态的平衡，从而使体温相对恒定。空调器就是根据这一仿生学原理设计制造的，布置了让同学们查找相关资料，了解变频空调的工作原理，下面请同学们相互交流讨论一下有关的几个问题。

（教师通过上述内容引导学生进行探究活动"家用空调器的仿生学原理"，并按实验步骤要求让学生绘出空调器的工作原理图、人体体温调节的过程原理图。）

投影相关分析讨论问题：

1. 人体体温调节的过程和原理与空调器的工作原理有哪些异同？

2. 讨论利用仿生学原理生产的仪器设备能否达到生物体内的精度。

3. 列举其他仿生学研究的实例。

（学生交流讨论一段时间后，教师安排学生投影绘制的原理图，并加以点评。）

学生交流"分析讨论"中的问题：

1. 相同点是先探测感受外界环境的温度，然后做出相应的反应，通过产热或散热进行调节以达到平衡。不同点是人体的体温调节更加复杂，更加精确。

2. 生物体是一个高度复杂的有机整体，在神经和体液的调节下，各方面都能维持相对稳定的状态，适应各种变化的环境条件。生物的各种感觉器官在选择性、适应性、灵活性、灵敏度、抗干扰性、微型化等方面，和我们目前各种自动装置中的传感器相比，都优越得多。利用仿生学原理生产的仪器设备，是模仿生物体的调节机制，但由于其调节机制单一，很难达到生物体内的精度。

3. 照相机、飞机、雷达、潜艇、超声定位仪等。

教师：在《分子与细胞》必修模块中，我们已经学习了细胞代谢的相关知识，下面请同学们阅读课本探究活动后的两段内容，并思考：产热的主要器官是什么？产热的主要细胞器是什么？主要能源物质是什么？

学生：产热的主要器官是内脏、骨骼肌和脑。安静状态下以内脏特别是肝脏产热为主，运动时以骨骼肌产热为主。产热的主要细胞器是线粒体。主要能源物质是糖类。

（通过以上几个小问题，学生回忆以前所学的知识，加强了生物学有关知识的联系。）

教师：体温恒定是不是体温维持在一个数值上？体温是如何保持恒定的？

（板书）2. 体温的调节

教师：图1-2-11是体温调节的机制，结合课文中的内容，分析讨论体温调节的机制，注意以下几个问题：体温调节中枢在哪里？哪些激素与体温调节有关？寒冷及炎热环境下，机体怎样进行调节？

（教师一定要引导学生积极主动探究，掌握体温调节的过程和原理。学生通过分析讨论，得出结论：人的体温是产热和散热保持动态平衡的结果，因此不会稳定在一个数值上不变，而是稳定在一个正常的波动较小的范围内。体温调节的中枢在下丘脑。肾上腺激素和甲状腺激素可以促进机体氧化分解有机物，使机体产热增加。寒冷环境中机体通过一定的途径减少散热，增加产热；炎热环境中增加散热。）

教师：要是人体散热大于产热或产热大于散热时,会出现什么样的结果? 体温为什么要保持相对稳定?

(板书)3. 体温恒定的意义

(学生讨论后回答,应注意:人体调节体温的能力是有限的,当长时间置身于寒冷环境中,机体产生的热量不足以补偿散失的热量,会引起体温降低;而在高温环境中时间过长,会因体内热量不能及时散失,导致体温升高。)

教师：体温恒定是内环境稳态的一个重要方面,是生命活动正常进行的必要条件。相对恒定的体温可以保证酶在最适温度下发挥作用,以保证新陈代谢的顺利进行。

由于各种原因,如感染致病微生物、内分泌失调、机体受伤、肿瘤、毒物和药物作用等,人体有时会发烧,发烧是人体在应激状态下的正常生理反应,有其有利的一面。发烧时,人体会出现诸如新陈代谢速度加快、肝脏解毒功能增强、抗体生成多、白细胞增多等生理现象,能使病人抵抗疾病的能力提高。但体温过高或发热时间过长,对机体会有危害,甚至会有生命危险。因此,我们要正确对待发烧现象,不能盲目采取退热措施。

体温过低会使酶的活性降低,从而使新陈代谢发生障碍,严重时也会危及生命。

【教学设计说明】

教师应提前布置给学生两个任务：一是测量一天当中不同时间外界环境温度、教室内的温度及体温,将测量结果记录下来并绘制成图表;二是了解变频空调的工作原理和绘制原理图。在课堂上让学生将测量结果用投影仪展示给同学们,提出一系列相关问题引导学生思考讨论,发展学生分析问题的能力。学生学习的过程是在教师指导下进行的探究学习过程,能够体现新课标的课程基本理念。

7.3.2 现代信息技术与生物学教学的整合

人类已进入信息时代,因此在信息技术条件下,我们必须用新的理念来认识新课程。2000 年 10 月,时任教育部部长的陈至立在全国中小学信息技术教育工作会议上,针对当时中小学信息技术教育及其他学科教育的实际情况,第一次明确指出："要努力推进信息技术与其他学科教学的整合,鼓励在其他学科的教学中广泛应用信息技术手段,并把信息技术手段与其他学科教学融合起来。"

从现代教育理念看,信息技术与课程的整合,不仅仅是把信息技术作为辅助教师的演示工具,而是要使现代信息技术手段与生物学科教育融合为一体,从而提高教育质量,适应现代社会对教育的需求。整合的主要目的一是使学生在生物学教学中有效地学习使用信息技术,培养学生的信息素养;二是通过整合使学生在生物学教学中提高学习的主动性,提高学习的质量和效率。

教学案例：生物多样性简介

【教学内容】

第二章 进化与生物多样性,第一节 生物多样性简介(普通高中课程标准实验教科书生物学必修二《遗传与进化》,中国地图出版社)。

【教学目标】

(1)知识目标 说出生物多样性的三个层次;解释生物多样性的含义及生物多样性

三个层次的关系。

(2) 能力目标 培养学生识图、分析能力,应用互联网查询资料的能力。

(3) 情感态度与价值观目标 说明保护生物多样性的重要意义。

【教学重点难点】

(1) 教学重点 生物多样性的三个层次。

(2) 教学难点 生物多样性三个层次的意义。

【教学过程】

(一) 情境导入

1. 教师通过投影使学生明确本节课的学习目标,要完成的任务与方法,注意指导学生。然后向学生展示一系列图片、图像资料,内容为我国不同地区的不同气候、复杂的地貌、多种多样的生物类群,给学生一个视觉上的冲击,先对生物多样性有一个直观的认识。

2. 向学生提出问题:什么是生物的多样性? 包括哪几个方面?

学生活动:明确学习目标和学习方法;观看教师展示的资料,阅读课本第一段内容,回答教师的问题:"生物多样性反映了地球上的植物、动物、菌类等在内的一切生命各不相同的特征及其生存环境,它们存在错综复杂的关系,包括遗传多样性、物种多样性和生态系统多样性。"

(二) 自主探究

1. 遗传多样性

教师提出问题:什么是遗传多样性? 分哪几个层次? 教师可将学生分为几个组,布置学生进行信息搜索,各组总结并准备相互交流。

学生活动:通过互联网搜索。

http://www.eedu.org.cn/Article/Biodiversity/Diversifying/200404/232.html

http://www.eedu.org.cn/Article/Biodiversity/Diversifying/200404/239.html

http://www.eedu.org.cn/Article/Biodiversity/Diversifying/200404/229.html

http://www.enviroinfo.org.cn/Biodiversity/index.html

http://www.biodiv.gov.cn/swdyx/1458040379361198080/20040226/1046355.shtml

教师指导学生阅读课本,并根据搜索的信息回答教师提出的问题,"遗传多样性主要是指物种内不同种群和个体间的遗传变异总和,也称为基因多样性,包括分子、细胞和个体水平 3 个层次的多样性。分子水平的多样性分为 DNA 的多样性和蛋白质的多样性。"

探究活动:遗传多样性分析。

教师指导学生对教材中"翅果油树的 3 个种群的 DNA 聚类图和蛋白质聚类图"进行分析,并讨论后面的问题。

学生通过互联网搜索,进行交流分析。回答分析讨论中的问题。

http://www.biodiv.gov.cn/swdyx/1458040379361198080/20040226/1046355.shtml

http://www.cbcf.org.cn/kpyd/kpwj/0105.htm

http://www.e8e.net/tvguide/onlinestory/dsmh/20040523/100230_2.shtml

2. 物种多样性

教师提出问题:什么是物种多样性? 布置学生分组进行信息搜索,各组总结并准备相互交流。

学生活动：通过互联网搜索。

http：//www.buu.edu.cn/home/campus-cult/lvfengshe/hbzs/32.htm

http：//www.ee-cn.com/Article/ecology/ecologyth/communityeco/200404/175.html

http：//www.eedu.org.cn/Article/Biodiversity/Species/200405/935.html

http：//www.eedu.org.cn/Article/Biodiversity/Species/200405/936.asp

http：//www.eedu.org.cn/Article/Biodiversity/Species/200404/327.html

http：//www.cbcf.org.cn/kpyd/kpwj/0203.htm

教师指导学生交流信息，理解物种多样性、保护及意义等。

物种多样性是用一个区域的物种种类的丰富程度和分布特征来衡量的。我国是世界上物种多样性最丰富的国家之一，但大量物种处于濒危状态，应采取措施加以保护。

3. 生态系统多样性

教师提出问题：什么是生态系统多样性？布置学生分组进行信息搜索，各组总结并准备相互交流。

学生活动：通过互联网搜索。

http：//www.cbcf.org.cn/kpyd/kpwj/01index.htm

http：//biodiv.coi.gov.cn/hyswdyx/dyx3.htm

http：//biodiv.coi.gov.cn/hyswdyx/dyx2.htm

http：//www.szerc.com/kejian/gz/zhm/study/pagegncc.htm

http：//www.coi.gov.cn/hygb/hyhj/20shjimo/huanji7.htm

http：//www.cbcf.org.cn/kpyd/kpwj/0204.htm

http：//www.biodiv.gov.cn/swdyx/145804037936119808/20040226/1046354.shtml

教师指导学生交流信息，理解生态系统多样性、保护及意义等。

生态系统多样性是指生物圈内生境、生物群落和生态过程的多样化，以及生态系统内生境差异和生态过程的多样性。我国自然条件复杂，因而有复杂的生态系统类型。我国生态系统受威胁的情况十分严重，以森林生态系统为最。

教师在以上教学内容完成之后，提出问题：生物多样性的三个层次之间有什么关系呢？

学生活动：分析教材图4-2-7，并通过互联网搜索。

http：//www.scau.edu.cn/wlkj/sht/ycjx1/ntecochap4.htm

http：//www.szerc.com/kejian/gz/zhm/study/pagegncc.htm

遗传多样性导致了物种的多样性，物种多样性与多种多样的生境构成了生态系统的多样性。人类文化的多样性也可认为是生物多样性的一部分。人类文化（如游牧生活和移动耕作）的一些特征表现出人们在特殊环境下生存的策略。文化多样性有助于人们适应不断变化的外界条件，文化多样性表现为语言、宗教信仰、艺术、音乐、社会结构、作物选择、膳食以及无数其他的人类社会特征多样性。

（三）协作交流

这一教学流程贯穿在第二部分自主探究学习过程当中。教师要对学生的交流进行组织,并对交流的情况及时进行点评、引导,以保证交流的准确有效。学生要做好信息的汇总、交流等工作。

(四) 反馈与评价

教师根据教学内容,适当进行练习并根据学生情况进行点评。学生要积极思考,完成练习,巩固知识。

(五) 归纳总结

在学生交流的基础上,帮助学生形成较为完整的知识体系,结合我国实际情况,使学生对我国生物多样性现状有清醒的认识,形成强烈的保护意识,并落实在实际行动当中。

【教学设计说明】

本节课运用网络信息技术进行组织教学,可以提高学生的学习兴趣,扩大学生的视野,培养学生的自主探究能力、协作交流能力、归纳总结能力、语言表达能力等。充分运用互联网上丰富的资源,使学生体验到现代信息技术带来的学习方法与环境上的革命,提高学生学习兴趣,引导学生自主探究的能力。本节课采取情境导入、自主探究、协作交流、反馈与评价、归纳总结等一系列流程来组织教学。关于现代信息技术与生物学教学的整合教学模式,还有待于进一步研究。

思考与讨论

1. 什么是教学模式?
2. 一种教学模式应具备哪些基本的构成要素?
3. 你对生物学教学模式的特点是如何认识的?

第8章 生物学新课程教学评价

评价与教学具有非常密切的关系,评价是达成教学目标的重要手段,通过评价的反馈作用,可以提高教学的成效。以往的教学评价受到追求升学率的影响,把评价限定为狭义的考试,并把升学考试内容作为教学的主要目标,以考试引导教学,颠倒了评价与教学的关系,给生物教学造成了许多问题。《课程标准》在评价的定位方面试图改变这种不合理的限定,以帮助教师正确理解评价。

8.1 新课程教学评价的改革方向

"评价"原意为评论货物的价值,英文中"评价(evaluate)"的涵义为引出和阐明价值。因此,从本质上来说,评价是一种价值判断的活动。教学评价就是根据教学目标,通过多种方式系统地搜集各种信息,对教学效果作出价值判断,并对教学进行必要调整的过程。

评价过程需要系统地搜集信息。考试是搜集评价信息的主要方法,但不是唯一途径。不同的教学目标,需要使用不同工具来搜集信息。利用多种搜集方法所获得的信息,来对评价对象作出评价,结果将更加可信。

评价活动最关键的是根据信息作出价值判断,改进教学决策。这项工作是从价值上对所搜集的信息进行分析和判断的,即是对教学效果作出价值上的判断,然后根据判断来改进教学。价值判断是评价本质之所在,离开了这项工作,也就失去了教学评价的意义。对搜集的信息进行解释和判断需要十分谨慎,因为同样的信息往往可以导致颇为不同的结论,为此,所有的判断都应当有明确的推论过程。同样,改进教学的决策也应当是谨慎的,符合逻辑的。

8.1.1 评价的定位

评价是生物学教学中一个基本的反馈机制,是教学过程中不可缺少的环节,是教师了解教学过程,调控教学行为的重要手段。教学评价的目的不仅在于评定学生的学业成绩,更重要的作用在于诊断学生是否有错误概念和有何学习困难,鉴别教学上可能存在的缺陷以及为改进教学设计提供依据。

以往的教学常常把学习和评价割裂开来,将评价看作学生学习的终结。但近年来,人们关于评价的理念发生了很大变化,现在对于评价的普遍看法是,评价与学习是密不可分的,正如一枚硬币的两个面,评价应该伴随着学生学习的整个过程。因此,在生物学教学中教学评价应当是处于"目标追求活动—评价—调整"的循环往复中对于教师和学生自身活动的一种反馈。通过及时的评价反馈,学生可以了解自己在多大程度上达到了课程标准所规定的目标,激励自己改进学习;教师可以了解学生的学习需求、进步状况以及达标程度,并针对学生学习存在的问题改进教学。以往评价只注重学生的学习结果,很少对教学过程和教学资源作出评价,是非常片面的。课程标准指导下的生物学教学评价应特别重视对学生生物学学习机会的评价。学习机会包括教师的专业知识、生物学教学时间、教学资源、人均经费等方面。如果不为学生提供生物学的学习机会,那么就不可能让学生对他们的成绩负责。因此,在对搜集的评价信息作出解释之前,必须考虑学生学习机会的质量。只有这样,通过评价,学生才能获得更多的生物学的学习机会。

总之,以往的教学评价把学生的学业成就从整个教育、学生完整的学校生活及课程中游离出来,作为全部学校教育的重心和焦点,从而造成许多弊端;而课程标准所提倡的教学评价则重新回归为学生在教育和课程教学中完整的表现,体现了新的教学评价理念。

8.1.2　评价的发展趋势

以质性评价统整并取代量化评定;评价的功能由侧重甄别转向侧重发展;既重视学生在评价中的个性反映,又倡导让学生在评价中学会合作;强调评价问题的真实性、情景性;评价不仅重视学生解决问题的结论,而且重视得出结论的过程;评价范围逐渐扩大;评价结果与物质奖惩挂钩逐步转向与物质奖惩不挂钩;越来越重视发挥为课程决策服务的功能;课程评价工作制度化将会得到进一步发展;在课程评价工作中将越来越广泛地使用电子计算机。这是课程评价的大趋势。

8.2　生物学新课程的学生评价

8.2.1　生物学新课程对学生评价的要求

1. 突出评价的发展性功能是学生评价改革的核心

评价与考试改革的根本目的是为了更好地促进学生的发展,改变评价过分强调甄别与选拔功能,忽视改进与激励功能的状况,突出评价的发展性功能是学生评价改革的核心。对学生进行评价是教育过程的一个环节,所以,评价的功能与教育目标是一致的。突出评价的发展性功能集中体现了"一切为了学生发展"的教育理念。学生处于不断发展变化的过程中,教育的意义在于引导和促进学生的发展和完善。学生的发展需要目标、导向、激励。发展性评价为学生确定个体化的发展性目标,不断收集学生发展过程中的信息,根据学生的具体情况,判断学生存在的优势与不足,在此基础上提出具体的、有针对性的改进建议。发展性评价考虑学生的过去,重视学生的现在,更着眼于学生的未来,所追求的不是给学生下一个精确的结论,更不是给学生一个等级分数并与他人比较,而要更多地体现对学生的关注和关怀,不但要通过评价促进学生在原有水平上的提高,达到基础教育培养目标的要求,更要发现学生的潜能,发挥学生的特长,了解学生发展中的需求,帮助学生认识自我,建立自信。

2. 正确地对学生进行多方面的评价

学生评价的内容是教育目标的具体体现,反映了具有时代特点的教育观、质量观和人才观。教育不仅要为社会培养合格的公民和人才,还要使每一个学生成为有能力追求幸福生活的个体。学会做人、学会做事、学会合作、学会学习是对一个公民的基本要求。因此,在新的课程标准中,每一门学科都强调培养目标和评价内容的多元化,不仅包括基础知识和基本技能,还包括情感态度与价值观、学习过程与学习方法。学生在学习活动和未来的生活与工作中,其知识技能、情感、态度、价值观与学习的过程和方法是紧密联系的整体,它们之间没有主次之分,对任何一个方面的忽视都可能造成学生发展的偏颇。因此,依据教育教学目标,对学生进行多方面的评价是促进学生全面发展的必然要求。

3. 认真把握学生发展性评价的每一个环节

学生评价是一个系统的过程,包含一系列环节,如确立评价目标和评价内容,设定评价标准,选择评价方法并收集数据和资料,达成和呈现评价结论以及评价的反馈等。评价的各个环节紧密联系,相互制约。明确的评价目标和内容是选择评价方法的基础,笼统或琐碎的评价标准不利于数据和资料的收集,而没有准确和有效的数据,就不可能达成正确的评价结论,从而影响对学生的反馈和提出合理的改进建议。仅仅关注某个环节或采取某种方法是难以收到好的效果的,必须同时关注评价的每个环节和整个过程,对评价进行系统研究。例如,表现性评价是测查学生探究、创新和实践能力的好方法,但如果不顾评价内容一味推行这种方法,在评价学生基本知识点时也用这种方法就会事倍功半。再如,在进行评语改革时,有的学校要求只能采用激励性语言,这往往使评语陷入空洞和教条,出现一味赞扬学生,回避恰当地指出学生不足的现象。因此,如果在评价改革中不注意评价过程的系统性和科学性,就可能收不到实效。

4. 真正体现评价的过程性

发展性评价的核心是关注学生的发展、促进学生的发展,实现评价发展性功能的一个重要举措就是突出评价的过程性,即通过对学生发展过程的关注和引导,在一定的目标指引下通过评价改进教学,不断促进学生发展。评价的过程性应具体体现在收集学生学习状况的数据和资料,根据一定的标准对其发展状况进行描述和判断,在一定的目标指导下,根据学生的基础和实际情况,给予学生反馈并提出具体的改进建议,而不只是简单地给学生下一个结论,无论这个结论是五星、等级还是分数。例如,在一个单元的教学或完成某项作业后,根据课程标准和教育教学目标,对学生的学习态度、学习习惯、学习方法、知识和技能、探究与实践能力、合作、交流与分享等一个或几个方面进行描述,判断学生当前的学习状态,根据学生的基础,指出学生的发展变化及优势和不足,在此基础上对教师的教学和学生的学习提出具体、合理的改进建议,就典型地体现了评价的过程性。

5. 根据课程标准确定具有可操作性的评价内容

国家课程标准是教材编写、教学、评估和考试命题的依据,是国家管理和评价课程的基础。体现了国家对不同阶段的学生在知识与技能、过程与方法、情感态度与价值观等方面的基本要求。课程标准与教学大纲不同,它不规定教师的具体教育教学行为,一方面给教师和学生创设了更广阔的空间,另一方面也对教师把握和实现教育教学目标的能力提出了挑战。新的课程标准提出了很多具有时代特点,体现新的人才观、教育观和质量观的评价内容及评价标准。教师面对新的课程标准,必然也必须有一个摸索和尝试的过程,在这个过程中,教师要在深刻理解课程标准的基础上,将课程标准与教育教学实际相结合,提出明确的、具有可操作性的评价目标和评价内容,这样才有可能在教育教学中发挥评价目标的导向作用。因此,教师必须在一节课或一个单元的教学之前就根据课程标准和教学内容设立恰当的评价目标,并据此选择相应的评价方法和评价任务,在教学过程中不断收集各种信息,监控并反馈学生的学习状况,及时发现教学中存在的问题并进行改进。

6. 恰当地运用多种学生评价方法

重视知识与技能、过程与方法、情感态度与价值观的整合,强调评价的过程性并且关注个体差异。这就要求改变将纸笔测验作为唯一或主要的评价手段的现象,运用多种评价方法对学生进行评价,除了纸笔测验以外,还有访谈评价、问卷评价、运用核查表进行观察、小论文、成长记录袋评价和表现性评价等。例如,为了突出评价的过程性并关注个体差异,运用成长记录袋进行评价是必要的,通过收集表现学生发展变化的资料能够反映学生成长的轨迹,学生本人对成长记录内容的收集有更大的主动权和决定权,能够充分体现个体差异。同样,表现性评价创设了真实的情境,通过学生活动或完成任务的过程不但能够评价学生知道了什么,还能评价学生能够做什么;还可以在学生的实际活动中评价学生的创新精神和实践能力,与他人合作、交流与分享的表现,评价学生的学习兴趣和学习习惯等。

7. 保证评价资料的准确性和有效性

学生评价的资料是指学生的作业、小测验、问卷调查表、小论文、计划书、实验报告、活动过程记录等表明学生学习状况的原始资料,还包括对上述内容的评价,如分数、等级、评语及改进建议。评价资料的有效性主要受到评价任务的制约,后者指的是与教学目标紧密联系的表现机会,如测验、探究活动、调查、课外实践、小论文、辩论,等等。学生通过评价任务展示自己的知识、技能与能力,情感、态度、价值观和学习过程与方法。评价任务必须与评价目标高度一致,并且要对评价过程进行高质量的管理才能保证所获得的评价资料的有效性。例如,用要求学生口头回答显微镜使用的注意事项的方法来评价学生的操作技能就是不恰当的,所获得的评价资料就失去了有效性;同样,如果没有对学生在完成表现性任务过程中的合作能力进行仔细观察和记录,而是将学生本人的汇报或调查表的内容作为评价资料,就有可能不准确。

8. 实行多主体评价

发展性评价提倡改变单独由教师评价学生的状态,鼓励学生本人、同学、家长等参与到评价中,将评价变为多主体共同参与的活动。多主体评价对于学生的发展是有利的。首先,鼓励学生进行自我评价能够提高学生的学习积极性和主动性,更重要的是自我评价能够促进学生对自己的学习进行反思,有助于培养学生的独立性,自主性和自我发展、自我成长能力。其次,学生对他人评价的过程也是学习和交流的过程,能够更清楚地认识到自己的优势和不足。最后,多主体评价能够从不同的角度为学生提供有关自己学习、发展状况的信息,有助于学生更全面地认识自我。

8.2.2　学生评价的内容及方式

评价是生物学教学中一个基本的反馈机制,是教学过程中不可缺少的环节,是教师了解教学过程、调控教学行为的重要手段。

在生物学教学中,评价应以生物课程标准为依据,根据生物课程目标和具体的教学目标进行。评价的内容应符合课程标准的要求,要兼顾知识、能力和态度情感、价值观等方面。还要根据不同的教学内容以及评价的目的选择适当的评价方式,如观察、口头提问、实验报告、作品展示、项目报告、纸笔测验、操作、设计实验、面谈或问卷调查等。

在实施评价时,评价的方式和工具是否恰当是决定评价成败的关键。因此在评价过程中,如何选择适当而有成效的方式以及编制优良的评价工具是生物教师必须谨慎考虑的问题。例如,要评价学生的实验技能或科学态度等,一般的纸笔测验就很难达到目的,比较适当的方式应该是观察、写报告、谈话或实验考试。再如,在科学探究中需要综合运用相关的知识和多种能力来解决问题,还需要实事求是的科学态度和锲而不舍的探究精神,因此科学探究能力就需要综合运用纸笔测验、实际研究、写报告等方式来进行评价。教师应根据自己的教学情况、时间和教学条件,选择最经济有效的评价方式和工具来评价学生的学习。

1. 首先要提供评价学生学习的机会

课程标准指导下的教学评价应特别重视对学生生物学学习机会的评价。学习机会包括教师的专业知识、生物学教课时间、教学资源、人均经费等方面。如果不为学生提供学习的机会,那么就不能让学生对他们的成绩负责。

2. 建立学生学习记录卡

通常我们会以一种比较孤立、急切的方法评价学生的学业,而忽略了学生学业成长,学习记录卡是可以对学生学业长期连续观察的有效工具,并能鼓励学生对学习进行持续反思。学习记录卡可以为家长、学生、教师及其他人提供学生在自我认知方面的依据。如果生物学教师能为学生提供这样的机会,学生通常会在评价中非常主动,通过回顾学习记录卡,进行主动反思,以认识自己的成长。这样就能克服过于重视终结性评价而忽略平时的形成性评价,便于发现学生在学习过程中存在的问题与缺陷,便于准确地把握学生长期发展的状况,随时修正和调节教学、学习活动。记录卡主要包括以下几项:学生出勤情况;开学初学生学业基础的测试结果;学生的课堂表现;学生在小组合作学习中的表现;学生完成作业的情况;教师对学生实验课表现的评价和完成实验报告的情况等。

3. 利用纸笔测验检测学生知识性目标的达成

在提倡多元化评价的同时,要充分利用好传统的纸笔测验,传统的纸笔测验仍不失为一种评价学生学业的有效方式。精心设计的纸笔测验可以充分展示学生知识视野和理解能力。制作纸笔测验试题时将其进行必要的改革,要注意实现以下转变:命题时不必过分强调枝节内容、零散的知识、单纯的生物学事实、对内容记忆情况的考查、学生还不了解哪些知识;命题时应强调主干知识和核心内容,考查学生是否具有良好的知识体系和结构、对生物学概念及原理的理解和应用程度,以及分析和综合等思维能力的水平。

4. 对学生实验操作技能的评价

实验操作技能是生物学课程培养的重要能力之一。教师要依据实验步骤和操作要求制定实验操作检核表,对学生实际操作情况进行评估。观察被考核者是否表现了检核表需考核的行为,就可据此来作出评价。当然,对于很难用纸笔测验评价的实验技能还可以用写实验报告、谈话等方式予以辅助评价。

在制定检核表时,可参照以下评价要点进行评价:①能否按照实验计划准备实验材料;②能否按照实验操作的规范要求完成实验;③能否安全地使用各种器具;④能否实事求是地记录数据和收集实验数据;⑤能否分析实验数据的相关性并得出结论;⑥能否在实验中与他人合作和交流。对学生实验过程中表现出的其他能力也应给予恰当的评价。

5. 对学生探究能力的评价

科学探究涉及相关的知识和多种能力,也包含情感和态度,需要用多种方式进行评价。评价学生的探究能力是能力评价的一个重要方面,有条件的学校可直接在生物实验室对学生探究能力、动作技能和心智进行评价。当然科学探究中需要综合运用相关知识和多种能力来解决问题,还需要实事求是的科学态度和锲而不舍的探究精神,这就需要综合运用纸笔测验、实际研究、口头或写报告等方式进行评价。

6. 对学生情感态度价值观方面的评价

由于情感、态度、价值观都是内隐的个人品质,很难直接进行评价,因此可通过观察学生行为、问卷调查、访谈、学生自评、同学互评等多种途径进行评价。要充分重视学生比较一贯的外显的态度行为和比较容易观察的明显的态度变化。当一个人形成比较稳定的情感、价值观,遇到特定的事物产生情绪体验时会出现一种特定的态度,因此通过态度的测量,可以了解一个人的情感和价值观。

8.3　生物学新课程的课堂教学评价

8.3.1　课堂教学评价的原则

1. 以"评学"为主的原则

科学的教学评价应该是两个维度:一个维度是教师的教,一个维度是学生的学。偏废任何一个维度的教学评价都是不完整的。对教师教的评价是为了提高教师教的质量,从而更好地促进学生有效地学,促进学生的发展;对学生学的评价是为了有效地了解学生的学习情况,促使教师有针对性地调整教学,从而促进学生的学。新的教学评价对象不应是具体的人,而应是教师和学生的活动及其效果。教学评价应该对事不对人,尽量做到客观。在教学评价时要以学为主,包括学生学习动机、学习兴趣、学习参与程度、思维与能力的发展等。这里并非是要减少对教师的教的评价,而是强调对教师教的评价要围绕学生的学而展开,如教师的教是否为学生提供了有利于学习的心理氛围,是否注重培养学生思维和能力的发展,是否引发了学生积极的情感体验,是否引导学生进行自主学习,是否有效教授给学生学习策略等。总之,无论对教还是对学的评价都应围绕着学而展开。

2. 评价标准的多元化原则

课堂教学评价的关键在于制定出明确而客观的标准。评价标准的确定以价值主体的需要为根据。所谓价值主体,就是评价对象的价值体现者。因为教学评价是为学生发展服务的,教学的价值体现在学生身上,所以学生是教学的价值主体,学生的发展就是确定评价标准的根据。新的教学评价应该面向实际问题解决、面向知识或技能应用和迁移。评价具体体现为学生的参与深度和广度如何,学生的思维和能力是否得到了提高,学生是否能灵活运用所学知识解决实际问题,教师是否激发了学生的学习动机、主动精神和学习兴趣,教师是否引导学生进行了自主学习,等等。

3. 评价目标与内容的多维性原则

学生的发展不仅包括认知的发展,还包括情感、态度、价值观的发展,也包括各种能力以及个性的发展。新的教学评价目标与内容应该是认知与非认知、量化与非量化的统一。这是因为现代化教育内在地要求更加关心人的价值、情感、意志,注重人的精神世界的开拓。课程知识中大量的人文资源,具有丰富意义、教育价值、对人生具有终极意义的,但却不能用"可操作的"定义去界定的,非量化的知识应当成为教学评价的重要内容。虽说量化评价具有准确、高效、说服力强、易操作等优点,但教学所包含的很多内容,如人的需要、人与人之间的相互作用、个体的经验、个体态度、情感、观念等都是无法进行准确量化的。所以完全的量化评价对教学评价来说是不适合的,而要从学生的需要出发,重视人文社会科学方法在教学评价中的应用。定性是定量的基础,没有正确的定性就不可能有准确的定量,而定量的结果还要靠定性来解释,只有两者的结合才能进行全面的辩证的综合分析,作出较为科学的评价。因此,新生物学课堂教学评价目标与内容应该具有多维性,是认知与非认知、量化与非量化的统一。

8.3.2 课堂教学评价的依据

1. 学生是否主动参与学习

课堂教学的效果如何应当关注学生学的如何,学生学习的有效性首先体现在学生是否积极主动地参与学习,以保证对知识的主动建构。教师教学的有效性首先体现在能否调动学生的学习积极性,促进学生对知识的主动建构的过程。

2. 师生、生生之间是否保持有效互动

学生学习中的交流应该是多向的,教学过程不仅包括师生之间的互动,还应包括学生与其他学生之间的互动。也就是说,知识是合作掌握的,学习是学习者、教师和其他学习者之间相互作用的结果。

3. 学习材料、时间是否得到充分保障

教师在教学过程中必须为学生的主动建构提供一定的学习材料,学习材料应更多取材于现实生活,并且在很大程度上与问题解决联系在一起。此外,教师在教学过程中要为学生的知识建构提供充足的时间保障。

4. 学生是否形成对知识真正的理解

教学中应重视学生的真正理解,而不是表面上的理解。因此,教师在教学过程中不仅关注学生学习的结果,还要关注学生学习的过程,因为只有理解和关注学生是怎样学习的,才能促进学习者形成对知识真正的理解。

5. 学生的自我监控和反思能力是否得到培养

在学习过程中学生要不断监视自己对知识的理解程度,判断进展与目标的差距,采取各种增进和帮助思考的策略,还要不断反思推论中是否包含逻辑错误等。为此教师在教学过程中应重视培养学生反思的习惯。

6. 学生是否获得积极的情感体验

学生在学习过程中总是带有一定的情感,这种情感的投入与学生学习生物学过程中所获得的体验密切相关。积极的体验会使学生不断产生浓厚的兴趣和需要,对学习表现出极大的热情,并从学习中获得兴奋和快乐。而积极的体验建立在民主和谐的学习氛围之上,建立在学生感受到知识的力量之上,建立在不断地成功与进步之上。

8.3.3 课堂教学评价方案

1. 课堂教学评价表

本方案中的课堂教学评价指标共设置 6 个评价项目和 14 个评价要点(见表 8-1)。

表 8-1 生物学新课程课堂教学评价表

授课人姓名：_____ 授课班级：_____ 课题名称：_____

评价项目	评价要点	符合程度	
		基本符合	基本不符合
教学目标	＊① 符合课程标准和学生实际的程度		
	② 可操作的程度		
学习条件	③ 学习环境的创设		
	＊④ 学习资源的处理		
学习活动的指导与调控	＊⑤ 学习指导的范围和有效程度		
	⑥ 教学过程调控的有效程度		
学生活动	＊⑦ 学生参与活动的态度		
	⑧ 学生参与活动的广度		
	⑨ 学生参与活动的深度		
课堂气氛	＊⑩ 课堂气氛的宽松程度		
	⑪ 课堂气氛的融洽程度		
教学效果	＊⑫ 目标达成度		
	⑬ 解决问题的灵活性		
	⑭ 教师和学生的精神状态		
其他			
教学特色			
评价等级	A B C D		
评语			

说明：

"评价项目"，从影响课堂教学质量的基本要素出发，设置项目。

"评价要点"，列出了对各个项目进行评价的主要内容。

"＊"，衡量课堂教学最基本的评价要点。

"其他"，留给评价者列出自己认为需要补充的评价项目和要点。

"教学特色"，主要有两个方面的特征：一是教师教学在某些方面具有独创性；二是指教学效果突出。

"评价等级"和"评语"，评价者依据评价标准，评定等级，再写出评语。

"符合程度"，根据特征描述，对课堂教学与评价要点是否符合所作的判断，包括两个等级，即"基本符合"和"基本不符合"。

2. 评价要点的具体说明和要求

（1）教学目标

① 符合课程标准和学生实际的程度：符合课程标准的要求，包括知识、能力、情感态度与价值观等方面与学生的心理特征和认知水平相适应，关注学生的差异。

② 可操作的程度：教学目标明确、具体。

（2）学习条件

③ 学习环境的创设：有利于学生身心健康，有利于教学目标的实现。

④ 学习资源的处理：学习内容的选择和处理科学，学习活动所需要的相关材料充足，选择恰当的教学手段。

（3）学习活动的指导与调控

⑤ 学习指导的范围和有效程度：为每个学生提供平等参与的机会，对学生的学习活动进行针对性的指导，根据学习方式创设恰当的问题情境，及时采用积极、多样的评价方式，教师的语言准确，有激励性和启发性。

⑥ 教学过程调控的有效程度：能够根据反馈信息对教学进程、难度进行适当调整，合理处理临时出现的各种情况。

（4）学生活动

⑦ 学生参与活动的态度：对问题情境的关注，参与活动积极主动。

⑧ 学生参与活动的广度：学生参与学习活动的人数较多，方式多样，时间充分。

⑨ 学生参与活动的深度：能提出有意义的问题或能发表个人见解，能按要求正确操作，能够倾听、协作、分享。

（5）课堂气氛

⑩ 课堂气氛的宽松程度：学生的人格受到尊重，学生的讨论和回答问题得到鼓励，学生的质疑问难得到鼓励，学习进程张弛有度。

⑪ 课堂气氛的融洽程度：课堂气氛活跃、有序，师生、生生交流平等、积极。

（6）教学效果

⑫ 目标达成度：基本实现教学目标，多数学生能完成学习任务，每个学生都有不同程度的收获。

⑬ 解决问题的灵活性：有些学生能灵活解决教学任务中的问题。

⑭ 教师和学生的精神状态：教师情绪饱满、热情，学生体验到学习和成功的愉悦，学生有进一步的学习愿望。

3. 评价表的操作使用说明

制定生物学新课程课堂教学评价方案的目的，是为任课教师、教育管理人员和教学研究人员实施课堂教学评价提供基本依据。本评价方案主要适用于对日常教学的形成性评价，评价对象是一节课。

（1）等级评定方法　本评价方案采用模糊评价的方法，评价等级共分 A、B、C、D 4 级。为了鼓励教师在教学过程中的突出表现，等级评定办法由基本等级评定办法和特色表现升级办法两部分组成。

一人评课可以根据听课实际情况，按等级评定办法给出恰当的等级；多人评课则采用多数定等法，即以多数评价者确定的等级为结果，或者通过集体讨论和评议确定等级。

1）基本等级评定办法

如果 6 个标有" * "评价要点中有被评为"基本不符合"程度的，应被评为 D 级；如果这 6 个标有" * "的评价要点都被评为"基本符合"程度的，或在这个基础上还有其他 1～3

个评价要点被评为"基本符合"程度的,应被评为 C 级;如果这 6 个标有"＊"的评价要点都被评为"基本符合"程度,并且还有 4～6 个其他评价要点被评为"基本符合"程度的,可被评为 B 级;如果这 6 个标有"＊"的评价要点都被评为"基本符合"程度,并且还有 7 个以上的评价要点,被评为"基本符合"程度的,可被评为 A 级。

2) 特色表现升级办法

基本等级评定为 C 级或 C 级以上,并且教学过程中出现某一方面的特色,则该课可在原来等级基础上升一级;在两个方面表现突出,具有特色,则该课可在原来基础上升两级,最高等级为 A 级。例如,教师能创造性地使用教材,使学生取得良好的学习效果;在网络教学中,教师通过有效的指导策略,促进每个学生的自主学习;学生在解决问题的过程中,创造性地解决了问题;学生在解决问题或探究的过程中,发现了教师或教科书不能解释的新问题;等等。

（2）使用程序

1) 评课前,评课人认真阅读评价方案,熟悉评价要点的特征描述。

2) 评课前,评课人一般要对被评教师的教案进行分析,并根据需要拟订检测试卷或调查问卷。

3) 评课人在评课过程中,根据评价要点做好听课记录。

4) 被评教师根据评价指标自我评价,并就教学条件、教学设计、教学实施等方面作简要说明。

5) 评课人按照评定等级办法,根据教学实施情况、学生测试、问卷结果、教师自我评价等,评定等级,再写出简要的、有针对性的评语。

思考与讨论

1. 试述生物学新课程对学生评价的要求。
2. 谈谈一堂好中学生物学课的标准。
3. 请谈谈自己对高考经历的内心感受。

第9章 生物学新课程管理与资源

我国自 20 世纪 50 年代至 80 年代初一直采用苏联的课程管理(curriculum management)模式,即由中央对全国的课程与教材进行一级管理,全国实行统一的教学计划、教学大纲和教材。这样一种集中统一的课程管理模式显然与复杂多样的国情不适应,同时也无法发挥地方教育行政部门的主动性和积极性。充分利用和积极开发课程资源,则是生物学新课程的新要求。

9.1 生物学新课程管理

1996 年 3 月印发的《全日制普通高级中学课程计划(试验)》第一次将课程管理作为课程计划中的单独一部分列出,规定"普通高中课程由中央、地方、学校三级管理"。1999 年教育部的《面向 21 世纪教育振兴行动计划》在关于课程管理的内容上不仅再次明确了课程三级管理制度,而且更进一步扩大地方和学校的权利,允许地方和学校开发符合本地实际需要的课程。《行动计划》提出要"调整课程政策,明确国家、地方和学校三级课程管理权,建立对地方和学校课程指导和评估的制度,下放课程设计的权利,支持和鼓励地方发挥积极性,开发适合地方经济发展和社会需求的课程,给予学校一定的开发课程的权利并承担相应的责任"。

9.1.1 生物学新课程的管理理念

新的课程改革已全面展开,这次课改是教育史上的又一次革命,它不是口号,更不是设想,而是摆在我们面前的事实。面对新课标、新教材,需要新的管理理念、管理制度和行为。

1. 构建"三级课程"的管理框架

调整我国目前的基础教育课程管理政策,是新课程改革系统工程的一个组成部分,也是本次课程改革目标之一。新课程改革在课程管理政策方面进行了以下调整。

构建"三级课程"的管理框架。新一轮基础教育课程改革尝试构建"三级课程"的管理框架,国家、地方和学校承担不同的权力与责任,改变以往课程管理过于集中而导致"校校同课程、师师同教案、生生同书本"的局面,即形成三级课程管理的具体工作机制。教育部:课程总体规划;国家课程门类和课时;课程标准;评价制度。省级教育行政部门:加强本省的课程发展能力;规划本地课程实施方案;开发地方课程;指导学校课程。学校:执行国家、地方课程;开发、选用学校课程。

开辟"自下而上"的课程管理渠道。课程管理政策的变化必须要有相配套的管理方式。新课程倡导一种以"自上而下"为主、"自下而上"为辅的课程管理模式。对于国家课程计划内的指令性课程(一般指必修课)必须严格管理,加强课程推广前的计划制订与推广计划过程中的监督,这就是"自上而下"的管理。而对于同一课程计划内指导性的课程(主要是指放权部分)必须舍得放权,让学校有一个较宽松的空间发挥自己的创造性。完善教科书编写资格的认定与教科书的审定制度。

新课程改革在教科书建设方面采用"抓大放小"的原则,为教科书的"一标多本"建立开发平台,让教科书走向市场,鼓励社会各界学有专长的人士参与到教科书建设中。同时为了确保教科书的质量,国家将制定相应的管理政策,即教科书编写资格认定制度与教科书的审定制度。

2. 形成与新课程相适应的管理制度

(1) 建立发展导向的课程管理模式　这是一种完全自主式的课程管理模式,从学校的课程设置、课程标准的制定、教学用书的开发选择到课程评定的组织实施,均由学校和教师群体自主完成。学校组织、实施课程的全部出发点都是学生的个性发展,因此其课程几乎都是个性化的,没有统一、固定的目标模式。这种管理对学校成员尤其是教师的专业素质要求较高,要充分地体现学校及教师的主体性和学校管理的民主性。在许多情况下,发展导向的课程管理仅占学校课程的一定比例而不是全部,其管理基本上是一种过程管理。

学校管理者在管理工作中要关注师生的优势,尽可能让师生感到工作学习的快乐,帮助师生将工作、学习建立在优势上。这种以人为本的管理不但有益身心健康,同时也将使工作和学习效率大大提高,体现人的价值和对人的尊重。在以人为本的学校管理中,管理的最大价值不在于做了什么事,而在于发现和培养了多少人。学校领导真正成为教师创新的发现者,教师开展探索活动的支持者、排难者,成为教师心目中一个值得尊敬、爱戴的仁者和智者。

(2) 重视校园文化建设　学校要有持久的生命力,必须加强校园文化建设。坚持以人为本的管理原则,致力于学校人文环境的建设。要求教师有高尚的道德、扎实的基础知识、精湛的教学艺术展学校风采;要求学生以良好的道德、健全的体魄、明显的特长、优异的成绩添学校风采。积极营造良好和谐的人际关系,创造公平竞争的环境。尽力改善教职工的各种待遇,使全体教师工作投入,同事间充满关爱,校长周围有一个和睦、向上的领导班子,有明确并得到师生拥护的办学思想和措施。在这样的环境中,学生喜欢自己的老师,在课堂上思维活跃、投入,热爱自己的班级,生动活泼地成长。社会自然对学校满意,家长对学校放心。

(3) 发展特色教育　生命本身蕴涵多方面的发展潜能,按照新课程要求,要给学生全面丰富的发展留下充分的时间和空间,让学生生动活泼地成长起来。要尊重学生的差异,大力发展特色教育。教师的任务是要挖掘他们的潜能,学校的任务是设置丰富的课程,满足学生的多样性要求。根据学生的实际安排教育活动的考级,通过考级引导学生不断向上发展,在努力的过程中体验到成功的快乐。正像苏霍姆林斯基所说:最主要的是在每一个孩子身上发现他最强的一面,找出作为发展根源的"机灵点",使孩子在能够充分显示和发展他的天赋素质的事情上,达到他这个年龄可能达到的最卓越的成绩。

(4) 关注学生发展的课堂教学评价　按照新课程标准既要发展学生也要发展教师,建立起促进教师不断提高,促进学生全面发展的评价体系。评价一个教师不应只看他课上得好不好,还要看他有没有一颗爱学生的心,有没有全方位地关心每一个学生,多角度、多方位地看待学生。强调教师对自己教学行为的分析和反思,建立以教师自评为主,校长、教师、学生、家长共同参与的评价制度。让教师从多种途径获得信息,不断提高教学水平。评价一个学生,不只是以学科分数为衡量指标,还要看他的全面素质。主张以个体评价为标准,从发展的角度来评价。在评价的过程中既关注学生在认知方面的发展,也了解学生发展中的需求,发现和发展学生多方面的潜能,帮助学生认识自我,建立自信,促进学生在已有水平上的发展。

(5) 广泛利用、开发课程资源 课程实施所需要的资源统称为课程资源,既包括教材、教具、仪器设备等有形的物质资源,也包括学生已有的知识和经验、家长的支持态度和能力等无形的资源。课程资源是决定课程目标能否有效达成的重要因素。充分利用现有的课程资源,积极开发新的课程资源,是深化教学改革、提高教学效益的重要途径。

9.1.2 生物学新课程的管理策略

生物学新课程是通过生物学教师在学校的创造性劳动变成现实的。因此,学校管理者特别是生物学教师必须正确认识新课程给学校管理带来的巨大变化,并通过管理创新来应对变化,确立新的学校观和管理观,以人为本,突出学校管理为学生、教师和学校的发展服务的思想,尊重广大师生,激励他们不断发展,从而保证新课程的顺利实施,提高学校的办学水平和教育质量。

1. 尊重学生,并让他们学会自我尊重

时下,"以人为本"的管理已成为广大生物学教师的共识。所谓"以人为本",就是以学生和教师的成长、发展为本,这是教育的根本。"以人为本",首先就是要尊重师生的意愿,尊重他们成长和发展的规律,按教育教学规律办事。

新课程改革从课程结构、课程标准、教学过程、课程评价、课程管理等方面,都突出了对学生主体或教师主体的关注和尊重。新课程改革基于为了中华民族的复兴,为了每位学生的发展,在突出伦理政治和适应社会生活的课程价值取向的同时,强调了个人发展的课程价值取向。这种课程价值取向的基本特点是注重课程的个人发展价值,强调课程对学生个体发展需要的适应和促进。新课程结构方面,加强选择性,以适应地方、学校、学生发展的多样化需求;确保均衡性,促进学生全面、和谐的发展。新课程评价方面,不仅强调要发挥评价的教育功能,促进学生在原有水平上的发展,还强调要建立促进教师不断提高的评价体系。新课程管理方面,为保障和促进课程满足不同地区、学校、学生的要求,实行了国家、地区和学校三级课程管理。

关注人是新课程的核心理念。"一切为了每一位学生的发展"在教学中的具体体现意味着:第一,关注每一位学生;第二,关注学生的情绪生活和情感体验;第三,关注学生的道德生活和人格养成。新课程认为学生是发展的人,是具有独立意义的人,因此,新课程的推进要致力于建立充分体现尊重、民主和发展精神的新型师生伦理关系。教师必须尊重每一位学生的尊严和价值,尤其要尊重以下6种学生:①智力发育迟缓的学生;②学业成绩不良的学生;③被孤立和拒绝的学生;④有过错的学生;⑤有严重缺点和缺陷的学生;⑥和自己意见不一致的学生。尊重学生同时意味着不伤害学生的自尊心:①不体罚学生;②不辱骂学生;③不大声训斥学生;④不冷落学生;⑤不羞辱、嘲笑学生;⑥不随意当众批评学生。

在学校管理中,必须承认人的发展能动性,从关注人生命的整体发展出发,尊重师生的个性,把尊重、发展师生的个性作为学校管理的一个基本理念。"尊重的管理"的最高境界是:在"尊重"的环境里让师生学会尊重他人——平等待人、爱心助人、善于合作、宽容大度;学会尊重社会——履行义务、承担责任;学会尊重自己——热爱生命、维护尊严、发展自己。

2. 发现师生优长,并让他们学会自我发现

美国成功心理学大师克利夫顿认为,人本管理的关键,就是在对人性的科学理解基础上,看准人的优势和利用这些优势。也就是发现和肯定,就是以人的发展为核心,发现每一个人的独特的价值,发现每一个人身上的闪光点和不同点,然后激励之,弘扬之。

新课程改革要求将学生的发展作为课程的总目标;要求生物学教师成为积极有效的课程开发者和管理者;要求学校成为一个充满生机的地方。学校的根本意义在于学生的发展,学校的目的不应该是单一地传授知识,而应该是最大限度地促进学生的发展。因此,学校应该成为学生发现自己潜能的地方,能够成为学生获得最大帮助的地方。

在新课程评价方面,《基础教育课程改革纲要(试行)》(以下简称《纲要》)中指出:"评价不仅要关注学生的学业成绩,而且要发现和发展学生多方面的潜能,了解学生发展中的需求,帮助学生认识自我,建立自信。"在新课程管理方面,《纲要》中指出:"学校在执行国家课程和地方课程的同时,应视当地社会、经济发展的具体情况,结合本校的传统和优势、学生兴趣和需要,开发或选用适合本校的课程。"总之,应不断发现学生和教师的兴趣、需要、优势和长处,积极调整教育教学管理活动,创造相应的条件,营造适宜学生和教师发展的氛围,促进学生、教师和学校的健康发展。

3. 激励学生,并让他们学会自我激励

《纲要》中指出,要改变课程过于注重知识传授的倾向,强调形成积极主动的学习态度,使获得基础知识与基本技能的过程同时成为学会学习和形成正确价值观的过程;要改变课程结构,适应不同地区和学生发展的需求,体现课程结构的均衡性、综合性和选择性;要加强课程内容与学生生活的联系,关注学生的学习兴趣和经验,倡导学生主动参与、乐于探究、勤于动手,发挥评价促进学生发展的功能;要增强课程对学生的适应性。

新课程改革的这些具体目标,无疑是着眼于从课程结构、课程内容和课程评价等方面调动和激发学生的积极性和创造性,以改变过去那种硬性的灌输和强迫式的学习。《纲要》中指出:"教师在教学过程中应与学生积极互动、共同发展,要处理好传授知识与培养能力的关系,注重培养学生的独立性和自主性,引导学生质疑、调查、探究,在实践中学习,促进学生在教师指导下主动地、富有个性地学习。教师应尊重学生的人格,关注个体差异,满足不同学生的学习需要,创设能引导学生主动参与的教育环境,激发学生的学习积极性,培养学生掌握和运用知识的态度和能力,使每个学生都能得到充分的发展。"

9.2 生物学课程资源

课程资源(curriculum resources)是新课程改革提出来的一个核心概念。拓展和整合了课程资源是新课程改革最为显著的变化之一。实践表明,课程资源的缺乏是新课程实施遇到的一大障碍,也是新教材在使用中教师感到最困难的问题。因此,在新课程实施过程中必须把课程资源的建设放在重要地位。

9.2.1 生物学课程资源概述

1. 生物学课程资源的概念

狭义的课程资源指形成课程的直接因素;广义的课程资源指有利于实现课程目标的所有因素。与课程的4个组成部分相对应,课程资源包括课程目标设计、课程内容编制、课程实施和课程评价等整个课程发展过程中可资利用的一切人力、物力以及自然资源的综合,比如教材、教师、教学设施、评价方式等。根据课程资源的概念,凡是有利于实现生物学课程目标的因素都可以称为生物学课程资源,比如生物学教科书、生命科学网站、生物学教师、生物学实验室、动物园、植物园,等等。

2. 生物学课程资源的功能

课程资源对学生的发展具有独特的价值。与传统教科书相比,新课程教材的资源具有丰富和广延开放的特点,以具体形象、生动活泼和学生能够亲自参与等特点,给学生多方面的信息刺激,调动学生多种感官参与活动,激发学生的学习兴趣,使学生身临其境,能在愉悦中增长知识,培养能力,陶冶情操,这是传统教科书所无法代替的。所以在执行新课程标准使用新教材时,应当树立新的课程资源观,发挥课程资源的作用,使各种资源和课程融为一体,为学生的发展创造更大的空间。

生物科学与技术是20世纪以来发展最为迅猛的学科之一,光靠有限的课堂教学难以满足学生了解生物科学与技术进展的渴求,生物科普期刊和书籍则是扩大知识面的主要源泉。同时还可以广泛利用动植物标本馆、动物园、植物园、科研机构、良种站、养殖场、实验田等。自然保护区能够完整地保存自然界的本来面目,应该成为生物学课程资源的重要组成部分,广阔的自然界更是生物学教学的天然"实验室"。

3. 生物学课程资源的分类

课程资源的组成种类繁多、数量庞大,其分类方式也各种各样。按照课程资源的功能特点,可以把课程资源划分为素材性课程资源和条件性课程资源两大类;根据课程资源的来源可以分为校内课程资源、校外课程资源;根据存在方式分为显性课程资源和隐性课程资源。

(1)素材性课程资源和条件性课程资源 素材性资源能够成为课程的素材或来源,是学生进行生物学学习和收获的对象。比如,生物学知识、实验技能、实践经验、活动方式与方法、情感态度与价值观以及培养目标等方面的因素,就属于素材性课程资源。条件性资源不是形成课程本身的直接来源,也不是学生学习和收获的直接对象,但它为课程的实施提供条件,决定课程的实施范围和水平。比如,课程资源中的人力、物力和财力,时间、场地、媒介、设备、设施和环境等因素,就属于条件性课程资源。素材性资源和条件性资源两者并没有绝对的界线。现实中的许多课程资源往往既包含课程的素材,也包含课程的条件,比如图书馆、博物馆、实验室、互联网、人力和环境等资源就是如此。

(2)校内课程资源与校外课程资源 校内生物学课程资源主要包括本校生物学教

师、学生、生物学实验室、生物园、多媒体教室、生物模型、挂图、学校图书馆及校园网资源等;校外生物学课程资源主要包括学校以外的图书馆、动植物标本馆、动物园、植物园、养殖场、实验田,家长、大学、科研机构、工厂、企业、广播、电视、野外以及校外的网络资源。

(3) 显性课程资源和隐性课程资源　显性课程资源主要是指生物学实验室、生物园、教学模型和挂图、媒体资料等具有明显形态的课程资源;隐性课程资源主要是指教师的教学思想,学生已有的知识和经验、态度情感、价值观以及家长的支持态度和能力等没有具体外显形态的课程资源。

4. 生物学课程资源的特性

(1) 多样性　生物学课程资源的存在形式是多样的。就校内课程资源而言,课程资源包括各种场地和设施,如图书馆、实验室、信息中心等,还包括校内的人文资源,如教师、学生、班级组织、科技小组等,以及和教育教学密切相关的各种活动,如实验实习、科技活动等。就校外资源而言,包括家庭、社区乃至于整个社会中可以用于生物学课程教育活动的设施和条件以及丰富的自然资源。

(2) 差异性　生物学课程资源呈现多样性,但是就不同的地域、文化传统、学校以及师生而言,生物学课程资源又呈现差异性的特点。不同地区可供开发的生物学课程资源不同,其构成和表现形态各异;学校的性质、规模、位置、传统以及教师素质、办学水平不同,可以开发和利用的课程资源自然有异;学生个体的家庭背景、智力水平、生活经历不同,自然可供开发的课程资源也千差万别。相对而言,城市中学,特别是我国沿海经济发达地区的城市中学,条件性课程资源比较丰富,像教室、实验室、多媒体、图书资料等比较完善。农村中学像动植物资源、生态植被、生物体实物则比较容易获得。同时,我国地域辽阔,南方和北方、内地和沿海动植物的种类、生态系统的类型不同,课程资源也有比较大的差异。

(3) 多质性　同一课程资源对于不同课程或同一课程的不同领域有不同的用途和价值。例如,学校附近的山川既可以用于艺术教育中陶冶学生的情操,也可以用于生物学教学中调查动植物的种类。动植物资源既可以成为学生学习生物学知识的资源,也可以成为学生学习环境学、生态学,进行调查统计的资源。

(4) 间接性　如前所述,课程资源是客观存在的各种事物,具有转化为学校课程或支持课程实施的可能性,但还不是现实的课程资源。要成为课程资源首先需要经过筛选以确定其教育教学价值,然后经过教育学和心理学的加工、整合才能成为现实的课程资源。因此,课程资源不像学校课程那么明显直接,有时候课程资源中的教育因素与非教育因素可能交织在一起,课程资源必须通过转化才可能成为学校课程,或有利于课程实施的基本条件。

9.2.2　生物学课程资源的开发

1. 生物学课程资源开发的原则

(1) 开放性原则　包括类型的开放性、空间的开放性和途径的开放性。类型的开放性是指不论以什么类型、什么形式存在的课程资源,只要有利于提高生物学教育教学质量和效果,都可以并且应当是开发的对象。空间的开放性是指不论是校内还是校外的、城市还是农村的,只要有利于提高生物学教育教学质量和效果,都可以并且应当是开发的对象。途径的开放性是指课程资源开发不应当只局限于一种或几种途径或方式,而应当探索多种途径或方式,并且能够尽可能地协调配合使用。

(2)经济性原则　包括开支的经济性、时间的经济性、空间的经济性和学习的经济性。开支的经济性是指用最节省的经费开支达到最好的开发效果。时间的经济性是指尽可能开发那些对当前教育教学有现实意义的课程资源。空间的经济性是指课程资源的开发应当就地取材,不要舍近求远。学习的经济性是指尽可能开发容易激发学生学习生物学兴趣的课程资源。

(3)针对性原则　课程资源开发是为了课程目标的有效达成,针对不同的课程目标应该开发与之相对应的课程资源。因此,课程资源的开发必须在明确的课程目标的前提下,认真分析与课程目标相关的各种课程资源,认真掌握各自的性质和特点,这样才能够保证开发的针对性和有效性。

2. 生物学课程资源开发的策略

(1)从学生的发展需要出发,开发生物学课程资源　开发课程资源首先要从学生的需要出发。一方面要对学生的兴趣以及喜爱的各种活动进行研究,在此基础上开发课程资源。从学生的兴趣着眼开发出来的课程资源是学生自己的课程资源,从某种程度上说也是最适合他们的课程,这样才可以充分调动学生的积极性。所以,在开发课程资源时,要更多地从学生的角度来看待周围的一切。教师的视角和学生的视角是不完全一样的,要努力寻找学生的兴趣所在,力求选择出来的课程资源应该是"学生化"的课程资源。因为开发出来的课程资源是提供给学生自我构建的,而不是简单地把教师眼中的课程资源倒进学生的脑袋里。另一方面要把握学生接受和理解课程资源的能力,对于生源条件好的学校来说,可以在选择的量上和深度上超过一般的学校,让学生有一个比较深入的研究;一般的学校可以更多地作一些通识性的介绍。

(2)从学校的师资条件出发,开发生物学课程资源　师资条件是开发课程资源的一个基础要素,并直接制约课程资源的有效合理利用。从学校现有的师资情况出发,看教师具有什么样的素质,在哪些方面有专长、特长,开发课程资源时教师们才能游刃有余,这是一种非常实际而有效的开发策略。比如,对于实验能力比较强的教师,可以引导学生进行更多的生物学实验;对于组织协调能力比较强的教师,可以组织学生开展更多的实践活动;对于信息技术比较突出的教师,可以组织学生开发更多的网络资源。

(3)从学校的特色优势出发,开发生物学课程资源　学校特色是学校的资源优势,充分利用好学校课程资源的优势也是对学校进一步形成和深化办学特色的促进。教育部、农业部颁布的《关于在农村普通初中试行"绿色证书"教育的指导意见》,特别强调因地制宜、自主选择确定"绿色证书"教育的具体内容就体现了这种课程资源的开发思路:不同的学校具有各自独特的课程资源,"绿色证书"教育的内容也应该各不相同,实际上就是要求农村学校从自身的特色出发,挖掘学校的特色资源。比如,有的学校硬件条件好,计算机已经在学校普及化,那么,就可以在信息类课程资源开发上寻求突破,使学校成为一所建构在信息技术基础之上的学校,不仅让学生掌握信息技术,更为重要的是培养学生的信息素养。有的学校具有得天独厚的大学资源,就可以充分开发大学的实验条件、师资队伍,为学校教学服务。

(4)从社会的发展需要出发,开发生物学课程资源　为社会输送合格的社会成员是学校的一个主要任务。从社会需求的角度出发开发课程资源,培养学生在这些方面的素质,可以让学生将来较好地适应社会。我国在课程资源的建设中,涉及如环境恶化、人口极度膨胀等,在特定时期都对整个社会产生了负面作用,成为影响社会正常前进的阻碍因素,社会需要学生对这些问题有一定的了解,成为消除这些问题的积极因素,因而环境教育、人口教育这些内容作为课程资源被开发,并整合进学校的课程中,这实际上就是根据社会需求开发课程资源。

(5)课程资源开发主体的多样化　课程资源的开发主体要多样化。课程结构要适应地区差异、不同学校的特点以及学生的个别差异,为学生提供更多的选择,因此课程资源的开发除了需要发挥专家、学校和教师的主体作用外,还必须充分发挥学生及学生家长在课程资源开发中的主体作用。要鼓励学生和学生家长发挥自身优势,积极参与课程资源的开发实践。在课程资源的开发与利用中,教师是主角,不仅要学会主动地和创造性地利用资源,而且要充分挖掘各种资源的潜力和深层次价值,引导并帮助学生走出教科书、走出课堂、走出学校,在社会大环境里学习和探索;学生是课程资源开发的主体和学习的主人,应当学会自觉、自发地利用可用资源,为自身学习、实践、探索性活动服务;家长由于与社会接触面广,有其自身优势,也应当积极配合,带领孩子进行课程资源开发活动。

课程改革是一项系统工程,需要全社会的支持和帮助,课程资源的拥有者应当提高为社会、为教育服务的意识,建立一套社会广泛参与课程资源开发与利用的运行机制。各类社会资源只有与学校教育特别是学校课程与学生学习有机地结合在一起,才能实现更大的功能与价值。

3. 生物学课程资源开发的基本方法

(1)学校是生物学课程资源开发的主战场　校内外的课程资源对于中学生物学课程实施都有重要价值,但它们在性质上还是有区别的。就利用的经常性和便捷性而言,校内课程资源的开发和利用应该占据主要地位,校内课程资源是学校课程资源建设的基础和重点,是学校课程实施质量的主要保证。

● 创造条件,加强条件性课程资源开发:学校教学设备是课程资源的重要组成部分,也是完成生物学课堂教学、实验教学以及科技活动等的必要物质条件。一方面学校要创造条件按照教育主管部门颁布的生物学教学仪器配备目录,购置必需的显微镜、解剖镜、解剖器具等教学仪器设备;购买必要的药品和低值易耗品;重视生物学实验室建设;满足实验、实践教学活动的需要。另一方面,教师和学生要充分发挥主观积极性和创造性,利用身边廉价的器具和材料,设计富有创造性的实验和实践活动,发挥实验条件的最大效益。对于条件性资源相对欠缺的地区和学校,教师尤其要因地制宜,积极发挥现有设备的作用,提高生物学教学质量。校园和生物园中的生物也是学校重要的生物学课程资源。在课程实施中不仅要关注仪器设备的配置,还应重视生物材料的合理开发和利用。生物园是学生探究和实践的重要资源之一,应当让学生成为生物园的主人,参与生物园的建设和管理。

● 积极拓展知识、信息的获取途径和渠道:20 世纪以来生物科学技术发展迅猛,仅靠有限的课堂教学难以满足学生对生物科学技术进展知识的渴求。生物科普期刊和书籍是学生扩大知识面的重要源泉。学校图书馆是课程资源的重要组成部分,对于扩大学生的知识面,培养学生搜集信息的能力等方面具有重要作用。学校应调整图书结构,并通过调整延长服务时间、改变服务方式、方便学生借阅等措施提高使用效益,切实为提高学生科学素养服务。

● 优化组合,合理使用不同类型的课程资源:不同的教学内容对课程资源的需求会有较大的差异。例如,关于生物体的结构,实物或模型具有真实感和立体感,可以作为首选的课程资源。挂图或投影片具有图像清晰、有明确标注等优点,可以在观察实物或模型后用来进一步观察和识别。关于动态过程的内容,如细胞分裂,用静态图解表示则有较大局限性,用动画、录像片或多媒体课件进行教学,则能收到事半功倍的效果。因此,对各种课程资源的选择和整合,是合理利用课程资源需要遵循的重要原则。学校的课程资源并不只是为教师准备的,其中不少资源应当用于学生的自主学习、主动探究。图书馆、资料室、生物园、生物学实验室等地方,都是学生进行自主学习和主动探究所需要的场所,应当鼓励学生利用课余时间搜集资料,做探究性实验。

(2)社区是生物学课程资源开发的重要阵地 社区中存在着很多生物学课程资源,它们是学校课程资源的重要补充。摄取丰富多彩的课程资源对于充分实现课程目标具有重要价值。校外课程资源的开发一直没有得到应有的重视,所以今后应该予以足够的重视,使校内外的课程资源之间保持一种动态的平衡。社区的课程资源有:社区图书馆、博物馆、展览馆、动植物标本馆、动物园、植物园、少年宫、科技馆、生物科学研究机构、良种站、环保机构、卫生防疫站、医院、园林绿化部门、环境问题突出或环保先进的企业等单位、社区的动植物资源、公园、菜市场等。农村学校在这方面独具优势,田野、树林、灌丛、草地、池塘、河流等,都为学生学习生物学提供了丰富的自然资源。利用社区课程资源的方式有多种。从重视培养学生的创新精神和实践能力这一目标出发,结合具体教学内容的学习,发动学生走出教室,走向自然,走向社会,进行调查研究,是利用社区课程资源的主要方式。此外,请有关专家来校讲演、座谈,观察社区中的动植物,分析社区提供的有关资料等,也是利用社区课程资源的重要方式。

(3)适当开发学生家庭中的课程资源 学生家庭中往往也有不少课程资源可以利用。有的学生家长能够指导或参与学生的学习活动;家庭中往往还有生物学方面的书刊、可供学生做探究使用的材料用具;有的家庭栽种植物、饲养动物。农村学生的家长平时会谈及作物栽培、禽畜饲养、病虫害防治等。学生耳濡目染,会积累不少感性知识,也给学生运用生物学知识参与家庭事务的讨论提供了机会。利用学生家庭中的课程资源,要设法取得家长的支持,可以通过家长会或让学生回家介绍,使家长理解生物学课程的学习对学生终身发展的重要意义。利用家庭中的课程资源,还应当注意适度,不要造成学生和家长过重的负担。

(4)重视媒体资源的开发 媒体资源包括报纸、杂志、广播、电视、互联网等。各种媒体上关于生物科学发展的信息很多,这些信息在教科书中不可能及时而全面地反映,师生应充分利用这些媒体资源。此外,媒体上关于环境问题、生物多样性问题、营养和保健问题等方面的报道,作为学生课堂讨论的素材,时效性强,容易引起学生的关注。在利用媒体资源时,应当注意信息源的可靠性和信息内容的真实性,提高学生信息评价的意识和能力,这对于学生的终身发展是非常重要的。网络是发展最迅速的媒体资源。网络资源又包括互联网资源和校园网资源等。网络资源具有信息量大、链接丰富、实时性和互动性等特点。有条件的学校,教师应当积极参与校园网的建设,使校园网上的生物课程资源尽快丰富起来,并不断补充最新的生物科学信息,及时反映生物科学的新进展。有网络教室的学校,有些教学内容,课堂上也可以采取网络教学模式:课前将有关图片资料和反馈练习等内容制成网页,并使之形成完善的链接;课堂上让学生上网学习,教师也通过校园网接受学生的反馈,给予适当的指导。这种方式能够更好地体现学生学习的自主性,有利于满足不同学生的需要。多媒体课件是学校广泛使用的媒体形式,具有表现力强、交互性好、信息量大等优点。从市场上购买的软件难以完全满足教学的需要,教师应与计算机专业人员合作,适当参与课件的开发。

(5)挖掘和利用无形的课程资源　无形的课程资源是指非物化的课程资源,主要是学生的生活经验以及所了解的生物科学信息。例如,学生普遍接种过疫苗,对身边的动植物大都进行过一定的观察,一些学生有过饲养动物或种植植物的经历,一些学生体验过野外考察的甘苦,一些学生参观过动物园、植物园,等等。又如,学生通过阅读课外读物、看电视等途径,已经了解了不少生物科学信息。这些都是生物课程的无形资源,是使生物课程紧密联系学生实际、激发学生兴趣、强化学习动机的重要基础。与有形的课程资源不同,学生的生活经验和已掌握的信息存在于学生头脑中。教师可以通过交谈、问卷调查等方式进行了解,从中寻找教学的切入点。在教学过程中,还应当鼓励学生相互交流,集思广益。

9.2.3　生物学课程资源的管理

作为一名中学生物学教师,面对生物学新课程改革和实践,怎样建设和管理好课程资源呢? 应重点做好以下工作。

1. 明确课程资源管理的目标及内容

(1)掌握课程资源的基本情况　教师首先要清楚自己学校现有哪些可用于生物学教学的资源,即摸清家底。然后调查学校周围、社区以至本地区有哪些可利用的资源。还要熟悉自己周围的各种信息渠道,包括所教学生家长的情况、大众媒体中的某些固定节目或栏目、有用的报刊等。

(2)建立课程资源检索系统　建立课程资源检索系统是为了查找使用方便和便于与其他学校交流。

(3)保证课程资源的不断充实和更新　必须保证生物学课程资源的不断充实和更新,以满足新课程教学的需要。

(4)实现校际间的资源共享　一些课程资源有不易损耗且越用越增值的特点,让课程资源实现校际间共享是我们追求的目标。

2. 寻找适合自己的管理方法和手段

(1)建立课程资源档案　要利用生物学课程资源,首先要清楚课程资源的现状。比较实用的方法是为自己的学校建立一个生物学课程资源库,为每一类甚至每一种资源建立一个档案，以记录课程资源的基本情况。档案内容包括：名称、数量、来源、时间、性能（或用途）、适用范围等。档案可以用卡片，或用比较结实、容易保存的单页纸张制作。

（2）分门别类管理课程资源　可用的课程资源一般有4种存在方式。一是自然存在，如野外实习场所、校园、社区等，不需要生物学教师专门管理；二是较大的教学仪器设备和学校公用设施，如图书馆、资料室、多媒体教室、计算机、录像机等，多由学校统一管理；三是学科专用资源，如生物实验室、仪器室、培养室、标本、模型、挂图等，这些资源大都由生物学教师自行管理；四是游离状态的资源，如媒体资源、人力资源等，教师需要经常从中获取信息，因此，需要管理的不是资源本身，而是从中获取的教学信息。前三种资源的管理相对容易。最后一种资源因量大、面广、易变，搜索和管理的工作量都很大，需要建立一个较为完善、查找方便的分类系统。

（3）建立"资料包"　"资料包"是以一本教科书或一个主题为单位，而不是以资源类别管理课程资源的一种方法。围绕某本教科书或某个主题搜集资料，将这些资料整理好后，存在一个专门制作的袋子或盒子里，使用时取出"资料包"，所有可用的资料都在里面，非常方便。其中的资料一般有投影片、幻灯片、挂图、简单的硬纸板教具或学具、图片、文字资料等。国外和我国香港的有些生物学教科书就专门配有这样的"资料包"，国内也有生物学教师尝试使用过这种资源管理方法。

3. 实现用现代信息技术开发和管理课程资源

（1）建立课程资源的计算机管理档案　在计算机上建立资源库档案最为方便，可以实现快速录入、整理、查找、补充、删除等功能。

（2）利用计算机网络实现课程资源的共享　利用计算机网络是实现课程资源共享的捷径。有些资源可以直接在网络上用于共享，如媒体上的信息、小容量的图像资料、图书资料、教师教案、学生活动成果等。有些资源不能直接在网络上共享，但可以通过网络传递与之有关的信息，例如，大型教学设备、社区教学场所等。教师可以通过网络及时了解生物学课程资源的开发利用现状，并为自己的教学选择合适的资源。

（3）将非电子化的资源转化成电子格式　电子化的资源最容易保存，也最容易加工。可以把一些非电子化资源转化为电子格式（如文字资料、生物图像资料、视频资料等）。转化的方法有文字录入、图像扫描、视频采集等。转化以后的资料可以保存在硬盘里，也应同时刻成光盘保存，以免计算机出问题造成资料的丢失。如果再进一步，可以利用数码相机和数码摄像机直接采集数字化的课程资源。

思考与讨论

1. 简述生物学新课程的管理制度。

2. 列出你熟悉的校内和校外生物学课程资源的种类。

3. 你对生物学课程资源开发与利用有何建议？

第10章　生物学教师专业发展

教师专业发展(teachers' professional development)是指教师师德、专业知识、教学能力、研究能力等持续不断提升的过程。当我们站在新世纪高度,根据新课程的要求,以全新的眼光来审视教师角色的时候会发现,在新课程背景下生物学教师的形象正在悄然发生着转变,这种转变在对教育观念的解构、反思和整合中,使教师素质结构得以重新构建,对生物学教师的专业发展提出了新的更高要求。

10.1　新课程对教师素质的要求

10.1.1　与时俱进的教育观念

生物学新课程要求教师要有正确的教育观念,这种教育观念的核心是满足学生今后的发展需要。生物学教师应与时俱进,具有面向未来的意识,牢固树立起以学生发展为本的教育观念。具体来说,这种教育观念主要体现在以下4个方面。

1. 全体发展的学生观

面向全体学生是生物学新课程的基本理念之一。这就要求生物学教师要面向全体学生,主张学生的全体参与和共同参与,确立全面关注人的整体发展的学生观。这种学生观认为:①学生是发展的人,学生的身心发展是有规律的,并且具有巨大的发展潜能,每个学生都可以积极成长,可以获得成功,同时,学生是处于发展过程中的人,是一个不成熟的正在成长的人;②学生是独特的人,学生不是单纯的抽象的学习者,而是有着丰富个性的完整的人,要把学生作为完整的人来对待,还学生完整的生活世界,丰富学生的精神生活,给予学生全面展现个性力量的时间和空间,同时,每个学生都有自身的独特性,要珍视学生的独特性和培养具有独特个性的人;③学生是具有独立意义的人,每个学生都是独立于教师的头脑之外,不依教师的意志为转移的客观存在,学生是学习的主体,每个学生都有自己的头脑、感官、性格、意愿、知识,教师只能让学生自己感受事物,自己观察、分析、思考,从而明白事理,掌握事物发展变化的规律。

2. 交往互动的教学观

新课程的重要理念之一是倡导探究性学习。探究性学习呈现出鲜明的学习的课题性、探究性、开放性、实践性、自主性等特征,要求生物学教师具有基于师生交往互动的教学观。这种教学观认为:教学是教师的教与学生的学的统一,这种统一的实质是交往。所谓交往,就是共同的主体之间的相互作用、相互交流、相互沟通、相互理解,这是人基本的存在方式。交往意味着对话,意味着参与,意味着对知识的相互构建,因此,也是一个创造新知识的活动过程。在这个过程中:①不仅要重视结论,更要重视过程,因为这是一个人的学习、生存、生长、发展、创造所必须经历的过程,也是一个人的能力、智慧发展的内在要求；②教学必须致力于培养学生丰富的情感、积极的态度和正确的价值观，使学生的理智过程和整个精神世界获得实质性的发展与提升，同时，要关注学生的生活世界，要鼓励学生对科学世界的自我理解、自我解读，尊重学生的个人感受和独特见解，使学习过程成为一个富有个性的过程；③要形成充分发挥学生主体性的学习方式，把学习过程中的发现、探究、研究等认识活动突显出来，使学习过程更多地成为学生发现问题、提出问题、分析问题、解决问题的过程，把学习变成人的主体性、能动性、独立性不断生成、张扬、发展、提升的过程。

3. 生命形态的课程观

生物学新课程的实施要求教师从生命的层次，用动态生成的观念，重新全面认识课程，形成生命形态的课程观。这种课程观包括 4 个主要特征：课程是师生交流对话的过程，是"教程"与"学程"的有机统一；课程是知识与价值的配合，是科学世界与生活世界的内在统一；课程是创造的载体，更是创造客观与创造主体的有机统一；课程评价淡化"区分"，突出"转变"，体现以学生发展为本的理念。因此，生物学教师首先要增强课程意识、课程编制者的角色意识和课程开发的责任意识，自觉地站在课程编制者的角度去设计和组织教学活动，提高课程开发的能力，从而提高课程实施的有效性。其次，确立课程实施的整体优化观念，把知、情、意、行的课程目标和谐、优化地体现出来，从而使学生完整、高效地接受课程的影响，使陈述性知识、程序性知识和策略性知识相统一，基础性学力、发展性学力和创造性学力相统一，认知因素和情意因素相统一，实现知识、能力和人格的整体和谐发展。

4. 高尚的职业道德观

生物学新课程的重要目标之一就是让学生学会分享与合作。通过开展探究性学习努力创设有利于人际沟通与合作的教育环境，发展学生乐于合作的团队精神，需要教师在探究性学习中对学生进行人格熏陶，它决定了生物学教师必须具有高尚的职业道德观。这种职业道德观要求教师：①具有强烈的职业责任感，教师要时刻意识到"百年树人"的历史责任，遵守职业规范，具有高尚的师德修养，要用自己的灵魂塑造他人的灵魂；②具有严谨治学的态度，教师要努力进取，不断提高教师组织教学内容与教学活动的能力，创造性地运用各种方法教会学生学习；③具有爱生观念，热爱学生是教师的天职，是一种教育学生的无言信息和强大的力量，对学生的认知行为、身心健康发展起着调节、组织、导向的作用，师爱还可以挖掘学生中埋藏的学习潜能，进而逐步培养学生的科学态度和科学道德，磨练不怕吃苦、勇于克服困难的意志品质。

10.1.2 多层整合的知识结构

新课程突破了原有的单科性为主的课程框架，开发具有综合性、社会性、实践性特点的综合实践活动课程，这就要求教师具有多层复合的知识结构，才能有效地胜任对学生的指导。从知识的功用出发，生物学教师的知识结构可划分为以下 4 个层面。

1. 本体性知识

本体性知识即生物学教师所具有的生物学科知识，是胜任开展新课程的基础性知识。要求教师首先要熟练掌握生物学科的基础知识与技能。包括具体的生物学概念、规律和原理及相互之间联系的知识,以及观察、实验等各种生物学技能。教师只有完整、系统、扎实、精深地掌握生物学科的基础知识和技能,才能使知识在学习过程中不只是以符号形式存在,以推理、结论方式出现,而且能展示知识本身的无限性和生命力;教师才有可能在学习中更多关注学生和整个过程的进展状态,而不是把注意力集中到具体的知识点上。随着探究性学习、研究性学习的开展,学生所选取的课题会触及深层次的学科专业知识,甚至是本学科研究的前沿,这就要求教师还必须掌握较深层次的专业知识和敏感的尖端信息,如"角膜移植和角膜捐献"、"生物技术与蓝色革命"和"克隆羊多莉"等。其次,生物学教师要了解生物学科历史背景和产生过程的知识,如达尔文创立"进化论"的背景和过程以及生长素的发现过程等。教师掌握这类知识并运用于学习指导过程中,让学生感受、理解知识产生和发展的过程,从而培养学生的科学精神和创新思维习惯。最后,生物学教师要掌握生物学科所提供的独特的认识世界的视角。引导学生从基因、系统、历史和统一的视角理解生命世界,熟悉生物科学家的创造发现过程和成功原因,以及在他们身上展现的科学精神和人格力量。这对于增强学生的精神力量和创造意识具有重要的、远远超出学科知识所能提供的价值,有利于更好地完成新课程的育人目标。

2. 文化知识

文化知识即当代科学与人文两方面的基础知识。新课程的学习涉及天文、地理、自然、社会、计算机等多学科的知识,要求生物学教师亲近自然、珍惜生命、热爱生活、关注社会、崇尚艺术、丰富自我,具有充实的生活内容和雅致的文化品位,情趣盎然,懂得审美;形成比较扎实的科学文化基础,开阔的知识视野,深厚的艺术修养功底,丰富的生活经验和情趣,以及对待人生和学习的健康、乐观、向上的态度和人格魅力。教师只有具备了广博的文化知识,才能够更好地理解生物学科知识并把它与其他学科知识有机结合起来;才能够有效地激发学生的求知欲和学习兴趣,满足每一个学生的探究兴趣和多方面发展的需要;才能够帮助学生了解丰富多彩的客观世界,给学生获取多方面知识的机会;才能够用更为广阔的视野思考新课程,用更为厚实的文化底蕴来支撑教学,用更为完善的人格魅力熏陶和感染下一代。唯有如此,指导学生进行学习才能得心应手。具体来说,以下几个方面的文化知识是生物学教师不可或缺的:人文类知识,如哲学、社会学、人类学、经济学、政治学、伦理学、历史学、地理学等方面的知识;科技类知识,如自然科学常识,文理学科交叉的知识;工具类知识,如外语、数学、计算机、文献检索等方面的知识;艺体类知识,如体育、美育、书法、音乐、舞蹈、绘画、文学欣赏等知识;劳技类知识,如一般的劳动生产知识,现代工农业生产的基本原理等知识。

3. 条件性知识

(1) 现代教育学和心理学知识　它主要由帮助教师认识教育对象、教学活动和开展教学研究的专门知识构成。生物学教师必须具有现代教育学和心理学知识才能对学生的学习活动进行有效的指导。首先,教师不仅要系统地掌握生物学科的知识结构和技能体系,而且要有将学科知识和技能转化为教学知识和技能体系的能力,在此基础上进一步加工成符合不同学生认知风格、情感需要和个性特点的知识,根据学生"一般发展区"和"最近发展区"的不同状态进行个体性教学。其次,在学习过程中,教师应对每个学生的知识背景和认知风格以及心理特点尽可能地了解,才能更好地理解学生并合理地运用不同的教学策略,保证学习的有效性。现代教育学和心理学知识的范围相当广泛,包括教育基本理论、心理学基本理论、德育学、教学论、教育史、教育社会学、教育管理学、教育法学、比较教育、教育改革与实验,以及现代教育技术知识、教育科学研究等。

(2) 生物学教学论知识　它是生物学教师对教育学、心理学、生物学科知识、学生特征和学习背景的综合理解。教师的生物学科知识应该在特性上,而非内容上与其他人不同。教师不是生物科学家,而是教授生物科学的人。教师应对生物学科知识进行加工和再创造,变成学科教育的内容。正如美国教育家舒尔曼(Lee S. Shulman)所说,学科教学知识就是把"内容"和"教学"糅合在一起,变成一种理解,使其具有"可教性";知道在某种特定主题、问题或议题上,如何针对学生不同的兴趣与能力,把教师自己的学科知识予以组织、表达和调整,从而进行教学。教师所需考虑的不只是学科本身,而是把学科内容当作与儿童整体经验的成长有关的因素,也就是要把学科"教育学化"、"心理学化"。

4. 实践性知识

实践性知识即关于生物课堂情景及与之相关的知识。它涉及生物学教学过程的一切方面——既有教育理念方面的,又有教学内容、教学技巧和教学方法方面的,还有师生关系以及教学管理方面的。实践性知识是高度个体化、难以形式化或难以与他人沟通共享的知识,通常以个人经验的方式存在着,难以用文字、语言、图像等形式表达清楚,具有感性、内隐、意向化、零散性和只可意会等特点。它的获得不是靠读书或听课,而是主要来源于教师的日常生活经验、教学经验以及对这些经验的自我解释,是教师自己的行动理论、实践理论,是教师习惯性思维的产物,具有"不证自明"和"不言而喻"的合理性。本体性知识、文化知识和条件性知识都根植于实践性知识,它们的理解、应用和增长都依赖于实践性知识。如果说本体性知识、文化知识和条件性知识是露出水面的"冰山的尖端",那么,实践性知识则是隐藏在水面以下的大部分。已有的研究表明,教师的本体性知识与学生的成绩之间几乎不存在统计上的关系,且并非本体性知识越多越好。同时,文化知识和条件性知识也只有在具体实践的情景中才能发挥功效,更为重要的是实践性知识,教师只有在教育实践中通过亲身经验的途径才能获得。因此,生物学教师应积极参与到新课程的改革中去,主动地、创造性反思自己的教学实践,把在实践中形成的各种实践性知识显现出来,使其成为能够指导学生学习的明确的知识。

综上所述,我们不难看出,本体性知识、文化知识、条件性知识和实践性知识共同构成了生物学教师必备的知识基础,四者缺一不可。它们是相互支持、渗透与有机整合的,这种整合的知识必将表现为生物学教师教学行为的科学性、艺术性和独特性,表现为生物学教师精神生活的丰富性和发展性。

10.1.3　多元化的教学能力

新课程的实施使生物学教师的角色发生了根本性的转变,转而成为学生学习的组织者、参与者、帮助者、引导者、促进者,成为课程的研究者、开发者、决策者。这种角色的转变,对教师的教学能力提出了更高的要求,生物学教师应具有的基本教学能力有以下几个方面。

1. 创新教学设计的能力

长期以来,教师可以完全根据教学大纲的要求和教科书的内容设计教学,教学设计的对象是固定的,重点、难点也是明确的,教师进行教学设计时只要通过研究内容就可以确定教学目标。整个教学设计过程基本上是线形的。而在开展探究性学习时,由于学习的内容具有不稳定的特点,探究的范围也难以界定,教学设计的内容和方法必须根据过程的变化而变化,所以新课程的教学设计是一种对未知过程的想象和探索,整个设计过程是粗放的、立体的和动态的,因此,需要最大限度地发挥教师的创造力。教师在教学中应从更深的层面和更广阔的视角,根据学习的内容和学生的发展需要作出新的构思和处理,并有效地设计适合探究性学习的教学方案,根据方案进行具有特色的教学活动。因此,要求教师必须具备创新教学设计的能力。首先,教师的理念和教学设计思路要更新,不仅着眼于现在,更应放眼于未来,符合可持续发展原则,提升学生的综合素质,为学生的终身发展打下坚实的基础。其次,教师应该考虑构成学习过程的各种要素,这些要素包括教学目标、不同阶段的教学内容、教师的教学经验、学生的知识水平和学习能力、现有的教育资源和环境等。第三,新课程的教学设计是从问题或课题出发的,是一种以设定主题为中心的教学设计方法。它是以学生为主体的学习,强调发挥学生的主观能动作用。第四,教学设计模式应该更加注重弹性、动态和互动,这种设计强调的是学习环境必须是真实化和互动式的,强调情景学习的重要性,即为学生提供理想的相互作用和真实体验的环境,为学生设计学生活动的程序,而不是把设计重点放在具体的知识性目标等环节上。

2. 指导学生学习的能力

在生物学学习过程中,学生是学习的主体,要求学生自主地探究问题。但是,这种自主不是天赋的,而是在后天的教育活动中,在教师的指导培养下通过自己不断学习逐步形成的。教师的作用不是"教"而是"导",指导、启发、诱导、疏导……教师应成为教育教学的"艺人",而不是单纯的"教书匠"。只有拥有学习方法,学生才能终身掌握开启学习和创造之门的钥匙,才能真正自主地踏上学习和创造的征途。探究性学习要求学生"能从多种渠道去寻找自己所需要的信息资料,能了解科研的一般流程和方法,能规范地撰写科研小报告,能准确地表达自己的见解和观点"。但学生往往不能透过事物的外表现象抓住本质,也不能进行准确的加工提炼,这就需要教师有效地指导学生,促进学生学习。值得注意的是,传统教学中教师的指导明确指向学科体系的已有结论,而在新课程的学习中,教师的指导作用恰恰相反,教师切忌将学生的探究引向已有的结论,而是按照学生的实际要求,提供信息,启发思路,补充相关知识,引导学生对某些已有结论进行质疑,探究不同的结论,大胆创新。

3. 教学预见的能力

在生物学学习中,学生的学习兴趣和爱好具有十分重要的作用,但学生只是依靠兴趣和爱好,往往不能最终完成学习任务,或者只是将学习结束于肤浅的水平。要使学生获得较深层次的学习结果,教师在选择问题和解决问题过程中的预见能力非常重要。因为探究性学习始于"问题",正是"问题"的深入才导致研究的深入。在探究性学习中,教师发现和提出一个有意义的问题,善于将问题转化成为研究的课题,正是研究能力高的重要表现,是教师敏锐的洞察力,对事物的判断力以及超人胆识的综合反映。探究性学习与传统教学的理念不同之处在于,探究性学习更重视为学生提供有效的、高质量的问题,更强调学生解决问题的过程,不强求学习结果的统一性,更关心学习结果的个性化。教学预见能力的核心是教学思维,这种思维是建立在教师的准备工作基础上的,教师只有对教学对象和内容有足够的、充分的认识和了解,只有对各种影响因素的产生基础有充分的了解和自信,才能对学习活动作出分析、判断,达到比较科学的估价。

4. 新知汲取的能力

新课程的实施不仅对学生来说是一个全新的课题,对教师来说同样如此。它对教师的知识和能力提出了更高的要求,教师要有自我发展和自我超越的强烈意识。在新课程的学习过程中,学生是向教师提取知识,而非教师给予知识,教师第一次成为知识资源而受到"检索"。由于学生的学习活动具有综合性的特点,因此,要求教师具有综合化的知识。这就要求教师不能只注意专业学科教育的"高、精、尖",还应具有广博、精深、融会贯通的多学科知识,彻底摒弃"隔行如隔山"的落后陈腐观念,构建多元化的知识结构。所以,教师必须勤于学习,广泛涉猎,不断汲取新知识,使自己不仅有丰富的学科知识,更有广阔的文化视野和深厚的文化底蕴。"常登高望远,每海天入怀",教师只有具有海纳百川般的知识视野和气度,才能容纳学生各种创新思想的萌芽;只有站在本学科的前沿阵地上高瞻远瞩,才能有的放矢地引导学生勇于探索;只有具备不断学习提高的能力,才能教会学生如何学习;只有成为开拓进取、勇攀高峰的示范楷模,才能对学生进行卓有成效的素质教育和人格塑造。在师生互动的过程中,教师"培养"了学生,学生也"培养"了教师,师生共同成长,这才是真正意义上的教学相长。

5. 理性思维的能力

在学习过程中,教师走下了"权威"的讲坛,和学生一起求知,一起探索,一起研究,一起解决问题。在这种平等交流、商讨协作的伙伴关系中,师生融为一体,共对问题情境,共赴教学目标。这种由学习者到"研究者"角色的转变,使教师要对问题进行深入的研究,这种研究不能停留在直觉的把握、经验的感悟上,而要有理性思维的头脑,有合理的思维能力。这种能力包括三个方面:一是思维的透析力,强的思维透析力能迅速透过现象抓住本质,并将其升华,形成自己独到的创造性观点;二是思维的综合力,即高屋建瓴、把握整体的能力,从理清结构、理顺关系的高度,从理论的抽象向理论的具体发展的意义上实现创造;三是思维的迁移力,用于新的研究对象,研究问题时实现的结构性迁移,这种迁移本身也是一种创造。正是具有强的思维能力,"才能运用自己的脑髓,放出自己的眼光,发出自己的声音,提出自己的看法和见解",才能使教师站在理论的高度上思考新课程,使教学不断深入。

6. 应用信息的能力

现代科学技术的发展推动了教育技术的进步。未来学校教育必然要向建立信息化教育工程发展,把计算机、网络、电子高速公路作为新的教育手段,逐步推行"网际学校系统",实施网上教学。因此,教师必须掌握现代教育技术的相关学科知识,能够准确、迅速地接受信息,并对信息进行分类、储存和检索。但信息有别于知识,信息加工处理后才能成为知识,教师应能够对所储存的信息进行价值判断,把信息有效地变成知识,构建起新的知识体系。所以应用信息的能力应包括从何处收集信息,判断什么信息最重要,信息间是什么关系,怎样整理信息等内容。应用信息的能力不仅是对教师的要求,也是对学生的要求,是学生自主学习的前提和基础。教师应具备应用信息的能力,才能有效地培养学生应用信息的能力。教师应给学生创造最有利的信息环境,培养和提高学生应用信息的能力。如果教师具有过硬的信息应用能力,还可以在探究性学习中使学生应用信息技术解决一系列问题。如利用计算机和网络发表自己的研究成果,各个学校还可以利用互联网就探究性学习进行合作,从而充分发挥现代教育技术的优势,为学生的学习和发展提供丰富多彩的教育环境和有力的学习工具。

7. 创造性反思的能力

新课程的实施是一项探索性的实验,这就要求教师由"经验型"向"研究型"转变,不断对自己的教学实践进行反思。教师的反思是指教师在教育教学实践中,以自我行为表现及其行为之依据的"异位"解析和修正,不断提高自身教育教学效能和素养的过程。正如考尔德希德所言:"成功的有效率的教师倾向于主动地创造性地反思他们事业中的重要事情,包括他们的教育目的、课堂环境,以及他们自己的职业能力。"创造性反思是教师发展的途径,教师成长＝经验＋反思。教师只有学会创造性反思,才能不断发现并提炼出实践中遇到的教学问题,并加以解决,同时,积极主动地寻求自己的专业发展,把教学的信念和技巧内化,研究自己的教学,使教学更加有效。相反,如果一个教师仅仅满足于获得经验而不对经验进行深入思考,那么,即使是有"20 年的教学经验,也许只是一年工作的 20 次重复……除非善于从经验反思中吸取教益,否则就不可能有什么改进"。反思可以通过以下两种基本方式进行:一是自我反思,二是与他人合作就共同性的问题进行反思。

8. 协作性教学的能力

以往的课堂教学中,教师基本上是单兵作战。但在新课程中的学习活动中,面向学生的现实世界和生活世界,强调现实问题的解决。由于问题来源的多元化和问题解决的复杂性,多种学科的知识在"问题解决"中交汇、融合,新的知识在这里生成,学科与学科之间,学科教学与现实生活之间的联系变得空前密切,教师已不能单独地驾驭学生在知识、方法、技术方面的所有指导工作,这就要求教师从个体走向合作,具有协作性教学的能力。教师之间密切合作,可以相互提供支持,启迪灵感,共享智慧,减轻负担,促进成长。合作需要有善于沟通的品质和能力,需要有理智的判断和成熟的热情,需要有设身处地为他人着想的品质和推己及人的胸怀。因此,新课程的实施彻底改变了传统学科教学之间那种"鸡犬之声相闻,老死不相往来"的局面,使人真正理解了"团结就是力量"的真谛,感受到了文人相亲,愉快合作产生的魅力。

9. 综合管理的能力

新课程的实施打破了校园的围墙,学校、家庭、社会连成一体,拓展和更新了学习内容和学习情境,要求教师不仅针对教室的教学环境来设计、组织、管理全班的教学,而要善于以"社会"为"课堂"来设计、组织、管理教学,对教师的组织、管理能力提出了严峻的挑战,由此必将推动教师综合管理能力的提高。新课程的学习需要能构思与之相关的学习环境和具有调控能力的教师。选择与学习相适应的场所,把环境中的人和物等有机组织起来。外部人才在学习环境的构成中应占相当重要的位置。因此,要求今后的教师不可能像以前那样"躲进小楼成一统",而应和各种各样的人交往,不断增强人际关系交往能力,与他人建立良好的合作关系,成为一名新型的、开放式的、具有社会活动家色彩的人际关系的教师。

10. 综合评价的能力

新课程的学习活动具有多方面、多层次的教育价值,使得以往用于学科教学的评价模式和方法根本无法适应新课程学习的评价。这就决定了教师必须树立新的评价观,构建具有综合色彩,有明确价值导向的,旨在促进学生素质全面发展的发展性评价体系。教师要具有综合评价能力,对学习活动的评价应变"一元评价"为"多元评价",变"量化评价"为"质性评价",变"终结性评价"为"过程性评价"。例如,对学生学习效果评价时,不仅可以通过对学生日常作品的收集,如报告书、作业、笔记、小制作、小论文等反映学生学习、个性化和多样化的信息,也可通过教师的课堂观察和日常观察了解学生的学习方式和结果。通过多渠道,用多种方法获得的学生学习的情况,就可以形成学生学习发展的全景,依据这些评价信息也可以相互验证,防止出现漏评或错评,对学生的学习评价的结论也更具个性化,可以有效地避免学生评价中长期出现的单一化和僵化的弊病。

10.2 新课程下教师专业发展的途径

新课程改革给教师带来了严峻的挑战,同时也为教师的专业成长提供了很好的发展机遇。可以说,这场改革将使生物学教师队伍发生一次历史性变化,每位生物学教师都将在这场变革面前接受考验,经历换脑、充电、反思过程,在高起点上实现新的跨越。

10.2.1 途径之一: 转变思想观念

生物学教师面临的第一个挑战,是新的课程理念与教师传统的教育教学观念的矛盾。长期形成的旧的传统教学习惯很难使教师对新课程、新教法获得全新的认识,致使思想跟不上时代发展,教学观念陈旧滞后,成为推行新课程的严重障碍,这就不可避免地产生新旧两种教学观的激烈碰撞。当然,实现教师与时俱进,还要从理解和掌握新课程理念上做起。新课程目标定位很高,这就是:为了全体学生的发展,为了学生的全面发展,为了学生的个性发展。这"三个发展"体现了教育的本质,把课改理念提到了时代发展高度,是历次课程改革从来没有过的,它意味着新的基础教育观是"以人的发展为本"的教育,是目中有人的教育,是把学生看成是有思想、有情感、有权利、有尊严,正在成长发展中的人。面对活生生的有血有肉的人,教师必须端正教育思想,给活生生的人创造一种生动活泼的学习情境,使他们真正成为主宰自己学习的主人。

生物学教师应与时俱进,最实际和最有效的途径是在思想观念认识上,牢固树立求新、求异、求变的意识。

第一,拥有求新、求异、求变的意识,能使教师始终保持一种积极上进的心态,它会不断地促使教师从新的角度去审视教育;不断地促使教师根据教育改革发展的需要,给自己一个恰当的定位;不断地促使教师从知识的传授者、灌输者、拥有者转向教学活动的组织者、帮助者、合作者;不断地促使教师从尊贵者、训导者、强制者转向引导者、促进者、服务者。实现教师角色转换,是一场破旧立新的革命,这场革命越深刻、越彻底,教学改革就越广泛、越深入。

第二,求新、求异、求变意识贯穿于教学活动过程,既是满足学生心理发展需要,又是实现新课程标准。教师求新,就是求进步,求发展,这是与时俱进的教师都具有的一种心理倾向。凡是求新意识强的教师,都不会拿昨天的经验来禁锢自己,而是向前看,以高度的责任心来规范自己的思想和行为,会通过各种求新活动,接受新理念,洗刷旧观念,增长新知识,改换新方法。教师求异,就是勇于探索,敢为人先,与众不同,这是一个教师敢于改变自己而生发出来的一种心理品质。凡有求异思维的教师,不走回头路,不照搬模仿别人,不固守一种模式。教师求变,就是敢于打破对权威的迷信,对古人的迷信,敢于打破不适宜的条条框框,敢于否定自我,置一切事物于变化之中,具有这种新理念的教师,焕发出一种积极上进的动力,不满足于曾经取得的成绩,会在追求教育变革中不断地超越自我。

第三,求新、求异、求变是一种创新心理,既能体现新的教学理念,又是一种新的教学行为。具有这种新理念的教师,会一改过去长期形成的模式化教学行为,按照现代教育思想要求构建现代化教学模式,使新课程倡导的自主学习、合作学习、探究学习,成为课堂教学占据主导地位的主要方式。

10.2.2 途径之二: 提高教师素质

新教材的一个显著变化是,难度降低了,知识面加宽了,对生物学教师的素质要求更高了,这对那些知识储备不足,教学能力一般,身心素质不高的教师,无疑又是一个不可回避的挑战。因为新教材的实施需要教师拥有宽厚的学科知识,特别需要有教育理论知识和相关学科知识,同时还要求教师具有使用新教材和驾驭新教材的能力,有提出问题、分析问题和解决问题的能力。而满足于只会教书的教师,与新教材要求的高水平的研究型教师相距甚远,教师旧的知识体系与新教材要求的尺度产生矛盾,这就造成了相当多教师不能适应新形势变化的局面。

生物学教师应该明白,人生有挑战是好事,是催人上进,有挑战并不可怕,而可怕的是失去发展机遇。把人生挑战转化为发展机遇,最有成效的办法是主动出击,求真务实,努力提高自身素质。

第一,生物学教师必须成为一个孜孜不倦的学习者。教师的劳动特点决定了教师应该成为一个善于学习的人,应该尽自己最大的努力去精通生物学科,并保证自己始终站在最前沿,同时,还应该拥有多学科知识储备,随时解决教学中遇到的各种问题。教师学习至关重要的是学习现代教育理论,包括新课程理念、新课程结构、新课程标准以及教学内容和教学方式等方面所贯穿的新思想,教师只有深刻地理解和掌握现代教育改革的新理念,才能正确地把握发展方向,做到主动出击,求真务实,否则,头脑里新东西装得太少,经常是跟着感觉走,走到哪里算哪里,始终是被动的,难免有一天会被淘汰。

第二,生物学教师主动出击,求真务实,必须向实践学习,在实践中学真知,在实践中练思想,在实践中求发展。新课程提倡在情境中解决问题,要求教师学会把教科书里的知识转化为问题,引导学生去探究,帮助学生构建知识。这是运用新课程理念去指导实践的过程,这个过程既包括边学理论、边实践,在实践中学理论,在实践中用理论的过程,也包括对理论和实践的反思,对实践过程所获得的经验、体会和感受的反思。有些教师舍近求远,总想离岗去学习,而学习回来之后仍然没有什么长进和提高,原因就在于进修内容脱离实际。所以,一个有经验的求真务实的教师,从不放过向实践学习,通过实践锻炼去攀登教学的最高境界。

第三,生物学教师主动出击,求真务实,还应该向学生学习。韩愈在《师说》中写道:"师不必贤于弟子,弟子不必不如师",说的就是教师应该放下"师道尊严"的架子,虚心向学生学习,尤其是当今的学生,获取知识的渠道增多,掌握信息的能力提高了,对新科技领域又很敏感,不少方面比教师知道得还多。加之现在实行开放教学,学生会把课内外获得的大量知识、信息带到课堂上来,他们理解和运用知识的方式又那么独特和新奇,常常使教师感到惊奇和意外。面对才华洋溢的学生,教师只有老老实实向学生学习,既当先生,又当学生,才能真正实现"教学相长"。

10.2.3 途径之三: 加强职业信念

生物学教师遇到的第三个挑战目标,是教师作风、态度、行为上存在诸多问题,影响到教师自身职业的信念和态度,影响到教师对新课程改革的热情和投入,影响和危害到学生身心健康和发展,影响和降低了教学活动应该取得的实际教学效果。当前,社会对教师价值的认可与教师的付出存在很大反差,教师内心受到了来自各个方面的冲击甚至诱惑,一些教师受商品经济的驱动,存在着严重的功利主义思想;有的教师敬业精神大减,抱着当一天和尚撞一天钟的心态工作;有的教师表现出明显的职业厌倦症,对学生发脾气、显威风,行为举止不得体,动不动就体罚学生,严重地伤害了学生的心灵,等等。凡此种种不良思想和行为,虽说只是部分教师所为,但产生的影响是不可忽视的,与教师思想观念落后、知识能力不足共同构成教师承担新课程改革的三个阻力。所以,通过自律、自尊、自强,加强自我教育,摆正教师作风、态度、行为上的偏差,是保证新课程有效实施的又一个重要任务。

第一,教师自律、自尊、自强是教师职业对教师的要求。教师的职业是教书育人,育人必须先育己。教师育人是以自己的灵魂去塑造他人的灵魂,这种职业的特点决定了教师的灵魂必须是纯净的,教师必须比其他从业人员更具有高尚的道德和情操。教学实践还告诉教师,激情是育人者身上最重要的特征,一个能热爱学生又能尊重学生个性的教师,一个能满足学生需要又能鼓励学生自主学习的教师,一个能促进学生合作学习又能设置问题情境引导学生去探究的教师,则是一位充满热情和自信的教师,一位有知识、有能力、有方法而又有高度事业心和责任心的教师。

第二,教师自律、自尊、自强是教师自我教育的一种有效形式。教师接受教育最有效的方式是自我教育,因为任何形式的教育都是外在的,要起作用还要靠内在的因素,靠发自内心的不可替代的自我教育。我们所说的自我教育,是以自律、自尊、自强为前提而进行自我设计、自我监控、自我发展的教育。自我设计是教师自定职业目标,是教师热爱和献身教育事业崇高信念的表达。适时而恰当的目标定位,不仅可以使教师消除人生惰性,而且可以激励教师为追求目标付出艰辛的努力。自我监控是教师自我教育的主要环节,是把自我教育渗透在教学工作的各个方面,主要是通过教师与学生平等相处,教师与学生合作对话,教师与学生沟通交流,教师与学生一起成长等活动,来监控教师在言语、情感、态度、作风、行为等,以及能在多大程度上达成教育大目标和自定的职业目标。教师自我监控过程就是教师自律、自尊、自强过程,教师自控能力不断增强,教师作风态度行为就会步步趋于规范。教师自我发展是教师自我设计和自我监控的最终结果,一个有激情、有理想的教师,敢于自我设计,又能认真地实现自我监控,就一定能够实现自我发展。

第三,教师自律、自尊、自强是教师处理人际关系、解决矛盾冲突的一种手段。教师与教师、教师与学生要天天打交道,教师以什么样的心态同他人交往,对教师个人工作,对学生健康成长,对教师群体相处,都至关重要。教师与学生交往中难免说一句抱怨学生不争气的话,对学生有一个不文明的举动,做一件对学生不得体的事,与学生发生不该发生的误会,产生一些隔阂或矛盾冲突,不管事实起因何在,教师都要从自检做起,严于律己,尊重学生,以自律、自尊、自强的心态去处理问题。

以上所述,都是有关生物学教师专业发展的问题。教师的专业发展,靠社会的关注,靠政府的重视,靠学校的培养,但更重要的是靠教师自己,靠教师不断地坚持自我更新,促进自我专业发展。教育是一个使教育者和受教育者都变得更完善的职业。只有当教育者自觉地促进自己专业发展和完善自己的时候,才更有利于学生的完善和发展。

思考与讨论

1. 新课程改革对生物学教师的素质有哪些新的要求?
2. 试述新课程背景下生物学教师专业发展的途径。
3. 作为一名未来中学生物学教师,谈谈你的优势和不足。

下篇

教学内容专题

第11章　生物学新课程的概念教学

生物学是一门研究生命现象及其活动规律的自然科学,它以一系列概念(concept)作为分析、推理、判断、综合等逻辑思维过程的依据,来揭示本学科的基本规律。生物学概念不仅是生物学的基础,而且是生物学最基本的语言表达单位。从一定意义上说,学生学习生物学知识主要是掌握生物学概念和由这些概念组成的知识系统。可见,生物学概念教学在生物学教学中占有重要地位。

11.1　概念教学的教材分析

生物学新教材在旧版教材的基础上做了很大的变动,其重要的价值取向之一就是重视以生物学基本概念构建主线突出、结构合理的知识体系,努力反映生物学结构。教材的许多章节都是围绕概念展开的,并通过判断、推理和论证形成新的概念。在新教材的知识体系中存在着大量生物学概念,仅高中生物学必修教材中比较重要的概念就有约450个,有具体定义的概念近200个,平均每节课中都要涉及4~5个重要概念。在讲解减数分裂、分离定律、染色体变异等复杂性内容时一节课甚至要讲解10~15个重要概念。这些概念从抽象性程度上可分为具体概念与抽象概念。具体概念是指一类事物的本质特征可以通过直接观察获得。生物学教材中具体概念相对较少,如质壁分离、自由扩散等。抽象概念也可以称为定义概念,是指学生难以直接观察而主要通过定义来获得的。生物学教材中的概念绝大多数是定义概念,如细胞周期、基因突变等。学生只有在深刻理解和准确把握这些生物学概念的基础上,才能建构良好的生物学知识结构并加以运用。

生物学新教材中的概念具有以下特点。

1. 概念表述更加科学完整

科学性是教材的生命,新教材突出的特色就是趋向科学化,对部分概念的表述更科学严谨。例如修正了叶绿体的概念,之前的概念使人错认为只有叶肉细胞才含有叶绿体,纠正后的概念认为叶绿体是绿色植物能进行光合作用的细胞含有的细胞器。还有核孔的概念,之前的概念关于核孔的功能只囊括了物质交换,新教材中关于核孔功能的表述增加了信息交流,更加准确、科学。同时,新教材注重概念结构的完整性。例如,新教材把ATP的生成过程纳入细胞呼吸的概念;关于受精作用的概念增加了精子和卵细胞相互识别的过程,使概念表述更加科学、完整。

2. 呈现方式更加注重与生活实际相联系

旧教材对知识的呈现方式往往重视概念和科学事实的叙述,把知识直接呈现出来。新教材则根据建构主义理论,从学生生活经验入手,创设恰当的问题情境,激发学生的学习兴趣,将原有的经验与新知识联系起来,构建新的知识体系。在讲述概念时,大多是从事例入手,从形象到抽象,遵循从感性到理性的认识规律,这样的呈现方式更加符合学生的知识基础、心理特点和认知规律。例如,新教材"蛋白质"概念中的问题探讨:"当你购买某些食品时,包装上常附有食品成分说明。你会发现蛋白质是许多食品的重要成分,有时你还会看到添加某些氨基酸的食品。讨论:①你能够说出多少种富含蛋白质的食品?②你知道蛋白质在生命活动中的主要作用有哪些?③为什么有些食品中要添加某些氨基酸?"这样就把原本抽象的蛋白质概念拉进了学生所熟知的生活实际中。

3. 注重以问题串的形式探讨概念

新教材注重引导学生步步深入地分析问题、解决问题,建构知识,发展能力。例如对"光合作用"概念的探讨,设问:在植物更新空气这一过程中,光能哪里去了?光能转化为化学能,储存在什么物质中呢?植物在吸收水分和二氧化碳,释放氧气的过程中,还产生了什么物质?光合作用的原料有水和二氧化碳,那么,光合作用释放的氧气是来自二氧化碳还是水?光合作用的有机物又是怎么合成的?一连串的问题步步深入,引导学生不断探讨光合作用的过程和实质。

4. 注重学生科学探究方法的培养和科学史教育

科学探究的一般方法包括观察、实验、调查、模拟法等,获取经验材料的方法和思维,数学、模型、系统等理性思维的方法。新教材在讲细胞各结构时就运用了模型的方法,如:"尝试制作细胞三维结构模型";在讲 DNA 分子结构时就用了"DNA 双螺旋模型";在讲细胞的多样性和统一性时就用了观察法,借助高倍显微镜观察几种细胞。科学史是科学家探索自然奥秘的智慧结晶,对学生的情感教育意义重大。例如,在酶本质的探索中就呈现出科学家揭示酶本质的科学史,使学生随着科学家的脚步逐渐认识酶的本质,形成酶的概念。此外,关于"细胞学说建立的过程"也运用了一系列的科学史,使学生体会到科学探究是一个不断开拓、继承、修正和发展的过程。

11.2 概念教学的功能

生物学教学的具体目标包括知识、能力和情感态度与价值观三个方面,知识的获得仍然是其中最基础的部分,是其他目标实现的基石和载体。获得生物学基本事实、概念、原理、规律和模型被列在首位,而概念是生物学知识的核心部分,可以说生物学的基本知识框架就是由它们构建而成。所以,生物学概念教学具有重要的功能。

1. 是学生掌握生物学知识的关键

概念知识体系的好坏是直接衡量学生掌握生物学知识质量的一个重要标准,并将对学生以后知识的掌握和能力水平的发挥产生重要的影响。现代教学理论和实践表明,当我们教授一门学科时,务必使学生理解和掌握该门学科的基本结构,这里所说的基本结构主要指的是一门学科的基本概念、规律、原理和理论体系。这样,才能使学生深刻了解事物之间的相互关联,才能有助于知识的迁移,进而形成全方位的学科体系。目前,学生学习生物学困难的原因主要在于学生对生物学概念的理解和掌握仅仅停留在背定义、记公式上,忽视了对建立概念的事实依据和形成概念的抽象概括方法的理解,进而影响了学生对生物学概念、规律和原理的理解和掌握。

2. 是培养学生能力的主要途径

生物学概念是建立在观察和实验基础上的抽象思维的产物,在其形成过程中所遵循的"从生动的直观到抽象思维,并从抽象思维再到实践,再由实践上升到抽象思维"的认识过程,为在生物学概念教学中培养学生的能力奠定了基础。因为在这个认识过程中,既需要经历一个由感觉、知觉和表象构成的感性认识阶段,同时更需要经历一个由比较、分析、判断、推理等构成的理性思维阶段。因此,在生物学教学中,若能充分把握每个生物学概念在其形成过程中所经历的主要思维形式,并注意结合学生的思维特点来组织教学,就能有效地培养学生的能力。

3. 是对学生进行科学方法训练的重要手段

人类在认识客观事物的过程中所表现出的与科学研究方法的密切关系,为在生物学概念教学中对学生进行科学研究方法的训练和培养提供了依据。这是因为,生物学概念教学过程中的学生认识过程和人类一般认识过程在本质上是一致的。生物学概念的形成和发展过程也是生物学研究方法的形成和发展过程。因此,在生物学概念教学中,充分把握好生物学概念的形成和生物学研究方法之间的内在联系,有意识地让学生了解生物学概念是如何建立起来的,是促使学生在深入理解生物学概念的同时,逐步熟悉和掌握生物学研究方法的最有效手段。

11.3　概念教学设计

11.3.1　生物学概念的涵义

生物学概念是通过抽象、概括而形成的对生物学对象本质特征或共同属性的反映。例如,通过对一块草地上所有的蚱蜢,一个池塘中所有的鲤鱼进行抽象、概括,抽取出它们的本质特征和共同属性,即生活在同一地点的同种生物的一群个体,就形成了种群的概念。一个完整的生物学概念通常包括以下 4 个部分。

1. 概念的名称

生物学概念是人们在长期的认识和实践过程中积累而来的,必须借助文字和语言符号的形式贮存在个体之外。这里的符号就是概念的名称,例如,用文字表示的"细胞周期"、"同源器官"、"细胞"等就是概念的名称。

2. 概念的例证

概念是用符号代表的同类事物,这些同类的事物就是概念的例证,包括正例和反例。符合某一概念界定的同类事物,就是该概念的正例;不符合某一概念界定的其他事物则叫做该概念的反例。例如:人的上肢、鸟的翼、蝙蝠的翼手、马的前肢、鲸的鳍等是"同源器官"这一概念的正例,昆虫的翅、鱼的鳍等是该概念的反例。原核细胞、真核细胞是"细胞"这一概念的正例,病毒则是该概念的反例。

3. 概念的内涵和外延

概念的内涵是概念所描述对象的本质特征,例如,"细胞周期"这一概念的内涵是细胞分裂的时间界定。外延是概念成立的范围和条件,例如,"细胞周期"这一概念的外延是连续分裂的细胞,即分裂旺盛的细胞。像成熟的细胞如叶肉细胞就没有细胞周期。若概念的内涵越准确,概念的外延就越小,反之越大;若概念的外延越大,概念的正例就越多,反之越少。

4. 概念的定义

概念的定义是指同类事物共同本质属性的概括,这里的本质属性是通过肯定例证和否定例证的比较,最后概括出来的该概念的一切肯定例证的共同关键特征或标准特征。例如,"细胞周期"的定义是"连续分裂的细胞,从一次分裂完成时开始到下一次分裂完成时为止"。

生物学概念具有以下特点。

(1) 客观性　生物学概念产生的源泉是对生物学现象和科学实验的观察、总结和概括。生物学概念是在大量的生物学事实(包括生物学实验)的基础上建立起来的,对生物学事实是一种近似的,然而又是突出本质的反映。生物学事实是客观存在的,生物学概念必须要反映出这种客观性。

(2) 抽象性　生物学概念来源于实践,但却高于实践。爱因斯坦认为,"我们的一切思想和概念都是由感觉经验引起的,它们只有在涉及这些感觉经验时才有意义。"人的思想和概念的起源与感性经验内容有关,但是思想和概念又不能从感性经验逻辑地推导出来。这说明概念既与经验内容有关,又需要人类理智的自由发明;说明生物概念与具体的生物世界和生命过程有密切联系,但又超越了具体的事物和过程,成为人的思想的一部分。可见,概念具有抽象性的特点。

(3) 直观性　生物学概念具有质的规定性,它的形成是在直观材料的基础上,经过分析、比较、概括、综合,最后抽取出最本质的东西。要更好地理解和掌握生物学概念,必须注意其直接来源,即通过直观材料才能更好地理解和掌握生物学概念。

(4) 发展性　生物学概念随着人们掌握生物学知识的不断增加,研究生物学问题的不断深入而不断地变化和发展。如"酶"这一概念的发展,是由以前的"具有催化作用的生物活性蛋白",演变为今天的"具有催化作用的一类生物活性有机物"。而且随着生物科学的不断进步,许多新的生物学概念也在不断产生和发展。

11.3.2　生物学概念教学的基本过程

生物学概念教学的基本过程包括以下几个阶段:

1. 概念的引入

生物学概念的引入应根据生物学科的特点,还必须符合学生的年龄、心理特点以及认知规律。虽然中学生的抽象思维能力日益发展,但他们思考问题时仍需要感性材料的支持。因此,引入概念要在学生已有的知识的基础上,尽可能从生活实际、实物标本、实验、模型、挂图、投影、多媒体等直观感性材料入手,从而使学生获得一定的感性认识或唤起对原有知识和表象的回忆,为学习新概念奠定一个清晰、明确的认知基础,同时激发学习兴趣,增强自信心。

2. 概念的形成

有些概念产生于感性认识,但又高于感性认识,概念的形成过程是认识从感性到理性的升华过程。引入概念后,教师必须引导学生,通过比较、分析、概括、归纳等抽象思维,把事物最一般的本质属性抽象出来给予定义,然后推广到同一类事物上去。

3. 概念的巩固

生物学概念主要是在运用中得到巩固,概念的运用是把已经概括化的一般属性应用到特定的场合,其运用过程也就是概念的具体化过程。学生通过实践的检验,可以纠正错误的认识,更全面、更深刻地理解和掌握概念。因此,教师应创造条件,通过提问、练习等手段来理解和掌握概念。教师可以运用提问、反馈强化促进学生对概念的巩固,注意概念的分化与泛化。

4. 概念的深化

所谓深化,即概念的系统化过程。对相邻、相对、并列或从属的概念进行类比、归纳,根据它们的逻辑关系,用一定的图式组成一定的序列,形成概念体系,把学生"孤立"、"零散"的概念纳入相应的概念体系之中,让学生获得一个条理清晰的知识网络,既能帮助学生理解新概念,又能巩固复习旧概念。

11.3.3　生物学概念教学的策略

1. 提供范例,丰富表象

范例与表象是学习者获取概念最基本的条件与基础。范例可以从外部提供反馈信息,帮助学生掌握概念的主要特征;表象具有直观性和概括性,是具体感知到概念形成的过渡和桥梁。因此,在生物学概念的教学中,应该从多角度、运用多种方式向学生提供范例,丰富他们的表象。

充分利用实物、图像、模型、实验演示、现代电化教具等直观教学手段,丰富学生的表象。例如,在讲解真核细胞的结构时,可以用橡皮泥、泡沫塑料等材料制作真核细胞的三维结构模型,激发学生的兴趣,非常直观地呈现各细胞器的形态;在讲"生态系统"这一概念时,教师可以借助多媒体技术播放录像来丰富学生的感性认识,帮助学生掌握概念。

充分利用学生已有的生活经验,唤起有关的表象。在日常生活中,学生通过对感性认识的辨别、分析、抽象形成假设,并在生活过程中得到肯定或否定的反馈,逐步形成一些日常概念。这些日常概念是学生学习科学概念的基础。在进行概念教学时,要利用好学生已有的生活经验。例如,在讲渗透作用的概念时,可以让学生回忆生萝卜片放入盐水中发生变化的情况;在讲遗传和变异概念时,可以让学生回想自己与父母性状的异同点。

2. 比较概括,抓住概念的关键特征

学生在学习概念时,概念的关键属性与无关属性是一起出现的。心理学研究表明:概念的关键属性越明显,学习就越容易;概念的无关属性越多,学习就越困难。因此,教师要做好以下两方面工作:其一,突出概念的关键属性,例如,在讲酶的概念时,抓住"活细胞产生、催化、有机物"这些关键属性;其二,引导学生对概念进行比较、概括,从而抓住概念的关键属性,通过比较,使学生明确概念之间的区别与联系,避免概念之间的混淆,更准确地理解、掌握概念。概括是把抽象出来的本质属性综合起来,推广到同类的其他事物,从而形成概念的思维过程。例如"无性生殖"概念的提出,可以通过对出芽生殖、分裂生殖、营养生殖和孢子生殖的本质属性的分析和抽象概括出来。

3. 变式练习,提供反馈信息

变式是指在提供感性材料时,从不同的角度、不同的方向改变事物的非本质属性,突出事物的本质特征,来促进概念的教学。在概念的检测阶段,教师可以提供多个概念的正反例,让学生进行判断。学生判断正确则是一种变式练习,学生判断错误,说明没有掌握这个概念,教师就要设计更多的变式并伴随反馈练习,直到学生准确掌握了这一概念为止。

学生掌握概念依赖于从外界获得反馈信息。教师要给予学生正确、及时的反馈信息。反馈信息必须及时、准确、有效。提供反馈与运用变式都必须在知识应用过程中进行。应用概念解答各种作业题,不仅有助于检验学生对概念的掌握程度,而且还可以促进学生对概念的更深入的理解和掌握。教师只有在学生运用概念的过程中发现问题,才能更好地给予指导和提供反馈信息。

4. 正确表征概念,给予系统分类

所谓表征概念就是用精确的语言给概念下定义,或者用正确的语言描述概念。概念的定义指明了概念所含的对象的本质属性,为概念下定义是学生掌握概念的重要环节。在生物学概念教学中,要求学生能在理解的基础上复述并准确地记住定义,以防造成对定义的死记硬背。例如,等位基因是指一对同源染色体的同一位置上,控制相对性状的基因,有的学生说成是"相对位置上的基因";基因突变应指"基因内部的结构改变,包括DNA碱基对的增添、缺失或改变",有的学生说成是"基因的突然变化"。学生并没有真正理解概念的本质属性。由此可见,只有真正理解生物学中概念的含义及实质,学生才能用科学的、准确的语言来表征概念。

概念之间是相互联系的,若能使学生将所掌握的概念纳入一定的系统中,则所学的知识就会融会贯通,有助于掌握知识的内在联系。如用概念链的方法表示概念之间的关系:基因—DNA—染色体—细胞核—细胞—组织—器官—系统—个体—种群—群落—生态系统—生物圈,可使概念间的关系一目了然。另外可将彼此有联系的概念编成概念网,使概念系统化。

11.3.4 生物学概念教学的方法

生物学概念教学常用的方法有以下几类:

1. 以语言传递为主的概念教学方法

(1) 讲述法 讲述法是指教师通过口头语言系统向学生传授知识的一种方法。这种教学方法在概念教学中是最主要的方法之一,概念是由语词表达的,通常也是经过语词传递,学生只要把教师所提供的材料经过整合、贮存到自己的头脑中就可以了。在概念教学中,讲述法就是运用准确、形象的语词进行概念的讲析。

(2) 谈话法 谈话法是指教师根据教学内容实际和学生已有的经验或知识基础,有计划、有目的地提出问题,引导学生通过独立思考和师生间相互交流进行教学的方法。通过师生相互交谈,一问一答,使学生思维始终围绕教师所讲授概念的内涵,体现教学的指导思想。这种方法适合内涵和外延比较丰富的概念。

(3) 讨论法 讨论法是指在教师指导下,由全班或小组成员围绕指定的问题展开议论,发表自己看法从而进行相互学习的一种教学方法。教师在概念教学过程中,根据概念的特点和学生的实际,提出具有启发性和思考性的讨论题,组织学生展开讨论,可以集思广益、互相启发、加深理解、提高认识,有助于探索、发现、推理、想象、分析等能力的培养。这种方法适合复习内涵和外延十分丰富的生物学概念。

2. 以逻辑关联为主的概念教学方法

(1) 直观法　直观法是指在教学中通过亲身实践或具体的事物来激发起学生的感性认识,使学生比较全面、深刻地掌握和理解知识的教学方法。概念教学中常用的手段是运用演示实验、挂图、板画、模型、幻灯、投影、录像、电影及计算机等直观教学手段,进行生物学概念的讲解。在概念的讲解中,运用直观手段能够较好地调动学生的视、听器官的活动,使抽象的概念形象化,以增强学生对所学的生物学概念识记的巩固性和持久性,同时,还能激发学生的学习积极性及培养他们的观察力、思维力、想象力。

(2) 比较法　比较法是指通过两个或多个相似或相关概念的比较,找出它们在某一方面的类似点、不同点或者它们之间的内在联系的一种教学方法。学生在学习生物学概念时,各种概念之间发生着复杂的相互作用,形成了同一、并列、属种等多种关系。学生在学习这些概念时,特别是在学习两种相似而不相同的概念时,常常易发生混淆。如,血液的凝固和凝集,保护色和警戒色,极核和极体,呼吸和呼吸作用,胚囊和囊胚,无籽西红柿和无籽西瓜的培育等。这种与类似概念发生混淆的现象,在心理学上叫做泛化现象。产生这种现象的原因,是由于两种概念产生的刺激在大脑皮层相邻的反射中枢产生兴奋,从而引起条件反射泛化的缘故。为了减少和防止这种现象的发生,在讲解与旧概念相似的新概念时,要运用比较的方法,把易相混淆的两个概念进行区分,找出二者的异同,形成分化,帮助学生分辨这些概念。

(3) 归纳法　从某些个别或特殊现象出发,可以推导出具有普遍意义的一般性原理或规律,这种从个别到一般,从特殊到普遍的推理方式叫做归纳法。运用归纳法进行生物学概念教学的通常做法是举出一定数量的有效概念例证,让学生进行分析和归纳。应该注意的是,这些例证应包含有关该概念的相同的本质属性和不同的非本质属性,也就是说这些例证应该不断变换概念的非本质属性和概念应用的情景,以便学生正确区分概念的本质属性和非本质属性。例如,在讲授"细胞膜"的概念时,讲完构成细胞膜的主要化学成分是蛋白质和磷脂后,可列出以下生物学事实(即例证):变形虫是一种单细胞的动物,其细胞膜能外凸或内陷做变形运动形成伪足,以此进行摄取食物的活动;在细胞膜对物质的主动运输过程中,载体蛋白与被运输的物质结合,通过运动,将物质从细胞膜的一侧运输到另一侧,等等。然后要求学生分析解释这些个别的、特殊的生物学事实,并归纳出细胞膜的结构特点。这种教学方法比较适合具有较强抽象性和概括性的生物学概念。

(4) 演绎法　从某个具有普遍意义的一般性生物学原理或生命活动规律出发,推理解释某些个别的或特殊的生物现象,这种从一般到个别,从普遍到特殊的推理方式叫做演绎法。运用演绎法进行生物学概念教学实质上是为学生提供新的问题情景,指导学生运用所学的概念进行合理的分析解释,并提出解决问题的措施。这种方法既能让学生更深刻地理解概念的内涵和外延,又能提高学生运用所学概念解决实际问题的能力。这种方法比较适合在概念的运用和复习环节使用。

3. 以操作为主的概念教学方法

(1) 演示法　演示法是直观法的一种特殊形式,归属于操作层面,指的是教师在课堂展示各种直观教具、实物、多媒体演示或进行示范实验,使学生获得关于事物现象及内在联系的感性认识的方法。演示可以使学生获得丰富的感性材料,加深对知识的印象。教学中把理论与所展示的教具或实验演示结合起来,能使学生形成深刻正确的概念,同时可以激发学生的学习兴趣,集中注意力,并使学生学到的概念得以巩固。这种方法和直观法结合十分紧密,演示法经常结合其他教学方法使用。

(2) 实验法　实验法也是直观教学法的一种特殊形式,和演示法一样同属于操作层面,是指学生在教师的指导下,使用一定的设备和材料,通过控制条件的操作过程,引起实验对象的某些变化,从观察这些现象的变化中获取新知识或验证知识的教学方法。在生物学教学中,实验是一种重要的教学方法。通过实验,学生可以把一定的直接知识同书本知识联系起来,以获得比较完全的知识,又能够培养独立探索能力、实验操作能力和科学探究兴趣。实验法因概念教学的目的和时间不同,可分为:学习概念前打好学习基础的实验、学习概念后验证性的实验和巩固概念的实验。

(3) 练习巩固法　练习巩固法是指在学完概念后,及时运用多样的练习作业或实习任务来帮助学生巩固概念的方法。通过生物学概念的教学活动,学生对概念的认识从感性发展到理性,从个别(具体事物)发展到一般(本质特征)。但概念的掌握还应包括从一般再回到个别中去的过程。教师应不失时机地组织学生,把已经学过的生物学概念独立地运用于解答问题和应用练习,使学生所学概念在应用中加深理解和巩固,在应用中进一步"活化",发生迁移,成为分析问题和解决问题的能力。比如在一课、一节或一章内容结束后,要求学生把已经学过的全部的生物学概念,按照它们之间的关系和联系,编织成各种"概念链"、"概念网",进而组成概念系统,形成学生完整的系统概念,这也是一种巩固深化概念的好方法。

(4) 角色扮演法　角色扮演法是指课堂教学中根据教学的需要,在教师的组织下由教师或学生依据教材扮演特定的人物,在扮演过程中开展学习的活动的方法。这种角色扮演法过去大多出现在社会学科的教学中,在自然科学课程的教学中出现较少。但随着新课程的推进,人们越来越关注学生人文素养与科学素养的结合,这就为角色扮演法在生物学课堂上提供了广阔的应用舞台。这种方法一般用在对复杂概念的复习环节,比如对细胞结构的复习中,让学生扮演各种形状的细胞器,并说出各自的功能用以加深理解。

11.4　概念教学评价

11.4.1　生物学概念获得的标志

生物学概念学习结果的行为,表现在学生"能知什么"与"能做什么",并能建构生物学概念的知识体系。因此,生物学概念获得的标志体现在以下方面。

1. 能够说明概念的内涵和外延,运用概念来解决实际问题

当学生知道一个生物学概念时,至少能做以下 4 件事:一是看到概念事例时能说出这个概念,例如,看到虎、豹、熊等动物时能说"它们都是哺乳动物";二是能说出该概念的特征,例如,"哺乳动物是一种胎生和哺乳的动物";三是能够选择正例和反例,例如,"鲸和河马都是哺乳动物,而海豚和老鹰不属于哺乳动物";四是能较好地解决包括了该概念的问题,例如,"家养的哺乳动物能到野外生存吗?"

2. 能够绘制生物学概念图,建构知识结构

概念图是一种知识结构的表现方式。让学生绘制某一单元或章的概念图,可以了解他们掌握知识的水平,即原有认知结构的状态,有助于教师评价学生概念学习结果。绘制生物学概念图,首先从总的概念出发,逐步展开,显示出大概念是如何被分解成一个个小概念的。这样整理之后,各个概念之间的关系就更清晰易懂了。其次,概念图是由写在圆圈中的概念(通常是名词)和连接它们的联系词构成的。最具概括性的概念常常位于图的顶端,越往下,概念的范围就越小。写在两个圆圈连线上的连接词通常用来描述两者之间的关系。一般要求从上向下通过概念连接词把概念连起来时,读上去应该就像一个句子。第三,有些概念图还会用连接词来连接位于不同分支上的两个概念,这称为交叉连接。交叉连接显示了概念之间更为复杂的内在联系。

11.4.2 概念教学评价的方法

1. 在新的情境中检验学生对概念的理解和应用

由于生物学概念是用符号代表的,学生可能只记住了概念的符号而没有真正理解概念的意义。如果检验概念的掌握仅是要求学生复述概念的语词符号或直接用教材中的例子提问,学生总是根据记忆作答,并不一定真正理解概念。长此以往,会引导学生去死记硬背概念。因此,在新的情境中检验学生对概念的理解和应用,能够科学地检验概念的掌握情况。

(1)引证具体实例来说明概念的内涵和外延 在具体教学中,可用"诊断性测验"和"形成性测验"来检验学生对概念的理解。诊断性测验主要检测学生头脑中的错误概念。诊断性试题包括两部分:第一部分与选择题形式基本相似;第二部分是由一组"原因"组成,解释对第一部分的选择。另外,每个试题还在下面留一行空格,由那些认为所提供原因不正确的学生填上新的答案。下面是关于渗透作用和吸胀作用的诊断性试题,这种方法能迅速、客观地判断学生错误概念的症结所在。

大豆根尖生长点的细胞吸收水分是通过:( )

A. 渗透作用 　　B. 主动运输 　　C. 自由扩散 　　D. 吸胀作用

原因是: ( )

A. 生长点细胞具有成熟的大液泡 　　B. 生长点细胞无成熟的大液泡

C. 需消耗能量和载体运输 　　D. _____

形成性测验则着重检验概念的掌握程度。例如学过"植物生长素"后,可设计下面两个问题:①举例说明生长素有哪些生理作用? ②用带芽的枝条扦插容易成活,为什么? 前者能检验学生能否记住教材内容;后者避开教材上的语词符号和例子,意在检验学生是否真正理解概念。

总之,不论是诊断性测验还是形成性测验,形式应灵活多样,可以提问、书面考试等,反馈及时,以便有的放矢进行矫正,促进生物学概念教学质量的提高。

(2)运用概念来解决实际问题 考查学生运用概念解决实际问题的能力,把学到的知识运用到生活中,积极参与社会事务,加强主人翁意识。例如,在学习了"生态系统"这节课后,教师要求学生到学校的生物园进行观察,分析生物园这个生态系统中的各种成分,并对改善此生态系统的结构与功能提出合理化建议。在完成此项任务的过程中,学生必须用到生态系统、非生物环境、生产者、消费者、分解者、食物链和食物网、生态系统能量流动的特点、生态平衡等概念。在完成任务的过程中,能够自我检测概念的掌握情况及运用能力。

2. 应用概念图进行评价

传统的评价方法常常只能考查学生的离散知识,而概念图却可以检测学生的认知结构及对知识间相互关系的理解和产生新知的能力,有效地评价学生创造性思维水平。概念图作为评价工具,适合教学活动的不同阶段的评价。例如,教师通过观察学生设计概念图的构图过程,了解其学习进展和内心思维活动的情况,有助于教师诊断被学生误解的概念及概念间的意义关系,找到影响教学效率的原因,从而及时改进教学,这是形成性评价的好方法。同样,概念图也可以作为终结性评价的工具,它与传统的试题测试不同的优点是,概念图为学生提供的考试结果,已经不仅仅是一个抽象的分数,而是学生头脑中关于知识结构的图示化再现。在测查认知结构的方法中,概念图是更为直接、更便于施测的方法。这种方法是让学生就某块知识的理解,用图的方法来表现其中的概念以及概念之间的联系。通过让学生把某领域中的概念连起来,并标明这种联系的性质,可以说明某知识领域的关键概念在学生的头脑中是怎样组织起来的。概念图旨在反映学习者的陈述性知识的组织特征。由于学生知识储备不同,学习能力不同、理解水平不同,各人画出的概念图会有很大差异,教师可以通过这些图判断学生的水平和存在的问题,有效地帮助学生认识自我,激励他们弥补不足,同时也利于因材施教。

11.5 概念教学示例

下面以"细胞呼吸"概念的教学设计为例,对生物学概念教学作进一步阐释。

【教材分析】

细胞呼吸是一个抽象概念,学生理解起来比较困难,需要教师借助多媒体课件等手段把细胞呼吸的过程直观形象地呈现出来。

【教学方法】

传统的教学都是教师直接呈现有氧呼吸与无氧呼吸的过程,并列表让学生自己比较两种呼吸方式,最后由教师总结出细胞呼吸的概念。本案例采用课前探究和小组合作的方式进行教学。

【教学策略】

课前引导学生以小组合作形式开展"探究酵母菌细胞呼吸方式"的活动。利用多媒体课件帮助学生理解有氧呼吸的过程。引导学生以小组合作的形式尝试自主归纳无氧呼吸的过程、特点。引导学生通过比较,自主归纳出有氧呼吸和无氧呼吸的概念,进而概括出细胞呼吸的概念。

【教学过程】

"细胞呼吸"概念的教学过程如下(表11-1)。

表 11 - 1 "细胞呼吸"概念的教学过程

教学步骤	教学内容	目标达成
课前活动:探究性实验	引导学生分组开展"探究酵母菌细胞呼吸方式"的活动。	培养学生探究、动手和观察能力。
导入	复习问题,引入本课: 1. 细胞中的能源物质有哪些? 2. 主要的能源物质是什么? 3. 主要的储能物质是什么? 4. 直接提供能量的物质是什么? 5. ATP 的合成需要哪些条件(酶、原料、能量)? 6. 其中能量的来源有哪些(光合作用和细胞呼吸)? 细胞呼吸在哪里发生,又是怎样进行的呢?	提出问题,引起思考,激发探究的欲望。
实验展示	学生以小组汇报的形式向同学介绍"探究酵母菌细胞呼吸方式"实验的结果,引出细胞呼吸的两种方式	训练学生的语言表达能力。
有氧呼吸的过程	借助多媒体课件,师生共同分析、理解有氧呼吸的过程, 小组讨论有氧呼吸过程的特点,讨论包括: 1. 比较有氧呼吸三个阶段的反应有哪些共同与不同之处。 2. 为什么第二、第三阶段的反应必须在线粒体中进行? 3. 有氧呼吸的目的是什么? 除了葡萄糖等糖类外,还有哪些物质可以进行有氧呼吸? 列表总结有氧呼吸(小组合作完成): | 过程	场所	条件	反应物	反应产物
---	---	---	---	---
第一阶段				
第二阶段				
第三阶段				| 4. 引导学生根据上表,尝试写出有氧呼吸的总反应式。	利用多媒体,增加教学的直观性,使学生更容易理解。
无氧呼吸	学生小组合作,介绍无氧呼吸的过程,仿照有氧呼吸的示意图,尝试自主绘制无氧呼吸的过程示意图,将其过程直观形象地表示出来。 教师评价学生的活动,并对学生所总结的内容适当进行补充。教师对学生的活动要给予肯定性的评价;对学生介绍中的闪光点要及时进行评价;对学生介绍中的不足要进行纠正和补充,并提出建议。	培养学生主动获取知识的能力,学会与人交流的能力。
两种呼吸方式的比较	小组合作列表比较: 		有氧呼吸	无氧呼吸
反应物	有机物	有机物
反应条件	需酶、氧气	需酶、缺氧
反应程度	彻底氧化分解	不彻底氧化分解
产物	CO_2、H_2O	CO_2、乙醇或乳酸
产能多少	大量	少量		培养学生求异求同的思维
获得概念	根据上述列表,引导学生自主归纳出有氧呼吸与无氧呼吸的概念。在此基础上,引导学生尝试得出细胞呼吸的概念。	学生通过归纳、总结主动获得概念

11.6 概念转变理论与概念图教学

11.6.1 概念转变理论的基本内容

对于概念转变的研究主要开始于 20 世纪 70 年代,20 世纪 80 年代之后大量的研究开始涌现。1982 年,Posner 等提出了著名的概念转变理论(conceptual change theory),对概念转变的条件以及个体的知识经验背景对概念转变的影响提出了自己的解释。他们认为,一个人原来的概念要发生改变需要满足下列 4 个条件。

1. 对现有概念的不满

只有感到自己的某个概念失去了作用,才可能改变原概念,甚至即使看到了原来的概念的不足,也会尽力作小的调整。个体面对原来的概念所无法解释的事实(反例),从而引发认知冲突,这可以有效地导致对原有概念的不满。

2. 新概念的可理解性

学习者需懂得新概念的真正含义,而不仅仅是字面的理解,需要把各片段联系起来,建立整体一致的表征。

3. 新概念的合理性

个体需要看到新概念是合理的,而这需要新概念与个体所接受的其他概念、信念一致,而不是相互冲突,它们可以一起被重新整合。这种一致包括:与自己的认识论信念的一致;与自己其他理论知识或知识的一致;与自己的经验一致;与自己的直觉一致等。个体看到了新概念的合理性,意味着他相信新概念是真实的。

4. 新概念的有效性

个体应看到新概念对自己的价值,它能解决其他途径难以解决的问题,并且能向个体展示出新的可能和方向,具有启发意义。有效性意味着个体把它看作解释某问题的更好的途径。

概念的可理解性、合理性、有效性之间密切相关,其严格程度逐级上升,人对概念有一定的理解是看到概念的合理性的前提,而看到概念的合理性又是意识到其有效性的前提。Hewson 把概念的可理解性、合理性和有效性称为概念的状态,而且提出,不仅新概念的状态,原有概念的状态也会对概念转变产生影响,两者之间存在交互作用。这里应注意,概念的上述三种状态不是概念实际上如何,而只是个体所看到、所意识到的可理解性、合理性和有效性,是个体对新、旧信息整合过程的元认知监控。

另外,Posner 等认为,个体对新概念的接受会受到现有的其他概念的影响,他们把影响概念转变的个体的经验背景称为“概念生态圈”(conceptual ecology),具体包括:①反例;②类比与比喻;③认识论信念;④形而上学的信念与观点;⑤其他领域的知识;⑥与新概念相对立的概念。

11.6.2 基于概念转变理论的概念教学设计

概念转变教学设计流程如图 11-1 所示。

1. 确定方向,诊断前科学概念

在大多数情况下,学生不能自发地意识到自己存在的前科学概念,这就要求教师在上课之前,采用个别访谈、问卷调查等方法,确定学生可能出现的前科学概念并考虑可导致其放弃旧观点的证据,然后根据具体情况设计教学过程进行教学评价。

2. 创设问题情境,引出学生想法

前概念一旦形成,就会在人的思维中形成定势,具有一定的稳定性、顽固性。传统教

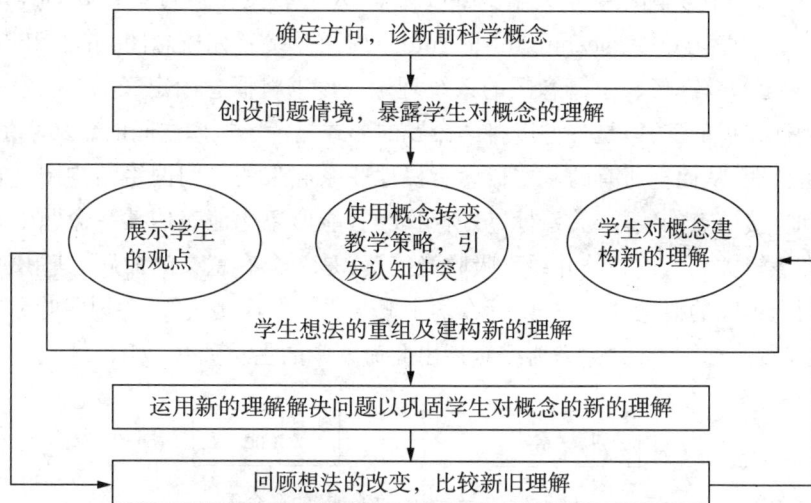

图 11-1　基于概念转变理论的概念教学设计流程

学很难使科学概念替代学生头脑中的前科学概念。必须让学生感觉到自己已有的知识经验与科学概念之间的不一致,产生认知失衡。教师可以针对可能出现的前科学概念设计实验或问题,让学生亲自动手实验或以小组讨论等方式,找出自己先前观点与科学概念之间的区别,从而引发认知冲突。

3. 学生想法的重组及建构新的理解

通过引发认知冲突,学生察觉到和自己原先观念不同的科学上的观点,认识到自己原有观点的不合理性,从而以科学的观点来修正、扩充或取代原先的想法。教师可以结合一定的概念转变策略,使学生对所学概念建立新的理解。

4. 应用新的想法,以巩固学生对概念的理解

由于前科学概念具有一定的顽固性,学生建构的新的理解往往不够牢固,需要通过解决一些实际问题来加深对新的理解的认识。教师应利用熟悉以及新奇的情境,通过实际活动、专题研究等方式,让学生以新建构的科学概念作为解决实际问题的基础,让他们能体验到新概念的有效性,从而加深学生对新建构的认识,把科学概念稳固地纳入自己的认知结构中。

5. 回顾想法的改变,比较新旧理解

注意到想法的改变并通过熟悉的学习历程,使学生能感受到其想法改变的程度。学生通过反思自己由前科学概念到科学概念的学习过程,找出前科学概念的不合理之处,达到对科学概念的真正的理解和接受。

11.6.3　概念图的基本内容

在教学研究领域,概念并不是传统意义上的简单的文字定义,而是包含了能够反映物质各方面属性的一个关系总和。因此,概念与概念间的关系成为了概念学习的关键所在,而概念图(concept map)则是一种通过运用图示的方法来理想地展示概念与概念间关系的可视化工具。

20 世纪 60 年代美国康奈尔大学 Joseph D. Novak 教授和其同事 Bob. Gowin 根据奥苏贝尔的有意义学习(the meaningful learning)理论开始研究概念图,并于 1984 年出版专著《学会学习》,首次形成了概念图的系统理论。该书将概念图定义为:概念图就是用来组织和表征知识的工具,是一种以科学命题的形式显示了概念之间的意义联系,并用具体事例加以说明,从而把所有的基本概念有机地联系起来的空间网络结构图。它是由节点(概念)和连接节点的线段(关系标签)所组成的,能形象化地表达某一命题中各概念节点间的内在逻辑关系。例如:"叶绿素吸收光能"就是一个有意义的命题,其中"叶绿素"、"光能"是两个不同的概念,"吸收"则标在两个概念之间的连接线段上,说明叶绿素与光能的关系,此线段应标示方向(称为射线),指出此命题中的主从关系,如图 11-2。

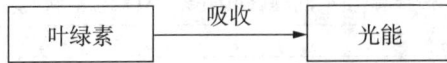

图 11-2 "叶绿素吸收光能"的概念图

通常以一个关键概念(即中心主题)出发,逐渐以这种命题方式呈现出分支状,由上位概念逐步发展为下位概念,即从抽象到具体地呈现出具层次性的组织图形。如图 11-3 的形态,即是在纸上或计算机屏幕上按照主题相关概念的层次性排列概念,原则如上所述由上位至下位、由一般至特殊性概念,这种形式在目前多数研究中较为常见。

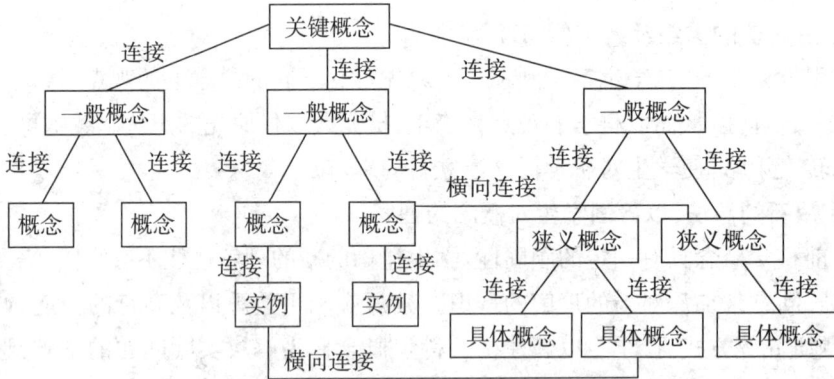

图 11-3 诺瓦克的概念图模型

概念图的结构主要由节点(结点)、连线和连接词三个要素组成。节点是指置于圆圈或者方框中(也可以不置于其中)的概念,可以由几何图形、图案、文字等表示。连线用来表示概念之间的联系,既可以是单向的联系,也可以是双向的联系或者无方向;位于上层的概念可以分出多个知识分支,形成纵向联系,而不同知识领域或者分支之间概念的连线就是横向联系。连接词是指放在连线上的两个概念之间形成命题的联系词。

概念、命题、交叉连接和层级结构是概念图的 4 个图表特征。概念通常用专有名词或符号进行标记;命题是对事物现象、结构和规则的陈述,在概念图中,命题是两个概念之间通过某个连接词而形成的意义关系;交叉连接表示不同知识领域概念之间的相互关系;层级结构是概念的展现方式,一般情况下,是一般、最概括的概念置于概念图的最上层,从属的概念安排在下面。某一领域的知识还可以考虑通过超级链接提供相关的文献资料和背景知识。因此,概念图是表示概念和概念之间相互关系的空间网络结构图。

概念图具有以下特征:

1. 直观鲜明性

概念图是利用节点代表概念,用连线和箭头代表概念间关系的知识结构图,形象地呈现了各知识点之间的联系,可使学习者利用自己的空间组织能力,建立概念之间的连接,将一种隐性知识显性化、非结构化知识结构化,能以直观鲜明的图形结构来促进学习者对知识、技能的反思、理解和提升。

2. 系统整体性

众所周知,一旦事物的性质、事件或过程人为地加以标识而形成的信息按一定顺序组织起来就形成了概念。很显然,概念不是孤立的,也不能被单独表征,概念的含义必须由其他概念来决定或标识,这样便形成一个概念系列,从而组成命题。概念图的层级性和交叉连接的特征,使概念图不仅能反映某一领域知识的系统性和完整性,同时也能反映不同领域知识的内在关系,使学习者能够从系统上、整体上把握知识的结构,增进对概念的理解。

3. 简约再生性

概念图使教师的教案更有弹性、更易于修改,教案的篇幅大大减少;学生的笔记更加简洁、明了、清晰和容易记忆。学习者对知识的学习是一个不断深入的过程,随着学习的不断深入,学习者对原有知识的理解就会不断地加深和改变,所以概念图就会不断地被修改和完善。

11.6.4 基于概念图的概念教学设计

1. 在新授课中的设计

概念图可以使师生头脑中对概念关系隐性的认知方式显性化,可以揭示师生认知结构重叠的部分与相冲突的部分,从而引发有效对话。在新授课中运用概念图进行教学设计的流程如下。

(1)教师和学生在理解的基础上绘制概念图以促进反思。

(2)针对师生间的对话比较概念图。教师可以把它作为练习在课前进行,或者直接进行课堂讨论。在这里,学生间对概念图的讨论也很重要,它能帮助教师辨别学生共同的错误认识的类型,从而使得有效对话在全体学生的基础上开展,而不仅仅是针对极个别的学生。

(3)教师辨别出师生概念图的重叠部分,同时必须认识到相同的认识并不一定意味着在概念图中有相同的连接,相同的连接并不一定意味着对重要的概念的具体内容有着相同的理解。

(4)将师生概念图重叠部分的内容与学生自身认知结构中相应部分进行连接。

(5)指出学生的知识结构中缺失的但可能与学生已有认知有联系的新概念或连接,这会使学生在自己构建的概念图的基础上构建新的认知结构。

(6)达成共识,并让学生重画概念图来表示出新的观点和连接,评估师生间观点重合的程度。

第 1 步到第 4 步可以看作准备阶段,第 5 步是教学阶段,第 6 步是可以形成下阶段的教学循环的发展性评价,可以起到使教师监控学生的学习过程的作用。

2. 在复习课中的设计

复习课教学是师生双方从新的视角对所学知识进行系统梳理、深化、拓宽及灵活应用的教学过程。通过运用概念图来帮助学生复习,一方面,教师可利用学生编制的概念图的框架来了解学生对概念和原理的理解程度,还可从概念图的层次水平了解学生的逻辑思维能力,并从所举事例中了解学生对概念的内涵和外延理解的清晰度和广阔性。另一方面,学生也可以对不易理清的各种概念和原理有充分地了解和认识,还可使原来迷惑的概念清晰化,零散的知识系统化,机械的知识灵活化。此外,完成概念图既可以由学生独立完成,也可以由学生小组合作完成,还可以由师生共同讨论完成,这样就有利于为学生创造一个合作、互助、民主、开放的学习环境,通过师生之间以及学生之间的平等对话和协商,促进学生合作意识和合作能力的养成。在复习课中应用概念图进行教学设计的流程如图 11-4。

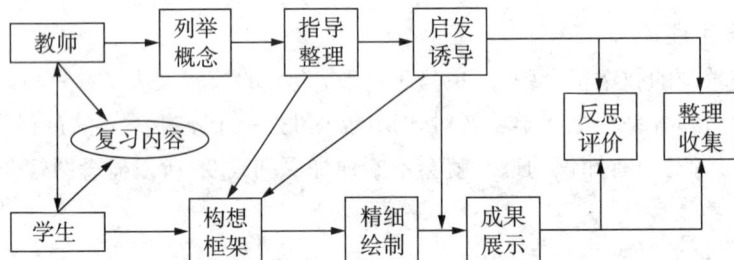

图 11-4 应用概念图进行教学设计的流程

思考与讨论

1. 谈谈你对概念教学重要性的认识。
2. 概念转变需要满足哪些条件?
3. 以染色体概念为例,绘制染色体的概念图。

第 12 章　生物学新课程的原理教学

生物学属于科学课程,有许多科学原理(principle)。科学原理是反映科学内在关系的、具有高度概括性的规律性科学知识,具有严密的逻辑性、可检验性和对实践的指导性。科学原理表现的是概念间的逻辑关系,是对概念之间关系的言语的说明,它和概念一起共同构成科学理论的基本逻辑体系。

12.1　原理教学的教材分析

生物学中的科学原理称为生物学原理。生物学原理反映了生物界中的现象、过程在一定条件下必然发生、发展和变化的规律,反映了生命活动中的本质联系,是生命活动的基本规律及形成机理。例如:植物细胞渗透吸水原理主要阐明成熟细胞是一个渗透系统,能够以渗透方式吸收水分;生态平衡原理则揭示生态系统的自动调节能力,遵循多样性导致稳定性规律。

生物学的核心原理有植物细胞渗透吸水原理、酶的催化作用原理、光合作用原理、细胞增殖原理、遗传物质作用原理、生物变异原理、神经调节原理、动物激素反馈调节和分级调节原理、植物激素调节原理、生态系统物质循环和能量流动原理、生态平衡原理、基因工程原理和细胞工程原理,等等。在生物学教材的知识体系中,直接以原理称谓的有植物细胞渗透吸水原理、生态平衡原理、竞争排斥原理等。此外,教材中的生物学原理通常还有以下几种呈现形式。

12.1.1　定律

定律是对客观规律的一种表达形式,是通过大量事实归纳而成的结论,如遗传平衡定律、限制因子定律等。客观规律体现的是事物与事物、现象与现象之间本质的、内在的联系,所以科学定律反映的不是事物本身,而是事物之间的关系或同一事物变化前后的关系;不是对事物属性的判断,而是对事物属性之间的相互关系的判断。例如,遗传平衡定律反映的是在一个大的随机交配的种群里,在没有迁移、突变和选择的条件下,基因频率和基因型频率世代相传而不发生变化(揭示同一事物变化前后的关系),并且基因型频率由基因频率决定(揭示事物属性之间的相互关系)。又如限制因子定律,内容是"当一个过程的速率被若干个不同的独立因子所影响时,这个过程的具体速率受其最低量的因子所限制。最低量的因子称为限制因子"。如在阳光充足、水分及温度均适宜的条件下,大气中二氧化碳的含量常为光合作用的限制因子。显然,这个定律反映的也是事物之间的关系。

定律具有不同的类型和水平,有些定律是直接以经验事实为基础概括出来的,一般称为经验定律,如上述限制因子定律。有些定律是以建立在科学事实基础上的若干基本概念、基本原理或定律逻辑地推演出来的,往往具有更加抽象的形式和更加普遍的适用性,如遗传平衡定律。以数学方程式表达的科学定律一般称为公式。例如,遗传平衡定律可以用 $p^2+2pq+q^2=1$ 的公式表达,称为哈迪－温伯格公式。

12.1.2 规律和法则

规律指事物发展过程中的本质联系和必然趋势,具有普遍性和重复性等特点。生命活动的规律揭示出生命活动过程中相关事实之间的内在联系,这种联系决定着某种生命活动的必然发展趋势。遗传学三大规律揭示的就是基因在生物世代传递过程中的必然趋势。法则也就是规律,只不过法则还带有准则的含义。如中心法则是关于遗传信息在生物大分子间转移遵循的基本规律,它揭示出生物性状遗传实质上是遗传信息的传递和选择性表达。因带有信息传递准则的含义,故一般不称为规律,而称为中心法则。

这些生物学原理共有的特点如下。

1. 生命性

生物学研究的对象是生物,它最显著的特点就是具有生命性。正如德国科学家赫尔希所说:"要揭示生命现象的本质,必须研究具有活力的有机体。"研究活的有机体是研究生物科学的根本方法。生物学原理主要阐明生物生命活动的规律,生命活动规律主要表现在新陈代谢、应激性、生长发育、繁殖、遗传变异、进化及系统发生等方面。可见,生物学原理是围绕生命活动这个核心展开的,具有生命性的特点。

2. 实验性

《辞海》对"原理"的解释是:"通常指某一科学中具有普遍意义的基本规律。"科学原理以大量实践为基础,故其正确性由实践检验确定。许多生物学原理都是建立在大量的实验基础上的,实验是生物科学研究的基本方法。每一生物学原理几乎都有一定的实验依据,通过实验使原理产生、建立和逐步完善发展。因此,生物学原理具有实验性的特点。

3. 综合性

生物界具有多样性,生命系统具有多层次性,而且是高度组织化的,如生命系统的层次有细胞、组织、器官、系统、个体、种群、群落、生态系统和生物圈。在生物系统不同层次上有着各自的生物学原理,但每一具体的原理都不是孤立存在的,它们之间存在着一定的联系。许多原理不仅超越了生物科学单一学科分支的范畴,涉及各种生物类群,而且涉及数学、物理、化学等其他学科。尤其是近代生物科学的综合性发展更加注重学科知识与技术的综合运用,因此,生物学原理具有综合性的特点。

生物学课程的目标是培养学生的生物科学素养。生物学原理是观察、实验、思维相结合的产物,不仅体现了生物科学的事实和概念的特征,还体现了生物科学的研究方法和研究途径。因此,生物学原理是培养生物科学素养的重要载体,而生物学原理的教学则构建了培养学生生物科学素养的重要平台。

12.2 原理教学设计策略

12.2.1 加强生物学概念的教学

生物学原理是建立在生物学概念基础上的生物学知识,反映了生物学事实或概念之间的相互联系。学生形成生物学概念和掌握生物学原理之间存在着不可分割的辩证联系。一方面,形成生物学概念是掌握生物学原理的基础,概念不清就无法掌握生物学原理;另一方面,掌握生物学原理可以使学生从生命活动变化中进一步理解、巩固生物学概念。例如,植物细胞渗透吸水原理是关于水分通过原生质层的扩散机理。学习这个原理时,原生质层和扩散则是两个前提核心概念。又如,兴奋在神经元之间的传递原理,就包括神经冲动、突触、神经递质等核心概念。如果没有这些概念,就不可能得出相关的原理;如果对这些概念没有正确的理解,就不可能真正掌握相关的原理。因此,教师引导学生建立正确的生物学概念是使学生掌握生物学原理的前提,没有这个前提生物学原理的教学就无从谈起。

12.2.2　掌握形成生物学原理的思维方法

在概念教学的基础上,教师指导学生探索生物学原理,根据形成原理的思维过程和学生的认识特点,选择适当的途径,对感性材料进行思维加工,认识概念之间本质的、必然的联系,概括出生物学原理的要点,这是在生物学原理教学中培养学生科学思维能力的关键。生物学原理的形成,常用的思维方法有归纳、演绎和类比三种。

1. 归纳

归纳是指从大量的结果或结论中分析、概括而总结出生物学原理的方法,分为实验归纳和理论归纳。实验归纳是指直接从观察实验结果中分析、概括而总结出生物学原理,如酶的催化特性,温度、碱酸度对酶催化效率的影响等。理论归纳是利用已有的生物学基本概念和原理,经归纳、推理得出的更普遍的生物学原理,如遗传学中的中心法则等。

2. 演绎

演绎就是利用一般性的生物学原理,推导出特殊的生物学原理的思维方法。例如,DNA 分子半保留复制原理的提出和证实,教材通过假说—演绎法进行了介绍。沃森和克里克提出遗传物质自我复制的假说,1958 年,科学家以大肠杆菌为实验材料,设计了一个精巧的实验证实了 DNA 是以半保留的方式复制的。又如中心法则的提出和证实,以及遗传密码的破译等原理内容,也都包含着演绎推理的方法。

3. 类比

类比是根据两个对象在某些属性上相似而推出它们在另一属性上也可能相似的一种推理形式。在生物科学史上,许多原理的前身——假说的提出都采用了类比的方法,如萨顿提出的“基因在染色体上”的假说;分子生物学中遗传密码的提出:DNA 分子上的 4 种脱氧核苷酸的排列顺序是怎样决定组成蛋白质的氨基酸的排列顺序?科学家将这个问题与通信技术中的密码相类比,提出了 mRNA 上三个相邻的核苷酸组成一个遗传密码,从而建立了“三联密码”的假说,为以后“中心法则”的创立奠定了基础。又如,植物细胞渗透吸水原理的探究,通过物理渗透装置的实验,得出渗透作用产生应具备的两个条件:一是半透膜,二是半透膜两侧溶液的浓度差。科学家将成熟的植物细胞与物理渗透装置加以类比,提出可以把原生质层看作一层半透膜的假设。原生质层两侧的溶液通常具有浓度差,因此,成熟的植物细胞能够与外界溶液发生渗透作用。经实验探究,假设成立,得出植物细胞渗透吸水的原理。

12.2.3　理论联系实际加强生物学原理的应用

原理源于实践又回归实践。生物学中的许多基本原理能够运用于工农业生产、卫生保健、环境保护和日常生活实际中。学生在运用有关原理解决实际问题的过程中，能深化对有关原理的理解和掌握。例如，酶的催化作用原理运用于加酶洗衣粉，光合作用原理运用于农业生产上提高光能利用率，顶端优势原理运用于园林修剪造型，生物变异的原理运用于培育生物新品种，物质循环和能量流动原理运用于生态农业，等等。

12.3　原理教学示例

下面以"细胞增殖"的教学设计为例，对生物学原理教学作进一步说明。

【教材分析】

(1) 教材地位　本节是人教版普通高中课程标准实验教科书生物必修 1《分子与细胞》第 6 章"细胞的生命历程"中的第 1 节。本节内容主要讲述了有丝分裂的过程，包括细胞周期的概念和各时期染色体的变化规律，明确了有丝分裂的重要意义。有丝分裂的知识是后面学习减数分裂和遗传基本规律的基础，因此本节课地位相当重要。

(2) 教学重点和难点

教学重点：细胞周期的概念和特点；有丝分裂时期的特点；动植物细胞有丝分裂的异同。

教学难点：有丝分裂过程中染色体的行为特征及其与 DNA 的数量变化规律。

【教学目标】

(1) 知识目标　说出细胞不能无限长大的原因，说出细胞无丝分裂的特点，简述细胞周期的概念；概述细胞有丝分裂的过程，尤其是各时期染色体(染色质)的动态变化过程。

(2) 能力目标　模拟探究细胞表面积与体积的关系；用高倍显微镜观察细胞的有丝分裂过程。

(3) 情感目标　培养实事求是的科学态度和一丝不苟的科学精神。

【教学设计思路】

本节应让学生重点学习细胞有丝分裂的过程，教师可用染色体模型、剪贴图来讲解，也可以让学生操作染色体模型、剪贴图，理解细胞有丝分裂过程中染色体数目和行为的变化。用多媒体播放植物细胞有丝分裂的过程，让学生认识到细胞分裂过程具有动态性和连续性。用挂图展示动植物细胞有丝分裂的全过程，让学生进行对比，在此基础上总结出有丝分裂的特征和实质。同时，教师应指导学生理解有丝分裂过程各时期特点，各个时期细胞中染色体、DNA、染色单体数目变化，让学生绘出以上数目变化的曲线图。

根据"观察植物细胞有丝分裂"实验的难度和学生的实际情况，实验过程中教师可先引导学生阅读实验方法步骤，然后动手实验操作、观察。同时，要求学生观察有丝分裂的永久装片和教师准备好的有丝分裂 5 个时期示范片。组织学生讨论、绘图以加深理解和提高绘图能力。为保证实验取得较好效果，教师在实验前应讲解实验成功的关键，即解离充分、染色时间和染液浓度，压片时压力必须适当，要让学生了解根尖的培养方法、取材时间、解离和漂洗的目的和方法，分生区细胞的特点。

【**教学过程**】

表 12 - 1　"细胞增殖"的教学过程

教学程序	教师活动	学生活动
问题探究	出示个体大和个体小的两种动物的挂图,让学生讨论生物体的长大是靠细胞数目的增多还是靠细胞体积的增大。 从细胞的角度分析,生物体为什么能由小到大?	观察、思考并回答: (生物体的长大是细胞分裂使细胞的数目增加及细胞生长使细胞体积增大的结果。)
	评价学生回答,引导学生思考: 为什么生物体大都是由许多体积很小的细胞组成的,而且细胞生长到一定程度会发生细胞分裂或者不再继续增长呢?	思考并回答: (与细胞的物质运输的效率有关。)
	针对问题,引导学生制定解决方案,设计探究物质扩散速率与细胞大小关系的模拟实验。	交流设想,讨论各种方案的可行性。
细胞不能 无限增大	组织学生进行模拟实验。 引导学生通过思考与讨论:实验结果说明了什么?	按确定方案,学生两人一组进行实验操作,并观察、记录、分析实验结果。
	让学生计算球体表面积与体积的关系,使学生了解细胞表面积与细胞体积比例大小的关系。	根据球体的体积公式 $V=4/3\pi r^3$,表面积公式 $S=4\pi r^2$,并计算结果。
	引导学生讨论细胞表面积和体积之间的关系,与细胞物质运输效率有何关系? 为什么细胞越大,物质运输的效率越低?	通过模拟实验和讨论,学生充分理解到细胞体积越大,相对表面积越小,细胞的物质运输的效率就越低,细胞表面积和体积的关系限制了细胞的成长,细胞分裂是其发展的必然。
细胞通过分裂 进行增殖	组织学生阅读教材并讨论: 1. 细胞通过什么方式进行增殖,增殖有何意义? 2. 细胞分裂有何方式?	阅读、讨论、发言。
细胞周期	出示图片或投影片。 提问:什么是细胞周期? 分为哪几个阶段?	阅读教材,观察图片或投影片,思考讨论。
	用课件模拟展示间期的动态过程。引导学生观察或操作染色体、DNA 模型或剪贴图。	观察、思考并描述。动手操作剪贴图或模型。
植物细胞 有丝分裂	播放显微镜下连续摄影的植物细胞分裂过程的录像,然后分别利用课件模拟展示 4 个时期的动态过程。	观察并概述各时期的特点。
	结合屏幕或挂图显示的有丝分裂各时期的静态图片,引导学生进行总结。	观察、思考、讨论、记录,了解植物细胞有丝分裂各时期特点。
有丝分裂　动物细胞 有丝分裂	用投影仪在屏幕上展示动物细胞有丝分裂的过程。	观察、思考、讨论、记录。
动植物细胞 有丝分裂比较	出示动、植物细胞有丝分裂过程对比挂图或投影图片。	分组讨论对比两者区别。
有丝分裂 过程中各期 染色体 DNA 数目变化	引导学生归纳出各时期染色体数目、DNA、染色单体数目变化的规律。	思考、分组讨论,画出染色体、DNA、染色单体数目的变化曲线图。
有丝分裂的 实质和意义	引导学生归纳出有丝分裂的实质、概念和意义。	讨论归纳。

续表

教学程序	教师活动	学生活动
无丝分裂	用投影仪在屏幕上展示蛙的红细胞分裂过程,让学生观察思考。	观察、思考无丝分裂过程。
观察植物细胞有丝分裂实验	课前列出实验预习提纲,布置学生预习实验,课堂上让学生再次阅读实验的方法、步骤,教师强调实验成功的关键(取材时间、染液浓质和时间、压片方法)和注意事项,然后让学生分组实验。	阅读、听讲、分组操作并观察。
	展示示范镜头、提供永久装片。	观察,绘图。
	教师组织学生完成实验报告,提出问题让学生思考,如在实验中观察到的细胞,处于哪个时期的比较多? 为什么?	学生完成实验报告。学生思考。回答问题。
小结	投影引导学生小结:细胞增殖的意义、细胞有丝分裂的过程和特点。	参与小结。
课堂讨论、练习	提供一些联系生活实际的练习题。	小组合作或独立思考、讨论,完成练习题。

思考与讨论

1. 何谓生物学原理?
2. 生物学原理通常有哪几种呈现形式?
3. 举例说明形成生物学概念和掌握生物学原理之间的辩证关系。

第13章　生物学新课程的探究活动教学

转变学生学习方式,倡导探究性学习,是生物学课程改革的基本理念之一。在生物学教学中,教师要运用好探究活动(inquiry activity)资源,强调学生的主动学习,逐步培养学生收集和处理信息、分析和解决问题的能力,发展创造性思维,使学生的探究能力最终升华为创造能力,为其今后的发展和终身学习奠定坚实的基础。

13.1　探究活动教学的教材分析

13.1.1　探究的内涵

1. 科学家探究与学生探究的比较

探究有广义和狭义之分。广义的探究指一切独立解决问题的活动,既无研究范围的限制,也无研究方法的限定;狭义的探究专指科学探究。为界定科学教育领域的科学探究,很多学者引用美国《国家科学教育标准》中的提法——“科学探究指的是科学家们用以研究自然界并基于此种研究获得的证据提出种种解释的多种不同途径。科学探究也指的是学生们用以获取知识、领悟科学的思想观念、领悟科学家们研究自然界所用的方法而进行的各种活动。”显然,前一句中的探究是指科学家进行的探究活动,后句中的探究则指教学中的学生探究活动,它实际上是对科学探究的探究。尢论科学家的探究还是学生的探究,都是基于对观察到的现象的好奇和疑问,运用经验知识对现象作出尝试性的解释,设计并实施方案,以收集证据检验解释的合理性,再通过与人交流,进一步完善对问题的认识。

科学家探究与学生探究也有许多不同。学生探究作为一种有效的课程学习方式,模拟了科学家通过探究来发现科学知识的过程,但是并非现实中科学家真正的工作方式,科学家在实际研究工作中的工作方式要复杂和艰巨得多,并且由于时空条件的局限和差异,学生探究活动也很难完全复现当年科学家探究的过程。科学家进行探究活动的目的是研究自然界,探索未知,对实验精度要求较高,探究过程通常是完整的。而学生探究的大多数问题,教师已经知道答案,学生进行探究活动的主要目的是理解科学知识、掌握科学方法、体会科学精神的实质、培养科学态度与价值观,对实验精度的要求无需太高,探究的过程也未必完整。

2. 科学探究的过程和方式

科学探究的过程和方式是多种多样的,没有固定的模式,但有一些基本要素,如:提出问题、作出假设、设计方案、实施方案、得出结论、表达交流等。

(1) 提出问题　知识源于探究,探究始于问题,“问题”贯穿于科学探究的始终。问题既是探究的基础,又是探究过程的核心,科学探究需要发现问题并能够提出问题,运用已有的知识和能力来解决问题,探究过程中可能还会出现新的问题。恰当的问题能激发学生的求知欲望,从而对可能的答案进行猜测和假设。

(2) 作出假设 作出假设是针对将要研究的科学问题,引导学生通过各种渠道搜集相关信息,找出其他人已经发现了什么。然后,筛选其中的有用信息,大胆提出假设,即有根据地推测研究结果可能是什么。

(3) 设计方案 根据猜想、假设,设计合理、详细的探究方案来进行验证。在探究活动中,这是重要的一步,每个学生都可能有与众不同的设计。

(4) 实施方案 按照所设计的方案进行探究活动,观察现象或事实,收集、记录数据。科学探究需要事实和证据。问题和假设经常是在对现象或事实的观察中被引出的,而要证实自己的假设,就需要事实和证据来证实或证伪,对科学性问题的解释进行评价也需要收集可靠的事实和证据。在探究的过程中,要善于运用观察、实验、调查、假设、对比等各种方法,尤其是创造性的科学方法。

(5) 得出结论 科学探究需要对数据进行处理和分析,得出结论,并与之前的假设进行对比,再对结论进行分析和讨论,即在教师的指导下或通过与他人讨论,对探究活动作出科学解释,并进行反思,作出评价。解释要超越现有知识,提出新的见解,因为对于学生,这意味着对现有理解的更新。评价包括对问题、假设、方案、数据、结论等探究活动各个方面的评价,评价后常常需要修订方案,改进自己的学习和探究活动。

(6) 表达交流 用报告的形式对探究活动进行总结,包括活动的目的、方法、步骤、结果、分析和讨论,用口头或书面等方式表达探究过程和结果,与他人交流、分享经验与成果,虚心倾听别人的意见。

有些探究过程只包含其中的几个要素,并且未必按上述顺序进行,各探究要素也未必由学生自己决定和实施,只要围绕探究问题,使学生深入探索,那么即使科学探究的几个基本要素有所变化,依然是科学探究活动。例如,在有些情况下,探究的问题是由学生提出的;有些情况下,学生并没有直接提出问题,而是选择教师提供的问题进行探究。目前,很多学者普遍根据提出问题、作出假设、设计方案、实施方案、得出结论这 5 个要素是"由教师提供"还是"学生自己决定和实施",将探究活动分为 5 种不同方式,每种方式分别体现了探究活动的不同开放程度(表 13 - 1)。为便于把握 5 种探究方式各自的本质,分别将其命名为观察型探究、验证型探究、指导型探究、定向型探究、自主型探究。演示型探究是由教师给出探究问题、假设和方案,并进行操作,学生通过观察教师的操作,得出结论;验证型探究是活动时给学生提供现成的问题、假设和方案,由学生在操作中记录数据和现象,进行结果分析与处理,体验和验证教师或教材提供的结论,最后得出自己的结论;指导型探究是把探究问题和假设提供给学生,由学生设计并实施探究方案,收集数据,得出结论;定向型探究是只给学生提供要探究的问题,即给学生明确探究的方向,要求学生自己作出假设,设计方案,实施方案,收集数据,得出结论;自主型探究则是整个探究活动均由学生自主完成,类似科学家的探究活动。

从表 13-1 可以看出,从验证型探究到自主型探究,越来越注重学生的主体作用。研究表明,在探究活动中,学生的自主性非常重要,应该尽量使学生投入到自己发现问题并解决问题的活动中。

表 13-1　探究活动的 5 种方式

探究方式	开放程度	提出问题	作出假设	设计方案	实施方案	得出结论
演示型探究	低	教师	教师	教师	教师	学生
验证型探究		教师	教师	教师	学生	学生
指导型探究		教师	教师	学生	学生	学生
定向型探究		教师	学生	学生	学生	学生
自主型探究	高	学生	学生	学生	学生	学生

13.1.2　教材中的探究活动

生物学课程中的探究活动是学生积极主动地获取生物科学知识、领悟科学研究方法而进行的各种活动。亚瑟·莫里斯·卢卡斯在介绍英国中学理科教学方法概况时曾指出,"运用探究式教学的目的是为了培养学生像科学家那样去思考问题、分析问题,使他们学会科学的思维方法和进行科学实验的本领"。因此,将探究活动引入生物学课程的教学,主要是为了促进学生学习方式的改变,使学生能主动地获取生物科学知识,体验科学过程与科学方法,形成一定的科学探究能力和科学态度与价值观,培养创新精神。

在生物学教材中,探究性学习贯穿于教科书的全部文字和各个栏目之中,因此教学过程的组织和实施应该时时不忘探究,并且首先要把教科书中安排的探究活动做好。无论初中还是高中生物学教科书,都有系列化、多样化的探究活动。下面以人教版普通高中课程标准实验教科书《生物》(必修)为例进行分析。

高中生物学教材中的探究活动包括实验、探究、资料分析、资料搜集和分析、思考与讨论、模型建构、调查、技能训练、制作、课外制作、课外实践等类型(表 13-2)。虽然活动形式与初中生物学教科书中的探究活动有些类似,但各种探究活动的能力要求均有所提高,符合该年龄段学生的认知发展规律。

表 13-2　人教版普通高中课程标准实验教科书《生物》(必修)探究活动类型统计

活动类型	所在分册	活动内容
实验	必修 1 分子与细胞	使用高倍显微镜观察几种细胞 检测生物组织中的糖类、脂肪和蛋白质 观察 DNA 和 RNA 在细胞中的分布 体验制备细胞膜的方法 用高倍显微镜观察叶绿体和线粒体 比较过氧化氢在不同条件下的分解 绿叶中色素的提取和分离 细胞大小与物质运输的关系 观察根尖分生组织细胞的有丝分裂
	必修 2 遗传与进化	性状分离比的模拟 观察蝗虫精母细胞减数分裂固定装片 低温诱导植物染色体数目的变化
	必修 3 稳态与环境	生物体维持 pH 稳定的机制

活动类型	所在分册	活动内容
探究	必修 1 分子与细胞	植物细胞的吸水和失水 影响酶活性的条件 探究酵母菌细胞呼吸的方式 环境因素对光合作用强度的影响
	必修 2 遗传与进化	脱氧核苷酸序列与遗传信息的多样性 自然选择对种群基因频率变化的影响
	必修 3 稳态与环境	探索生长素类似物促进插条生根的最适浓度 用样方法调查草地中某种双子叶植物的种群密度 培养液中酵母菌种群数量的变化 土壤中小动物类群丰富度的研究 土壤微生物的分解作用
资料分析	必修 1 分子与细胞	生命活动与细胞的关系 细胞学说建立的过程 分泌蛋白的合成和运输 细胞核具有什么功能 物质跨膜运输的特点 关于酶本质的探索 分析细胞呼吸原理的应用 叶绿体的功能 健康的生活方式与防癌
	必修 2 遗传与进化	分析人类红绿色盲症 基因与 DNA 的关系 中心法则的发展 转基因生物和转基因食品的安全性 隔离在物种形成中的作用
	必修 3 稳态与环境	血浆的化学组成 神经系统不同中枢对排尿反射的控制 促胰液素的发现 人体的体温调节和水盐调节 艾滋病死因和免疫系统受损的关系 器官移植所面临的问题 评述植物生长调节剂的应用 反映种间关系的实例 生态系统的能量流动特点 生态系统中信息传递的重要性 我国人口增长的情况
资料搜集和 分析	必修 1 分子与细胞	干细胞研究进展与人类健康 社会老龄化的相关问题
	必修 2 遗传与进化	通过基因诊断来监测遗传病 人类基因组计划及其影响
	必修 3 稳态与环境	人口增长过快给当地的生态环境带来哪些影响
思考与 讨论	必修 1 分子与细胞	生命系统的结构层次 原核细胞和真核细胞 组成细胞的化合物 氨基酸的结构特点 蛋白质的结构及其多样性 脂肪的分布和作用 细胞中无机盐的作用 哺乳动物红细胞的吸水和失水

活动类型	所在分册	活动内容
思考与讨论	必修 1 分子与细胞	对生物膜结构的探索历程 1 对生物膜结构的探索历程 2 被动运输 ATP 的利用 光合作用的探究历程 光合作用的过程
	必修 2 遗传与进化	孟德尔获得成功的原因 基因和染色体的关系 分析艾弗里和赫尔希等的实验 构建 DNA 双螺旋结构模型的过程 遗传信息的转录 碱基与氨基酸的对应关系 密码子表 蛋白质合成的过程 遗传密码的阅读方式 基因突变的实例 基因重组的意义 杂交育种的局限性 诱变育种的优点和局限性 生物进化观点对人们思想观念的影响 用数学方法讨论基因频率的变化 生物多样性形成的历史进程
	必修 3 稳态与环境	内环境 内环境与体外环境之间的物质交换 内环境稳态失调的实例 反射弧的基本结构 兴奋在神经元之间的传递 大脑皮层言语区的功能 血糖的平衡 种群的年龄组成 有害动物的控制 发生在裸岩上的演替 践踏对草地群落演替的影响 生态系统的结构 生态系统能量流动的过程 桑基鱼塘的能量流动 碳循环的过程 信息传递的实例和作用 捕食者种群与被捕食者种群间的反馈调节 反映生物多样性价值的实例
模型建构	必修 1 分子与细胞	尝试制作真核细胞的三维结构模型
	必修 2 遗传与进化	建立减数分裂中染色体变化的模型 制作 DNA 双螺旋结构模型
	必修 3 稳态与环境	建立血糖调节的模型
调查	必修 2 遗传与进化	调查人群中的遗传病
	必修 3 稳态与环境	体温的日变化规律 调查当地农田生态系统中的能量流动情况

续表

活动类型	所在分册	活动内容
技能训练	必修1 分子与细胞	设计实验 解释数据 解读图表 解释现象 分析数据
	必修2 遗传与进化	设计实验程序 识图和作图 类比推理 提出假说,得出结论 分析图解
	必修3 稳态与环境	构建人体细胞与外界环境的物质交换模型 评价实验设计和结论 分析和处理数据 运用术语准确表达
制作	必修3 稳态与环境	设计并制作生态缸,观察其稳定性
课外制作	必修1 分子与细胞	利用废旧物品制作生物膜模型
课外实践	必修2 遗传与进化	调查转基因食品的发展现状
	必修3 稳态与环境	设计实验,证明性外激素的作用 搜集我国利用生物技术保护生物多样性的资料

13.2 探究活动教学的功能

生物学探究活动教学对于提高学生的生物科学素养,保持对自然的好奇心,理解科学的思想观念,形成正确的情感、态度和价值观,增强分析问题和解决问题的能力,提升实践和创新能力等,具有显著的作用。

13.2.1 有助于对生物学知识的自主建构

在生物学探究活动教学中,学生经历的不再只是书本知识的简单罗列和被动接受,而是与生活密切相关的探究情境,处于一种主动探究并注重解决实际问题的学习状态。但是,这并不意味着进行生物学探究活动教学只重活动不重知识。

为了解决当前实际问题,学生们必须把曾经学过的生物学知识联系和组织起来,运用到与生活、社会联系的主题中。这种学习新知识的过程是动态的、开放的、体验性的。通过自己的亲身体验来积累生物学知识,了解生物学知识的形成和发展过程,丰富学习经验,有助于学生从实践中自主建构"活"的生物学知识,加深对生物学知识的理解,灵活运用到新的实践中。

此外,学生在生物学探究活动中需要不断思考如何才能解决问题,怎样解决才是正确有效的途径,用什么方式来验证自己结论的正确性等问题。在这种锻炼下,学生可以获得对科学探究的深刻认识,逐渐掌握与科学探究相关的方法策略性知识。

13.2.2　有助于实践和创新能力的提升

开展生物学探究活动教学,对于加深学生对科学探究过程的理解,发展生物学实践能力,增强创新能力有积极意义。主要体现在以下几个方面。

1. 增强问题意识

在生物学探究活动中,学生从观察和思考中发现并提出问题,描述问题,分析和分解问题,学习提出有新意的问题。这些训练有助于发展学生的质疑精神,增强提出问题的能力,增进对提出问题意义的理解。

2. 增强猜想和假设意识

针对提出的探究问题,学生需要作出分析,并形成自己的猜想和假设,通过搜集事实和证据来验证猜想和假设的正确性。这将有助于学生理解猜想和假设对生物学探究的作用,增强猜想和假设的意识,学习猜想和假设的思维方法,发展提出猜想和形成假设的能力。

3. 增强信息意识

在生物学探究活动中,为了解决实际问题,需要收集、处理、应用各种信息,从而可以发展学生收集信息和处理信息的能力,理解收集、处理信息对生物学探究活动的意义,增强运用信息技术收集证据的意识,学习收集信息的途径、处理信息的技术、评价信息的方法等。

4. 增强实验意识

在很多生物学探究活动中都要用到实验的研究方法,学生要制定并实施科学合理的实验方案,有利于认识实验在生物学探究中的重要性,发展制订计划、设计并操作简单生物学实验、分析结果、作出结论、形成科学解释、评价过程与结果的实践能力。

5. 增强合作和交流意识

牛物学探究活动的教学通常是以小组合作学习的形式组织开展的。小组合作学习是同学之间互相学习、交流信息的过程,也是互爱互助、情感交流、心理沟通的过程。通过合作学习,可以增强学生的团队精神,发展表达交流和合作的能力,认识合作和交流对生物科学发展的意义。

6. 增强创新意识

生物学探究活动教学中,无论是探究问题的提出、探究方案的设计、探究方法的应用,还是探究结论的形成与解释,都离不开创新。学生在不断的实践和创新中,可以逐渐理解生物学探究不仅需要运用生物学原理、模型和方法,还需要创造性的思维能力。

13.2.3　有助于科学态度和情感的培养

科学态度和情感的培养可以说是生物学探究活动教学的灵魂,主要是培养学生对生物学科、生物学学习、自然界和科学、技术与社会的态度和情感。生物学探究活动教学对培养学生科学态度和情感的积极意义主要体现在以下几个方面:

首先,参与生物学探究活动,可以使学生体验探究的乐趣,保持对自然的好奇心,激发生物学学习的动机,培养热爱科学、热爱生命、热爱大自然的情感。

其次,生物学探究活动的顺利开展需要勇敢的质疑、严谨的态度、实事求是的作风、百折不挠的进取精神以及良好的科学道德,有利于培养学生的科学态度和科学道德。

再者,学生能够在生物学探究活动中学会分享与合作,善于倾听他人意见,与同伴合理分工协作、尊重他人人格,坚持正确看法,勇于修正错误。

此外,很多生物学探究活动的课题与我们的社会和生活息息相关,通过探究活动可以培养学生积极关注社会热点问题、参与社会活动的意识,培养可持续发展的社会责任感和使命感。

13.3 探究活动教学设计

做好生物学探究活动的设计和教学,对于贯彻课程标准精神,落实课程改革目标具有十分重要的意义。教师在进行生物学探究活动的教学设计时,应体现生物学课程标准的要求,以建构知识、发展能力为主要目标,以科学方法为重要线索,把握好各探究活动的设置意图,注意与理论教学有效衔接,设计丰富多样的活动形式和科学有效的评价手段,从而充分调动学生探究的主动性,让学生生动活泼地开展自主探究。

13.3.1 探究活动目标的确定

生物学教材中选取的各探究活动的目标侧重点有所不同(表13-3)。有的探究活动要求学生通过探究掌握基本的科学事实和原理;有的探究活动要求学生体验科学探究的一般过程;有的探究活动需要通过实验收集证据,重点在如何控制变量和设计对照实验;有的探究活动重在数据的收集、整理和解读;有的探究活动重在取样、检测;有的探究活动重在设计合理的实验装置;有的探究活动有多个侧重点。此外,如何发现问题(或确定问题)、作出假设,以及如何分工合作、表达交流几乎是所有生物学探究活动的共同要求。因此,一项探究活动的教学设计,应当首先考虑学生通过这项活动建构哪些知识,如何建构这些知识;发展哪些方面的探究能力,确定能力目标侧重点,在活动方案中提出要求。

表13-3 不同类型生物学探究活动的能力目标侧重点

探究活动类型	特 点	能力目标侧重点
实验	说明材料用具、方法步骤等	培养操作技能和观察能力
探究	学生自行制定探究方案,自主探究	全面提高科学探究能力
模型	通过提供一定的指导,由学生建构模型	领悟和运用建构模型的方法
资料分析	提供让学生分析的资料	培养信息处理能力
资料搜集和分析	让学生搜集资料	培养信息搜集和处理能力
思考与讨论	提出要讨论的问题	培养思维能力
技能训练	就科学探究的某一环节创设情境,提出问题	训练过程技能
调查	提出要求和提示,让学生到自然界或社会中进行调查	培养调查能力

13.3.2 探究活动资源的设计

鼓励学生发现问题并解决问题是探究活动教学的主线。生物学教科书中的多数探究活动都是以问题情境的形式呈现的,可以直接用于探究活动的教学组织;但也有一些本来适合开展探究性教学的生物学内容是以描述和讲解的形式呈现的。因此根据教科书中的陈述性知识设计适合探究的学习情境(可以来自生产和生活实践、科学史、科技发展动态等),并从中生成科学、有效的探究问题,显得尤为重要。教师在设计生物学探究活动时,要围绕探究活动的教学目标,结合本地区和本校实际,充分利用校内资源、社区资源和网络资源,选择适宜的生物学材料和形式多样的学习资料。在此基础上,尽可能设计与现实类似的、直观的、多样化的、具体的探究情境,解决学生在现实生活中遇到的问题,为学生营造可以充分发挥创造性的探究学习空间。

13.3.3　探究活动过程的设计

对生物学探究活动的设计,不能只关注结论的正确与否,要特别重视探究过程的设计。因为,中学生所开展的生物学探究活动,其结论往往在科学史上已有定论,之所以还要学生去探究、去发现,是想让他们在探究过程中领悟科学的思想观念,体验科学家研究自然界所用的方法,同时获取知识。因此,有必要对探究活动过程进行精心设计,让每一个学生有明确的探究目标、科学的活动程序,并在教师指导下观察、记录、分析、检验、表达交流。

此外,多数生物学探究活动的基本组织形式是小组合作,特别是在我国中学班额普遍偏大的情况下,很多活动只能分组进行。因此,设计有效的小组合作学习机制是生物学探究活动过程设计的重要方面。例如,按照"组内异质,组间同质"的原则划分学习小组,明确小组成员的角色分工和定期轮换,设计有效的探究成果交流机制等。

13.3.4　探究活动指导的设计

虽然在生物学探究活动中,要给学生创造充分的动手动脑的机会,鼓励学生自主探究,但是开放性过大的探究活动又会使学生茫然无措。因此,还需要教师进行适当的引导。比如,通过一定的提示,为学生提出问题、思考问题提供线索;通过设置思考题,启发学生设计探究方案等。

了解学生的认知结构是教师指导开展生物学探究活动的前提。因此,在设计生物学探究活动时,教师应充分考虑学生的知识背景、生活经验、技能水平、兴趣爱好、性格特点和学习习惯,选用合适的探究指导策略。例如,创设生动的问题情境,使学生产生强烈的认知冲突和探究欲望;在猜想和假设环节,指导学生充分调动已有的知识和经验,进行科学的猜想和假设,而不是凭空臆测;在设计探究方案时,从材料选择、变量控制、对照设置、操作步骤、结果观察等方面给予学生适当提示,或通过思考题启发学生的设计思路,再引导学生将设计思路细化为可操作的步骤;在学生实施探究方案时,要提前计划好如何对学生的探究过程进行观察诊断和巡堂指导;在结果讨论时,则应充分预测学生可能出现的探究结果,引导学生进行科学、合理的解释,并指导学生用规范的文字、图形、表格等形式表达和交流探究的过程与结果。

13.3.5　探究活动评价的设计

对学生参与生物学探究活动的及时、有效的评价也很重要,教师应提前对评价内容、评价方式等进行设计。从评价内容上来说,教师应当对学生在活动中的态度、技能把握情况、能力发展情况等作出公正与激励性的评价,指出发展的方向,激励学生不断追求成功,从而有效地激发学生继续探究的积极性,帮助学生发现潜能、发挥特长,同时促进探究活动朝着更加健康有序的方向发展。通常可以依据探究活动的基本要素进行评价维度设计(表 13-4),再根据各探究活动的具体教学目标,进行具体评价指标和权重的设计。

表 13-4　生物学探究活动评价参考维度

评价维度	评价内容	权重
提出问题	从问题情境中发现问题	
	提出科学的可以探究的问题	
	从生物学的角度明确表达这些问题	
作出假设	对问题进行猜想	
	提出可检验的假设	
	应用已有知识对探究结果进行预测	
设计方案	明确探究目的	
	选择恰当的探究材料和器材	
	合理控制变量	
	设计对照组	
	列出具体探究步骤	
实施方案	按照既定方案进行探究	
	仔细观察	
	规范操作	
	准确记录现象和数据	
得出结论	对探究结果进行合理的分析、解释和描述	
	根据探究结果归纳出结论	
表达交流	用恰当的形式表达探究结论	
	与他人进行良好合作	

从评价方式上来说,应设计多元化的评价体系。因为学生的发展具有独特性和差异性,评价应以人为本,重点放在自我发展的纵向比较上,多角度、全方位地评价学生在各个方面原有水平的进步,多关注学生的潜能,多肯定学生的优点,多采用开放性的评价方式,既可由学生自评、互评,也可由教师评定,还可以有计划地评价不同学习小组,发现并表扬能起示范作用的小组或个人,从而全面、客观地评价学生,促进其主动、全面、个性化发展。例如,可以建立探究活动记录卡或档案袋,以记录学生在生物学探究活动中的日常表现;利用实验操作评价量表,评价学生的实验操作技能;设计有效的纸笔测验卷,检测学生知识性目标的达成;通过观察学生行为、问卷调查、访谈、学生自评、同学互评等途径,进行情感态度和价值观目标的评价。

13.4　探究活动教学示例

下面以探究活动"植物细胞的吸水和失水"为例,对生物学探究活动的教学作进一步阐释。

【教材分析】

"植物细胞的吸水和失水"是人教版普通高中课程标准实验教科书生物必修 1《分子

与细胞》第 4 章第 1 节"物质跨膜运输的实例"中的一个探究活动,内容涉及原生质层、质壁分离、质壁分离复原等概念,它与第 3 章第 1 节"细胞膜——系统的边界"有一定的联系,同时又对学生理解物质跨膜运输的特点和后面"生物膜的流动镶嵌模型"、"物质跨膜运输的方式"这两节的学习起到铺垫作用。虽然《普通高中生物课程标准》对本活动的建议是观察植物细胞的质壁分离和复原,但人教版新课标教材并没有机械地将其设置为验证性实验,而是设置为探究活动"植物细胞的吸水和失水",将"观察植物细胞的质壁分离和复原"仅仅作为设计实验方案的一个参考建议,不失为一种积极的尝试。

教材首先为学生创设了两个与植物细胞的吸水和失水有关的生活化情境——把白菜剁碎做馅时,常常要放一些盐,放盐后稍等一会儿就可见到有水分渗出;对农作物施肥过多,会造成"烧苗"现象。这两个学生熟悉的情境,既激发了学生探究的欲望,又为学生提出探究问题做好铺垫。在此基础上,教材按照探究活动的一般程序,结合案例进行逐步引导。但应注意,本活动中的参考案例是为了帮助学生提出问题、作出假设和设计实验而编写的,并非鼓励学生照搬,教师应该在引导学生阅读的同时,鼓励学生自主探究。

探究活动"植物细胞的吸水和失水"的目的是让学生通过探究自主发现原生质层是否相当于一层半透膜,以及水分子进出细胞的条件等问题。在本活动中,学生要想真正做到"探究",必须具备一定的背景知识。因此,整个探究活动的总体思路可以是"先引导式探究,再自主性探究",即先让学生在教师引导下熟悉细胞吸水和失水的基本实验操作,接下来在问题情境中运用所掌握的知识进行探究,把探究放到课的后半部分。以下是根据这一思路对本活动的教学设计。

【教学目标】

(1) 知识目标　能理解植物细胞的原生质层相当于一层半透膜;能说出在什么情况下植物细胞吸水和失水。

(2) 能力目标　具有初步的探究能力,会提出问题、作出假设;尝试设计实验方案;能独立完成植物细胞质壁分离及复原实验。

(3) 情感、态度与价值观目标　能对生活中的一些现象大胆提问和假设,具有积极思考、大胆质疑的科学精神;在小组讨论和交流中学会合作学习。

【教学重点难点】

(1) 教学重点　探究的一般过程和注意事项。

(2) 教学难点　如何提出问题和作出假设。

【教学方法】

探究法;实验法;讨论法。

【教学资源】

紫色的洋葱鳞片叶、马铃薯、含有卵壳的蛋壳;浓盐水、清水、0.3 g/ml 蔗糖溶液、0.6 g/ml 蔗糖溶液、0.3 g/ml 葡萄糖溶液、5％NaCl 溶液、5％尿素溶液、0.1 g/ml KNO$_3$ 溶液、10％盐酸溶液;刀片、镊子、滴管、载玻片、盖玻片、吸水纸、小烧杯、显微镜。

【教学过程】

(1) 总体设计　先引导式探究,再自主性探究(表 13-5)。

表 13-5　探究活动"植物细胞的吸水和失水"教学设计思路

教学内容	教学活动设计	教学目的
课前准备	卵壳膜渗透作用实验	创设问题情境
新课导入	要求学生说明水从烧杯进入卵壳膜原因	培养学生发现问题的能力
提出问题 作出假设	引导学生分析成熟植物细胞是不是也有此现象	培养学生分析问题的能力
分析实验原理	根据上述现象,分析出实验原理	培养学生分析问题的能力
操作实验 证明假设	要求学生根据实验原理,探究实验本质,并完成实验	培养学生的操作能力和创新意识
观察现象 得出结论	学生根据实验现象,分析讨论实验结果,得出结论	培养学生的观察能力和分析能力
解决实际问题	将对比实验与自主性探究实验相结合,得出结论	培养学生分析问题和应用知识能力

（2）教学过程

1）利用小实验导入新课

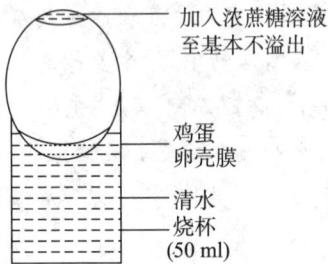

图 13-1　卵壳膜渗透作用实验装置图

课前准备:在培养皿中用盐酸处理生鸡蛋,使一端 1/3 卵壳面露出卵壳膜,另一端溶解 1～1.5 cm^2 的蛋壳孔,倒掉蛋清与蛋白,如图 13-1 所示,制成简易渗透装置。上课时,教师简单介绍一下渗透装置,指导各小组向孔内倒入高浓度的蔗糖溶液至不溢出,并仔细观察实验过程,当学生惊喜地看到蔗糖溶液从卵壳膜边缘流出时,问题就自然产生了:烧杯内的水为什么会进入卵壳内呢?

教师由此复习渗透作用的两个条件,引出第一个问题:若将成熟的植物细胞放置在烧杯上面,那么烧杯内的水会不会也进入植物细胞呢?

2）设置悬疑

烧杯内的水会不会也进入植物细胞呢?下面我们来做个实验探讨一下:请大家取大小、形状差不多的两根马铃薯条,先确定硬度如何。然后取出两个写有标签的小烧杯,一个倒入浓蔗糖溶液,一个倒入等量清水,再分别放上马铃薯条。放置一段时间后,请相关同学描述马铃薯条硬度的变化。

在描述马铃薯变化的基础上,引导学生分析:马铃薯在清水中吸水,在浓蔗糖溶液中失水,但是马铃薯吸收的水要进入到哪里?是进入细胞内还是细胞间隙?马铃薯中流出的水又是从哪里来?这个问题便从宏观进入到微观。请学生分析马铃薯细胞即植物细胞的结构(同时教师出示相关图形),引导学生从结构上推理出吸收的水是先通过原生质层再进入细胞液,流出的水从细胞液中出来,通过原生质层,再流到外面。通过这个实例是不是间接说明原生质层相当于一层半透膜,能使植物细胞发生渗透作用呢?但是推理的结果是不是事实,要通过实验证明。可是水是无色的,怎样知道有无水分进出细胞?

由于问题从宏观现象进入微观细胞,学生不知所措,难以回答,于是引导学生:细胞是一微观结构,肉眼看不见,若要观察细胞,就要用到显微镜;为此,对实验的材料有什么要求?经老师的指点,再通过学生的讨论,确定:用紫色洋葱鳞片叶的外表皮做材料。因为细胞中有较大的液泡,细胞液中带有花青素;材料易得,方便制作临时装片和观察。用 0.3 g/ml 的蔗糖溶液和清水分别与细胞液形成浓度差。

3）设计实验方案

通过上述讨论,学生确定探究实验的基本思路为:先制作洋葱鳞片的外表皮临时装片,并在低倍镜下观察此时细胞的状态;再用 0.3 g/ml 的蔗糖溶液处理,并在低倍镜下观察细胞状态的变化;最后用清水处理,再在低倍镜下观察细胞的变化。

4）实施方案

为了比较容易撕取洋葱表皮,在上课前,可以把洋葱放在太阳下晒一晒,学生动手实验时,就更容易制作出临时装片,此时在低倍镜下看到的细胞紫色较深而细胞不重叠;再让学生在盖玻片的一侧滴加 0.3 g/ml 蔗糖溶液,使洋葱表皮细胞浸在此浓度的溶液中,观察细胞的状态,并与之前进行比较,学生对细胞前后状态的变化非常惊讶,教师此时做好以下几点引导:

① 所谓的质壁分离的"质"代表什么结构,"壁"又代表什么结构?

② "质"和"壁"是如何分离的,是从四周平均开始分离,还是从某一处开始分离,或者是其他情况?

为了更好地看清细胞的变化,评价学生的实验结果,可以让个别学生到讲台展示实验结果,让其他学生有所参考。之后,再让学生用清水处理,比较前后的不同。

实验操作:学生可以按教科书上的步骤操作,教师指导。

实验记录:学生观察现象,将结果记录下来。

交流:小组汇报结果,描述实验现象。教师总结两种现象的名称:质壁分离和质壁分离的复原。

总结:提问,学生说出结论:此实验间接说明了植物细胞的原生质层相当于一层半透膜。

5）对比实验与探究性实验相结合

完成基本实验后,学生都具备了一定的基础,兴趣正浓,看到实验桌上有那么多试剂,就会问到:除了蔗糖溶液,其他溶液的情况如何?

教师就可以很自然地引出以下几个探究问题:除了蔗糖溶液,其他溶液是否能达到相同的实验效果?我们这里有多种化学试剂,同学不妨探究下这些化学试剂对实验结果会有什么不同影响。能否总结出溶液的不同对实验的影响。

表 13-6　不同化学试剂对"植物细胞的吸水和失水"实验结果的影响

	0.3 g/ml 蔗糖溶液	0.6 g/ml 蔗糖溶液	5%NaCl 溶液	5%尿素溶液	0.1 g/ml KNO₃ 溶液	10%HCl 溶液
探究项目一						
探究项目二						
探究项目三						
探究项目四						

让各小组学生自由选择感兴趣的问题进行探究、作出假设、设计实验步骤、完成实验、

分析结果,得出结论、表达交流。教师此时做个提示:大家可以对感兴趣的问题进行探究,探究项目可以是多个的,但希望多个的探究项目可以在一个相对实验中完成。以其中一个小组选 0.6 g/ml 蔗糖溶液为例:

探究项目一:0.6 g/ml 蔗糖溶液是否会引起植物细胞质壁分离。

探究项目二:0.6 g/ml 蔗糖溶液引起植物细胞质壁分离后,加清水是否会复原。

探究项目三:0.6 g/ml 蔗糖溶液与 0.3 g/ml 蔗糖溶液引起植物细胞质壁分离时间长短比较。

探究项目四:……

在观摩学生实验过程中,应适时恰当地予以指导。特别是"质壁分离是否会自动复原"这一探究项目学生很少会想得到,教师应对其中一个实验小组加以引导,以使本活动内容更充实。

最后各小组分析实验结果,并进行交流评估,用准确的术语介绍本小组的研究方法和结果,阐明观点,同时听取他人的意见,利用证据和逻辑对自己的结论进行辩护,以及作出必要的反思和修改,教师加以分析总结。

说明(选择各种溶液的原因):

① 选择 0.6 g/ml 蔗糖溶液目的是为了探究高浓度对质壁分离复原的影响。

② 选择 5%NaCl 溶液目的是为了与 0.3 g/ml 蔗糖溶液比较,探究质壁分离与复原所用时间的长短。

③ 选择 5%尿素溶液和 0.1 g/ml KNO_3 溶液目的是探究质壁分离是否会自动复原。

④ 选择 10%盐酸溶液目的是探究植物细胞死亡后是否也会吸水与失水。

【布置课外作业】

每人制作一种凉菜或腌制一种蔬菜,并写出设计方案,如使用的调料及浓度、制作过程、时间长短与现象的关系、原理等,由家长品尝评价并反馈给老师。

【时间分配】

卵壳膜吸水实验与马铃薯实验7~8分钟;

共同讨论、设计实验、确定步骤4~5分钟;

制作临时装片,观察质壁分离和质壁分离的复原15分钟;

对比实验与探究性实验15~17分钟。

【点评】

生物学新课程倡导通过探究性学习,全面提高学生的生物科学素养。要实现这一目标,教师的教学方式就应该发生改变,角色必须转换,由原来课堂的绝对控制者,转变为学生学习的指导者、组织者、合作者,由原来的权威地位转变为和所有学生平等的地位。本活动正是基于这一理念,力图促进学生学习方式的变革,通过问题串的形式引导学生进行自主探究,体验科学探究的基本过程;提出值得探究的问题,建立合理的假设,设计有效的实验方案,获取事实证据,验证假设。在经历材料与方法的选择、实验设计、实验过程和结果分析等一系列探究活动的过程中,领悟科学探究的一般方法,培养质疑、求实、创新的科学态度和精神。在教学中,综合使用探究法、实验法、讨论法等教学方法开展教学活动,尊重学生多样化发展的需求,训练了学生的各项技能,培养了学生多方面的能力。

思考与讨论

1. 在组织生物学探究活动教学时,应注意哪些问题?

2. 如何创设有效的生物学探究学习情境?

3. 有人说,"探究活动教学就是让学生动手做实验",你同意这种说法吗? 如何判断生物学教学是否为探究活动教学?

第14章 生物学新课程的实验教学

生物学是一门以实验为基础的自然科学,实验教学不仅是中学生物学教学中极其重要的教学内容,更是培养学生实践能力和科学精神的重要教学方式。生物学实验教学(biological experimental teaching)是指教师指导学生运用一定的仪器、用具或药品,通过科学的方法,使一般情况下不易直接看到的生物体结构和生命活动现象呈现出来,以便从中获得或巩固、验证生物学知识,训练技能,发展能力和培养情感态度与价值观的教学实践活动,是生物学教学极其重要的教学内容、形式、方法和手段。

14.1 实验教学的教材分析

中学生物学新课标教材中的实验比重很大,而且很多实验由过去的验证性实验改为探究性实验,以全面提高学生的科学素养为宗旨,以培养学生的创新精神和实践能力为重点,以促进学生转变学习方式即变被动学习为主动探究式学习为突破口,使教材符合学生发展的需要和社会需求,反映生物科学的新进展及其在社会中的广泛应用。如何找到适应这种变化的实验课教学模式成为广大中学生物学教师面临的一个十分重要的课题。

14.1.1 中学生物学实验的基本类型

从不同的角度,可以把中学生物学实验分为不同的类型。

1. 从学科特点来划分

中学生物学实验可分为:植物学实验、动物学实验、微生物学实验、形态学实验、解剖学实验、生理学实验、分类学实验、遗传学实验、生态学实验等。

2. 从实验手段来划分

中学生物学实验可分为以下三类:①定性观察实验,如观察叶绿体的结构、观察细胞质的流动等;②定量分析实验,如有性杂交实验,种群密度的取样调查等;③模拟探究实验,如性状分离比的模拟实验,通过 DNA 分子杂交的方法鉴定人猿间亲缘关系的模拟实验等。

3. 从学生的认知角度来划分

中学生物学实验又可作如下分类:①验证性实验,如观察植物细胞的有丝分裂、观察被子植物的花粉管等;②探究性实验,又可分为提供明确方法步骤的引导探究式实验,如人类染色体的组型分析,让学生设计的开放探究式实验,如植物向性运动的实验设计和观察。

4. 从教学方式角度来划分

中学生物学实验则可以分为:演示实验、学生实验(实验课)、课外实验(家庭实验)三种类型。这种分类方法是中学最常采用的。

　　随着生物学实验内容和数量的增加,实验的类型趋于多样化。以现行人教版中学生物学教材为例,从实验内容看,初中侧重于观察动植物的形态结构、生理现象,人体的生理功能和动物的行为等;高中则侧重于生理、生化分析实验。从学生的认知角度看,初中生物学实验多数仍为验证性实验,高中生物学实验中有一定比例的探究性实验。从教学方式角度看,初中有演示实验、学生实验和课外实验三种类型,高中则主要是学生实验。

14.1.2　实验在中学生物学教学中的地位

1. 实验是中学生物学教学的重要形式

　　《生物学课程标准》明确指出,实验教学是生物学教学的基本形式之一。生物学实验教学符合学生的身心特点和认知规律,不仅能将深奥、抽象的理论知识变得形象直观、浅显易懂,而且对学生智力的发展、能力的培养、人格的塑造起着独特、高效的作用,能帮助学生了解事实、概念、原理,掌握生物学实验技能和科学的学习方法,培养学生各方面的能力及良好的学习情感,为其生物科学素养的提升奠定重要基础。因此,各种版本的生物学新课程教材普遍把实验安排在知识内容之前,让学生先进行实验,后得出结论,最后形成知识。

　　目前用实验组织教学也是教师普遍采用的教学方式,许多探究性活动也是通过实验来进行的。这种教学可以从学生的原有认知经验出发,由感性到理性,使概念、原理与实践活动紧密结合,使课堂教学结构紧凑,能激发学生思维和学习兴趣,效率高,效果好。通过实验,学生可以了解科学家研究发现生物学规律的探索过程,以及科学家发现、思考和解决问题的重要方法,体验科学探索过程的艰辛。

2. 实验是中学生物学教学的重要内容

　　在中学生物学教学中,实验不仅是辅助理论教学的必要形式,同时也是生物学知识和能力的重要载体,是生物学教学的重要内容,具有数量多、类型全等特点。特别是新课程改革以来,各版本生物学教材中的实验数量都明显增加。如人教版高中生物学实验由原来的 4 个实验、1 个选做、1 个实习,增加到现在的 12 个实验、1 个选做和 4 个实习。初中由原来的 36 个实验,增加到现在的 53 个实验。随着生物学实验内容和数量的增加,实验的类型也趋于多样化。

　　此外,《生物学课程标准》指出,生物学教学的目标之一是培养学生的能力,即实验能力、利用信息的能力、探究能力、合作能力、实践能力、解决实际问题的能力等。这些能力的形成需要学生在参与实践的过程中进行学习和训练,而生物学实验本身就是一种十分重要的综合性实践活动。因此,生物学教学必须重视实验教学,并把积极的科学思维方法渗透到实验的全过程中,使它成为培养学生能力的有力支撑和保证。

14.2　实验教学的功能

　　生物学实验不仅是生物学教学中极其重要的教学内容、方法、手段和形式,也是生物学魅力和学生学习兴趣的源泉。所以,加强实验教学是提高中学生物学教学质量的重要环节。生物学实验教学的功能可以概括为以下方面。

1. 有助于激发学生学习生物学的兴趣

生物学实验教学具有真实、形象、直观、生动等特点,能引起学生浓厚的认识兴趣和强烈的求知欲望。认识兴趣是学习动机中最现实、最活跃的成分。在生物学实验过程中,引起学生的认识兴趣主要表现在,对实验现象的观察、实验过程的操作、实验结果的分析解释等方面会产生直接和间接的兴趣。中学生亲自动手进行实验操作,实验的成功会给他们以激励,带来极大的学习兴趣。直接兴趣和间接兴趣的有机结合,有利于发展学生学习的稳定兴趣,并进一步调动学生的学习积极性和主动性,从而成为推动学生获取知识、开阔视野、努力学习的强大内驱力。

2. 有助于促进学生对生物学知识的学习

中学生物学基础知识的教学主要是使学生学习和掌握生物学最基本的概念、原理和规律。学生可以通过实验操作、观察现象,利用多种感官直接感知事物本身,增强直接经验,获得生动表象,发现问题,形成一定的概念,发现概念之间的联系(即规律)以及生物学原理。此外,生物学实验(如实验操作、实验习题、实验复习、实验测验等)是检验和考核学生理解和掌握生物学知识的一种有效方法,也是考核实验操作技能的最好方法,同时,对于深化理解和巩固生物学知识以及提高生物学实验技能都有积极作用。特别是对于某些比较抽象的生物学概念、原理和规律,教师可以通过实验为学生创设良好的学习情境,从而有效突破教学难点。

3. 有助于加强学生对科学方法的训练

实验是对学生进行科学方法训练的重要途径。生物学实验能使学生学会观察、测定、控制实验条件、记录实验、分析处理数据等科学研究方法。另外,实验都有一定的程序,教师可以根据不同的实验内容,有目的、有侧重地对学生进行选择器材、控制变量、设置对照、操作观察、分析结果等实验程序训练。在生物学实验中对学生进行科学研究方法的训练,不仅是提高生物学教学质量的要求,也是增强学生的科学素养,培养创造性人才的需要。

4. 有助于提升学生的生物学基本能力

生物学实验对于培养学生的观察能力、实验能力、思维能力、信息能力、创新能力等基本能力具有重要作用。首先,实验是训练和掌握生物学基本技能的重要手段,学生在仔细观察教师演示操作的基础上,按照教师的操作规范进行练习,熟练以后,形成动作定势,就掌握了这种实验技能。其次,在生物学实验中,会遇到很多问题,为了解决难题,需要通过各种渠道查找资料,无形中提升了学生的信息能力,在分析和解决实验问题的过程中,还培养了学生的思维能力,形成良好的思维习惯。此外,在创造性地解决实验问题或进行生物学实验设计的过程中,学生的创新能力得以有效激发。

5. 有助于培养学生良好的情感态度价值观

通过生物学实验,能培养学生勤俭节约、爱护公物、讲究卫生等美德,并提高学生的审美意识,养成良好的实验习惯。在实验过程中,只有具备锐意进取的创新意识、互助共进的团队协作、科学正确的方法步骤、实事求是的科学态度和严谨细致的工作作风,才能达到实验目的。因此,生物学实验可以培养学生严谨求实的处世态度、批判创新的进取精神和互助协作的团队精神。通过生物学实验,学生明白科学要经过无数的失败和反复的探索才能最终得出结论,这就是渴求真知的理性精神和不畏困难的探索精神。此外,生命的物质性观点,生命物质的运动、变化观点,事物的普遍联系观点,矛盾的对立统一观点,以及生物进化观点和生态学观点等辩证唯物主义观点,在生物学实验中都不同程度地有所体现。生物学实验不仅可以为学生提供丰富的感性认识材料,而且还使学生受到最为生动的辩证唯物主义的基本规律和观点的教育。

14.3　实 验 设 计

生物学实验设计(biological experimental design)是指在进行生物学实验之前,根据一定的实验目的要求,运用有关的科学知识原理,对生物学实验过程中的材料、手段、方法、步骤等实验方案的制定。生物学教学中的实验设计与科学家在进行生物学研究中的实验设计是有区别的。首先,生物学教学实验的大部分课题是教材或教师拟定的,实验原理也是已知的。其次,由于实验课时、实验条件、实验手段等的局限性,不可能给学生提供更多、更复杂的探索背景,因此,大多数实验是在教师主导下的探索,探索的内容也是已被前人证明过的。当然,也不排除个别学生的个别发现和探索。

14.3.1　生物学实验设计的原则

进行生物学实验设计时,应在掌握实验目的、原理的基础上确定实验方法,准确设置对照或变量,注意实验程序的科学性、合理性,恰当选择实验对象,预测可能出现的实验结果及原因,并能得出科学的实验结论。具体来说,要遵循以下几个方面的原则。

1. 安全性原则

安全性是设计生物学实验的首要原则,一旦实验出现事故,不但影响教学任务的完成,甚至造成人身伤害。首先要注意实验环境安全问题,包括实验室中药品的安全存放,实验室的用电安全、消防安全以及良好的通风设施等。其次是学生进行实验过程中的安全,特别是在使用一些实验器具(如解剖刀、解剖剪、酒精灯等)、有毒药品(如甲醛、丙酮等)、腐蚀性药品(如强酸、强碱等)时,一定要特别小心,严格执行生物学实验的安全规章制度,要有切实可靠的安全措施。如果实验涉及户外工作,还要注意防止当地可能发生的意外。

2. 科学性原则

科学性原则是生物学实验设计的重要原则。所谓科学性,是指实验目的要明确,实验原理要正确,实验材料和实验手段的选择要恰当,整个实验设计思路和实验方法的确定,都不能偏离生物学基础知识和基本原理以及其他学科领域的基本原则。

3. 可行性原则

可行性原则是指在设计生物学实验时,从实验原理、实验的实施到实验结果的产生,都具有可行性。例如,"观察叶绿体"的实验设计,选择的实验材料必须是绿色植物的叶肉部分,使用的实验手段必须是显微镜的高倍镜,才有可能成功。如果用叶片的表皮或叶脉部分,或者使用低倍镜,则不可能达到观察效果。

4. 简便性原则

简便性原则要求在实验设计时,要考虑到实验材料容易获得,实验装置比较简易,实验药品比较便宜,实验操作比较简便,实验量化比较简单,实验步骤比较少,实验时间比较短。这样,可以避免学生在实验设计中陷入一些繁琐的过程,而忽视一些生物学实验中的关键问题,如对实验原理的思考,对实验现象的分析等。

5. 控制性原则

生物学实验是通过控制和干预实验对象而进行的探索活动。控制本身就是在分析的基础上找出影响实验现象、结果产生的各种因素,从而以控制或干预某一需要研究的因素来达到认识事物本质的目的。因此,控制本身就是一种理性的思维。

6. 对照性原则

对照比较是确定事物之间异同及其关系的过程,是思维过程中的一个重要环节,也是能否抽取和概括本质特征,舍弃非本质特征的重要前提。通过对控制对象所表现出的特征的比较,才能发现事物之间的差异性和同一性。中学生物学实验一般多采用对照的方式,消除无关变量对实验结果的影响,从而增强实验结果的可信度和说服力。

7. 随机性原则

在生物学实验设计中,还应以数学理论为依据,尽量消除或减少实验中的系统误差,从而避免实验结果的偶然性。这正是随机性的意义所在,也是我们在生物学实验设计中应特别注意的问题。

8. 重复性原则

某一个具体实验的结论,未必能概括出同类事物的本质。这就需要用重复实验的方法来验证某一具体实验所反映结果的可信度。扩大实验的样本是一种重复,将实验结果推广到同类事物中再次实验也是一种重复。重复性原则就在于尽可能消除非处理因素所造成的误差。一般认为重复 5 次以上的实验才具有较高的可信度。

14.3.2 生物学实验设计的方法

实验设计是生物学实验教学的一项重要准备工作,直接关系到实验教学效率的高低和实验的成败。下面从实验原理、目的要求、材料用具、变量控制、方法步骤、注意事项、结论与讨论、教学评价等方面,介绍如何进行中学生物学实验的设计。

1. 实验原理的阐释

实验原理是指生物学实验方法、实验手段、实验操作过程以及实验结果分析等所依据的科学理论,是整个实验的灵魂,包括生物学实验中涉及的各学科知识原理、控制原理和实验手段的使用原理等。实验前必须深入理解实验原理和技术要领,这是具体指导实验的理论依据,也是保证实验顺利进行的前提条件。

2. 实验目的要求的确定

实验目的要求是指用精练的语言阐明为什么做本实验以及学生完成本实验后应达到的要求,一般从知识、技能、能力和情感等方面去说明,它是实验的出发点和归宿。教师在进行生物学实验教学之前,先要根据学生的认知特点,确定明确而具体的目的要求,并让学生在明确实验目的之后再进行实验。中学生物学实验教学的主要目的不仅是帮助学生验证某一知识,还应通过实验学会探究的方法,形成科学的思维品质,激发学习的兴趣。

3. 实验材料用具的选择

生物学实验材料用具是指实验应准备的材料、用具、仪器、药品和试剂等。教师在选择时,不要局限于教材中指定的材料用具,应当把握简便、易得的原则,根据教学实际,勇于改进与创新,并通过预实验确定最适宜的材料和用具。

4. 实验变量的控制

在科学实验中可以变化的量叫做变量。实验变量的控制就是根据实验目的和实验原理,在设计实验时确定对实验结果有影响的变量,同时,对其他无关变量或非研究变量进行控制。生物学实验中的反应变量既可以是事物的数量,也可以是事物的质量,还可以是事物的某种状态,如光照强度、温度高低、时间长短等。在生物学实验中,通常用设置对照的方法实现对反应变量的控制,这是生物学实验设计的灵魂。

5. 实验方法步骤的设置

实验方法步骤主要包括:实验的组织和具体实施方法;实验的时间安排;实验操作的关键技术性环节;实验应注意的问题;实验应准备的材料、用具、仪器和药品等。实验方法步骤的设计是整个实验设计的中心环节,是依据实验目的和实验原理来设计实验中的各个细节,最终通过具体的实验实施来达到实验目的。

6. 实验注意事项的分析

生物学实验过程中,注意事项常常是影响实验结果的主要因素。通常由教师在学生动手实验之前,对实验操作的技术要领、实验中容易发生的状况、实验中用到的材料和药品、学生的实验能力等进行综合考虑,并事先向学生说明。目的是尽可能减少实验过程中出现的问题,养成学生良好的实验习惯等。

7. 实验结论与讨论的预设

实验结论与讨论是实验全过程的最后阶段,也是从感性认识上升为理性认识的飞跃阶段。通过实验的观察、操作、记录,学生获得了大量的感性信息,经过分析讨论获得结论,并把所学的理论知识运用于实践,学生掌握生物学的基本规律,学会数据处理、构建模型等科学方法,提高分析问题、解决问题的能力。让学生自己得出结论,这是实验最重要的环节,也是实验宗旨的集中体现。另外,在此环节中还应提出需要讨论的问题等。

8. 实验教学评价的设计

在设计中学生物学实验教学评价时,应当以促进学生发展为目标,强调多元价值取向,提倡评价主体的多元化,教师评价与学生的自评、互评相结合。在评价方式上,使书面评价与学生口头报告、活动展示等评价相结合,量化评价与质性评价相结合,以质性评价为主。在评价内容上,应重视学生在实验过程中的态度、体验、方法、技能、能力等表现,关注学生发现和解决问题的过程。在具体操作中,可采用档案袋评价、操作评价、答辩会评价、量规评价等多种形式。

14.4　实验教学示例

下面以"绿叶中色素的提取和分离"实验教学设计为例,对生物学实验教学作进一步说明。

【教材分析】

"绿叶中色素的提取和分离"是人教版高中课程标准实验教科书生物必修1《分子与细胞》第5章第4节的实验内容。绿叶中色素的种类和颜色决定植物的叶片颜色,决定植物光合作用的效果,它是学习光合作用内容的基础。

【学情分析】

在日常生活中,学生经常听到有关叶绿素和胡萝卜素等色素的知识,但很少有人真正见到过,更没有提取和分离过叶绿体中的色素。因此,学生对亲自从绿叶中提取和分离色素具有浓厚的兴趣。做好这一实验,不但可以使学生学会有关色素提取和分离的方法和技能,还可以激发学生学习生物学的兴趣,加深对光合作用的理解。

【实验原理】

绿叶中的色素能够溶解在有机溶剂无水乙醇中,所以,可以用无水乙醇提取绿叶中的色素。绿叶中的色素不止一种,它们都能溶解在层析液中。然而,它们在层析液中的溶解度不同,溶解度高的随层析液在滤纸上扩散得快;反之则慢。这样,几分钟之后,绿叶中的色素就会随着层析液在滤纸上的扩散而分离开。

【目的要求】

(1) 尝试用过滤的方法提取叶绿体中的色素;

(2) 尝试用纸层析法分离提取到的色素;

(3) 能根据叶绿体色素溶解特性合理选用提取色素的溶剂;

(4) 能说出叶绿体中的色素种类;

(5) 能将叶绿体各种色素的颜色与其种类对应。

【材料用具】

(1) 材料的选择 教材中建议选择的材料是菠菜。它的色素含量较高,分离效果也比较明显。但是选用材料时,如果选择的是大棚蔬菜,色素含量少,水分多,且化肥、农药影响大,使色素的提取和分离受到干扰,实验容易失败;非大棚蔬菜又易受季节影响。因此,可以根据实际情况选择其他材料。选择材料的原则是表面没有或少有蜡质层的叶片以及细胞含水较少的叶片。为降低成本,同时还要考虑选择常见、数量多,且易得到的叶片。

(2) 材料的处理 水分的存在增加了叶绿素提取的难度。所以最好先将叶片烘干,烘干的叶片取1.5 g即可。这样提取液中叶绿素含量高,层析效果也更明显。

(3) 实验用品

1) 干燥的定性滤纸、试管、棉塞、试管架、研钵、玻璃漏斗、尼龙布、毛细吸管、剪刀、药勺、量筒(10 ml)、天平。

2) 无水乙醇(如果没有无水乙醇,也可用体积分数为95%的乙醇,但要加入适量的无水碳酸钠,以除去乙醇中的水分),层析液(由20份沸程为60~90℃的石油醚、2份丙酮和1份苯混合而成。93号汽油也可代用),二氧化硅和碳酸钙。

【变量控制】

本实验为单因素实验设计,自变量为实验材料,因变量是观察到的色素提取与分离的效果,一般情况下无需另设空白对照;如果有学生怀疑"不同色素带是层析液在滤纸上扩散后留下的颜色",不妨设置一个空白对照组,在其他条件完全相同的情况下,空白对照组不画滤液细线,与实验组进行对照;另外,可设置对照实验,分析若滤纸条的一端不剪去两角,对实验结果有何影响;为了强调层析液不能浸没滤液细线,也可以设置一个浸没滤液的对照组;若要设计实验比较不同叶片所含色素的差异,也应设置对照组。另外,对于色素的含量无需精确定量,但应注意排除无关变量对实验结果的影响,如避免滤液的挥发等。

【方法步骤】

(1) 提取绿叶中的色素

● 称取 5 g 绿叶,剪碎,放入研钵中。向研钵中放入少许二氧化硅和碳酸钙,再加入 10 ml 无水乙醇,进行迅速、充分的研磨(二氧化硅有助于研磨得充分,碳酸钙可防止研磨中色素被破坏)。

● 将研磨液迅速倒入玻璃漏斗(漏斗基部放一块单层尼龙布)中进行过滤。将滤液收集到试管中,及时用棉塞将试管口塞严。

(2) 制备滤纸条 将干燥的定性滤纸剪成长与宽略小于试管长与直径的滤纸条,将滤纸条的一端剪去两角,并在距这一端 1cm 处用铅笔画一条细的横线。

(3) 画滤液细线 用毛细吸管吸取少量滤液,沿铅笔线均匀地画出一条细线。待滤液干后,再画一两次。

(4) 分离绿叶中的色素 将 3 ml 层析液倒入试管中,将滤纸条(有滤液细线的一端朝下)轻轻插入层析液中,随后用棉塞塞紧试管口。注意,不能让滤液细线触及层析液(也可用小烧杯代替试管,用培养皿盖住小烧杯)。

(5) 观察与记录 观察试管内滤纸条上出现了几条色素带,以及每条色素带的颜色。将观察结果记录下来。

【注意事项】

(1) 叶片要新鲜、浓绿,以保证滤液中色素浓度较高。

(2) 提取色素时,研磨要迅速、充分,滤液收集后,要及时用棉塞将试管口塞紧,以免滤液挥发。

(3) 制备滤纸条时,尽量不要用手接触纸面,以免手上的油脂或脏物污染滤纸条;将滤纸条插入层析液中时,要避免滤液细线直接触及层析液。

(4) 画滤液细线时,要迅速,并要等滤液接近干时,再重复画线,以防滤液扩散开使滤液线过宽,影响分离效果。

(5) 为避免过多吸入层析液中的挥发性物质,应在通风条件下进行本实验,实验结束后及时用肥皂洗手。

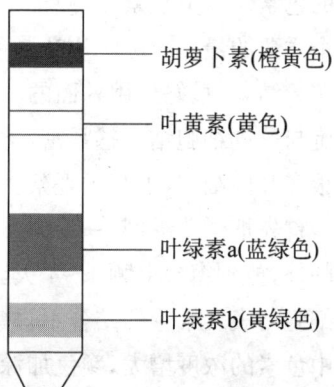

图 14-1 滤纸条上的色素带

【结论与讨论】

(1) 滤纸条上有几条不同颜色的色带? 其排序怎样? 宽窄如何? 这说明了什么?

如果实验操作成功,会在滤纸条上形成 4 条色带(图 14-1),自上而下依次是胡萝卜素(橙黄色)、叶黄素

（黄色）、叶绿素 a（蓝绿色）及叶绿素 b（黄绿色），说明扩散最快的是胡萝卜素，扩散最慢的是叶绿素 b。从色带宽度可以看出，含量最多的色素是叶绿素 a。

（2）滤纸上的滤液细线，为什么不能触及层析液？

滤纸条上的滤液细线如触及层析液，滤纸上的叶绿体色素就会溶解在层析液中，导致实验失败。

【教学评价】

由于本实验是以观察和操作为主的实验，注重考察学生的能力，所以建议以教师评价为主，辅以学生自我评价和同伴互评。评价内容包括：对实验原理的理解，对实验药品用途的理解，是否真正理解实验原理，对实验所用药品的性质和作用是否了解，对实验设计和实验操作的满意度等。

14.5 实验教学改进与发展

14.5.1 实验教学的改进

在生物学实验教学中，教师要尽可能采用比较规范的实验仪器设备完成实验。然而，由于我国幅员辽阔，生态环境和物种分布差异很大，教材中的某些生物学实验未必适合当地实际。当实验条件不具备时，教师应充分利用当地常见的材料或废弃材料设计低成本实验，以提高生物学实验的开出率。除此之外，某些生物学实验本身不够完善。例如实验"pH 对酶活性的影响"设计用斐林试剂来检测淀粉是否被催化水解为还原性糖，从而验证不同 pH 对酶活性的影响。这样设计有缺陷，因为斐林试剂就是新制的氢氧化铜悬浊液，氢氧化铜遇酸发生中和反应，导致实验失败。这就要求教师在原有实验的基础上，针对实验的不完善之处进行改进，以期简便和完善，提高实验成功率。

1. 实验材料的改进

要改进实验材料，必须在实际操作中对原有材料的实验效果进行分析，找出缺点和不足，然后再选择具有代表性、方便易得、易于观察、实验效果好的材料。例如，在"植物细胞的吸水和失水"实验中，选用紫色洋葱作为实验材料的目的是因为紫色洋葱的细胞液中含有的色素使其呈现紫色，便于学生观察实验结果。但在实验过程中存在两个问题：一是每个洋葱的最外一层鳞片叶紫色深，越往里颜色越浅，最里面近似白色，如果想获得理想的实验结果，最好只用外面的一层或两层鳞片叶，非常浪费；二是越往里鳞片叶越嫩，叶肉细胞与表皮细胞结合越紧密，学生在撕表皮细胞时，往往撕得不完整，将细胞撕破，并且带有很多叶肉细胞，不利于观察。在实验中，可以做如下改进：

首先把洋葱纵剖，一分为二，把鳞片叶从鳞茎上全部剥离下来，让每片鳞片叶的上表皮朝外，放到窗台上晒 1～4 天，这样叶片通过蒸腾作用蒸发掉一部分水分，叶片变软，叶肉细胞与表皮细胞的结合不再紧密，便于撕下完整的表皮细胞。再者是通过蒸发水分，液泡中色素的浓度增大，颜色加深，实验效果明显。但在晒制的过程中要特别注意：不要放在太阳底下暴晒，晒制的时间也不要过长。如果洋葱表皮细胞失水过多，虽然颜色加深，但已发生了质壁分离，容易给学生造成错觉。

2. 实验装置和药品试剂的改进

改进实验装置和药品试剂的前提是对原有装置和药品试剂的深入理解。药品试剂的量、浓度、纯度等，都是影响实验结果的重要因素，因此对实验药品试剂的改进就可以从量、浓度、溶质以及染色剂的改变等方面入手。实验装置总的改进思路则是简便易行、生活化。例如，用针筒式注射器可以代替量筒或移液管很方便地进行液体试剂的量取和移取。

3. 实验方法步骤的改进

改进实验方法步骤的基本思路为：在保证实验效果不受影响的前提下，尽量减少或简化一些步骤；增加对照实验组或加一些实验步骤使现象更明显；调整实验步骤的顺序；改变实验方法；以原有实验为中心，扩充实验条件，多渠道增加实验的内涵。例如，在"观察根尖分生组织细胞的有丝分裂"实验中，教材中的装片制作过程为：解离—漂洗—染色—制片。如果按教材中的操作，在解离时就只剪取根尖 2～3 mm，在后续的几个步骤当中都要用镊子取放只有 2～3 mm 的根尖，由于根尖太短小，给操作带来很多不便，因此，可以在解离时先剪取根尖 1 cm 左右，直到染色完成后，再切成 2～3 mm 进行制片。

14.5.2　实验教学的发展趋势

随着生物学新课程改革的不断推进，生物学实验教学主要体现出以下发展趋势。

1. 探究性实验越来越被关注

在传统的生物学教学中，以验证性实验为主，教师讲得多，学生动手少，甚至是教师课上讲实验，学生课下背实验，这既不利于学生的动手操作能力和创新能力培养，也不利于学生情感态度与价值观的养成，因此生物学新课程提倡多开展探究性实验教学。作为生物学教师，应了解生物学验证性实验与探究性实验的特点及区别，倡导开展探究性实验。生物学验证性实验与探究性实验的主要区别主要体现在内涵、教学理念、教学模式、实验过程、时空资源、教师角色等方面。

2. 提倡实验的低成本和简单易行

鉴于我国是发展中的大国，多数学校生物学实验室和相应的仪器设备还处在较低的水平，提倡低成本、简单易行尤为重要。我国中学生物学教材中的实验，除显微镜外，材料用具都是非常低廉的，而且可以有多种代用品。例如，教材中种子萌发条件的探究实验，用的就是普通广口瓶，很容易获得，也可以换用其他用具。教师只要认同这个道理，就能够在低成本实验上做出许多创造。

3. 鼓励多样化的生物学实验设计

生物学实验通常都要使用生物材料，应尽量就地取材，而且要特别注意教育学生爱护生物，对野生动植物，不宜大量采集。这既是爱护生物资源，也是一种情感教育。生物学教材中涉及的鼠妇等实验动物，需特别提醒实验观察后放归大自然。整个生物学课程标准都没有要求学生采集和制作动植物标本以及解剖动物，也是出于同样的考虑。实际上，模拟的方法是生物学实验中常用的方法。在不用生物材料的情况下，可以设计模拟实验。例如，模拟血型鉴定的实验就以不同的化学药品代替血液及血液制品。有条件的学校还可引入多媒体技术，设计虚拟实验。实验设计的多样化，还包括同一实验的不同设计思路,教师可以创造,学生也可参与,以提高他们的创新意识和实践能力。

4. 生物学实验教学日趋开放

改革生物学实验教学方法,扩展实验,增加实验的开放程度,给学生发挥主体作用的机会,改进学生的学习方式,体现主体性、过程性、体验性,引导学生自主学习、主动参与、亲身实践、独立思考、合作探究,进而使学生学会设计实验方案、学会培养和选择实验材料、学会科学实验方法、学会改进实验器具、学会分析实验结果和撰写实验报告等,形成创造性解决问题的能力。

生物学实验教学的开放主要体现在教学观念、实验室管理、实验过程、实验资源、教学形式、教学评价等实验教学要素的全面开放。例如,让学生当实验员,在教师指导下,以小组为单位自行配制实验药品,选用实验器具,培养、采集、选取实验材料,设计实验方案,优化实验过程,分析实验现象,总结实验经验;各种实验设备在负责人管理下向学生开放,在活动课时间和规定的时间内允许学生以小组为单位进行实验;鼓励学生走上讲台当"小先生",给其他学生讲解实验等。

5. 生物学实验教学的生活化

生物学是一门与现实生活联系非常紧密的学科,生物和生物现象随处可见,但受传统观念及教材实验安排等影响,学生往往认为只有在实验室中进行的活动才称为实验。新课程改革以来,很多教师调整教学策略,引导学生把"实验"带回家,在生活中随时进行一些生物学实验,或者把教材实验的材料、药品、试剂、器具等替换为生活中常见的材料和物品,让学生处处感到生物学知识就在自己身边,使他们关心身边的生物学现象,理解科学对个人和社会的意义与作用,增强学习的兴趣。

6. 数字化实验系统的广泛应用

数字化信息系统实验室(简称数字化实验室)运用实时测量、数据采集、数据分析和智能控制等先进技术,实现了中学生物学实验教学与信息技术的全面整合,越来越广泛地应用于生物学实验教学,对于提高生物学实验教学效率和质量将发挥积极作用。数字化实验室由计算机、数据采集器、传感器(生化传感器、物理传感器)、附件(计算机通讯线、传感器连线、转接器)和软件(生化通用软件)等构成。

思考与讨论

1. 谈谈生物学实验教学对于学生发展的作用。
2. 比较生物学实验教学与探究活动教学的异同点。
3. 生物学实验教学体现了哪些新课程理念?

第 15 章　生物学新课程的插图教学

教材的改革是基础教育新课程改革的一项重要内容,教师和学生感受新课程改革最初也是从新教材开始。丰富多彩、形式多样的插图已成为各个版本初中、高中生物学教材的显著特色。随着新课程改革的实施,插图逐渐成为生物学教材中必不可少的组成部分,在封面上、目录中、标题下、文字里、习题中以及各个栏目中均编排了大量的插图,在配合内容的基础上,每一个插图都给人耳目一新的感觉。生物学教材中的插图是为实现教学目标而设置的,是为教学服务的。

15.1　插图教学的教材分析

什么是插图(illustration)呢? 广义地理解,插图是指可以作为说明和论证的材料,所指范围包括书籍插图,也包括广告、包装领域等的插图;狭义地理解,插图是指插画,即用来论证和说明的绘画作品。

生物学教材中具有直观形象的、蕴含教学信息的图片和表格等,我们习惯上称之为教材插图。教材插图插附在教材文字中间,可以是教材知识内容本身的一部分,可以是教材知识的一种呈现形式,也可以是帮助解释教材的文字内容。

通读不同版本的初中、高中生物学教材,可以发现一个共同的特点:新教科书中密切了插图与文字的关系、丰富了插图的内容、增加了插图的数量、改变了插图的形式。

15.1.1　教材插图的特点

1. 科学性与学科性

教材的插图应该按照科学标准,正确表达相关学科的知识内容,具有科学性与学科性。作为教材中的插图不能有错误信息,不能华而不实,不能为追求新颖而添加无关的图片,甚至是错误的图片。

通观初中、高中生物学教材中的插图,符合生物学基本概念、原理和规律的表述,符合生物学事实的说明;插图的展示符合科学逻辑,并正确可靠;插图力求真实,具有较强的视觉效果。

2. 直观性与趣味性

教材的插图色彩丰富,具有直观性与趣味性。俗语说得好,"百闻不如一见",视觉比听觉更为直观。利用插图进行教学,可以很快吸引学生的注意力,降低理解知识的难度。

生物学教材中的插图全部运用了彩色图像,很好地反映了事物的本来面目,非常符合青少年的心理特点。学生一看就非常感兴趣,这必然使教材变得栩栩如生。利用插图教学,教师的"教"生动有趣,学生就会学有所获。

3. 人文性与情感性

生物学既是一门自然科学,同时也蕴含着优秀的人文精神。生物学可以使学生学到很多自然科学知识,同时也能受到良好的人文思想的熏陶。教材插图注重科学与人文的融合,强调生物学与人类文化的广泛联系,具有很强的人文性。

将情感态度价值观目标分解到中学生物学各部分教学内容中,是新教材改革的举措之一。作为教材重要组成部分的插图,也责无旁贷地融入了很强的情感性。

初中、高中生物学教材中的插图,除了具备科学性与学科性、直观性与趣味性、人文性与情感性外,大部分插图都能准确反映事物的本来面目,也具有客观性;少部分插图(如绘制图等)会反映出作者的一定意图,也就必然地带上了一些主观性。另外,由于人们的不同审美情趣,每一幅教材插图还具有一定的美感,具有艺术性。

15.1.2 教材插图的组成

一幅完整的生物新教材插图一般由图、图注和图名三部分构成。下面以人教版普通高中课程标准实验教科书《生物(必修1)分子与细胞》(以下均称生物必修1)第9页图1-4"细菌细胞模式图"为例,来分析一幅完整的生物新教材插图的组成。

(1) 图 图是生物新教材插图的主体,可以是一幅照片、绘制的图等。例如,"细菌细胞模式图"中央的一个"细菌细胞"即是"图"。

(2) 图注 图注一般由图周围的直线以及末端的名词构成,有时名词被阿拉伯数字代替而在图名下面标注。例如,"细菌细胞模式图"右边和上方的一系列文字。

(3) 图名 图名是图的标题或名称。如,"细菌细胞模式图"下方的"图1-4 细菌细胞模式图"。

当然,并不是所有插图都具备上述三部分。

15.1.3 教材插图的类型

生物学新教材插图的表现形式极其丰富,图形也复杂多样。为了更科学地运用插图并发挥其教学功能,对教材插图进行分类是必要的。但是,到目前为止,对教材插图的分类还没有一致的意见。从不同的角度出发,教材插图可以有多种分类方法。

1. 从插图的组织形式上来划分

根据插图的组织形式,生物学新教材插图可以分为独立画、发散图、序列图、多层图等。

(1) 独立图 独立图画面上是相对完整的单幅图,能独立表达一个完整的意思,可以不受其他图的影响,能让读者体验图画带来的感受。例如,《生物(必修1)》第9页图1-5,这幅插图表达了蓝藻细胞的结构,属于独立图。

(2) 发散图 发散图画面上是由多幅图组成,围绕一个中心内容来共同表示一个主题。例如,《生物(必修1)》第23页图2-7,三幅图共同来表达蛋白质的主要功能,属于发散图。

(3) 序列图 序列图画面上是由多幅图组成,是以事件发生的时间顺序排列起来的一组独立图,每幅图表现的是一个重要环节,这一组独立图连接起来即表示一个主题。例如,《生物(必修1)》第113页图6-3,6幅独立图按照植物细胞有丝分裂发生的时间顺序排列起来,每幅图表示一个分裂时期,连接起来组成了植物细胞有丝分裂模式图,属于序列图。

(4) 多层图　多层图画面上是由多幅图组成,是一个表达两层或两层以上意思的插图,大多数是由一个独立图展开,来表达主题内容。例如,《生物(必修1)》第31页图2-12,是由4幅图组成,由右边的独立图展开,表达几种多糖的分子组成,属于多层图。

2. 从插图的表现形式上来划分

根据插图的表现形式,生物学新教材插图可分为实物图、模式图、示意图、表格图、统计图、人物图等。

(1) 实物图　实物图是指将生物的现象、特征或结构用光镜或电镜拍摄成的照片,或者根据实物绘制的生物图。这类插图形象逼真,反映了事物的真实状况。例如《生物(必修1)》第23页图2-7"蛋白质的主要功能示例"。

(2) 模式图　模式图一般用概括、简洁的图像来展示比较复杂的生物学现象。这类插图在某种程度上可以看成是实物图加工后的产物,将实物照片中不必要的信息去除,突出展示典型的生物局部形态结构和相关生理过程,可以有效地降低学生读图、识图、绘图的难度,有利于学生进行生物学的学习。例如,《生物(必修1)》第46页图3-7"动物细胞和植物细胞亚显微结构模式图"。

(3) 示意图　示意图一般通过一些直观形象、简洁的图像来表示生物体、某器官或组织细胞的形态结构,或者表示某些比较抽象的生物学原理、规律和概念。这类插图是模式图的进一步加工,它在模式图的基础上通过图像的变形以及引入文字、箭头等图示,来展示生命现象、生理过程或生物体形态结构。例如,《生物(必修1)》第68页图4-6"生物膜的结构模型示意图"、第49页图3-8"合成的分泌蛋白运输到细胞外的过程示意图"。

(4) 表格图　表格图主要利用表格的形式展示一系列数据和文字,给学生最直接的感知,以便更好地理解相关的生物学信息。例如,《生物(必修1)》第71页表4-1"丽藻细胞液与池水的多种离子浓度比"。

(5) 统计图　统计图是利用点、线、面、体等绘制成几何图形,以表示各种数量间的关系及变动情况的工具。这类插图注重生物知识的定量性和规律性,可以使复杂的统计数字简单化、通俗化、形象化,使人一目了然,便于理解和比较。其中有条形统计图、扇形统计图、折线统计图、象形图等。例如,《生物(必修3)》第50页题图"生长素浓度与所起作用的关系"。

(6) 人物图　生物学教材中增加了"科学家的故事"栏目,介绍了很多生物学家。这一栏目中包含了许多生物学家的照片以及画像,以便对学生进行情感态度价值观教育。例如,《生物(必修3)》第64页科学家的故事栏目中马世骏先生的照片。

3. 从插图的教学功能上来划分

根据插图的教学功能,生物学新教材插图可分为形态生理图、图表数据图、实验操作图、情感体验图、生活实践图等。

(1) 形态生理图　形态生理图是指教材中的表现生物学现象、复杂生物学过程等的插图。这类插图可以将生物学现象和过程形象化、简洁化,帮助学生掌握生物学核心概念和基本生命规律。例如,《生物(必修2)》第17页图2-2"哺乳动物精子的形成过程图解"。

(2)**图表数据图**　图表数据图是指教材中的坐标曲线图和表格数据图,主要是将一些定量的生物学实验结果以图表数据的形式呈现,再通过分类、比较归纳等方法对获取的数据进行分析,得到相应的结论。这类插图可以较好地培养学生分析处理数据的能力。例如,《生物(必修1)》第16页题图"组成地壳和组成细胞的部分元素含量表"、第85页图5-3"酶活性受温度影响示意图"。

(3)**实验操作图**　实验操作图是指教材中的实验仪器图、实验操作示意图和探究过程流程图等,主要是用在演示实验和实验操作,帮助学生明了实验是如何进行和操作的。例如,《生物(必修1)》第78页实验"比较过氧化氢在不同条件下的分解"中的图片。

(4)**情感体验图**　情感体验图是指通过描绘与生物学有关的历史发展、研究历程或生物学家的肖像,让学生获得更多的情感、态度、价值观的教育,让学生了解生物学家为生物学科学的发展做出的巨大贡献。同时,学生可以更好地掌握科学方法,增进对生物学的情感,形成科学精神、科学态度等。例如,《生物(必修3)》科学家访谈中"孙儒泳在解剖田鼠"的照片。

(5)**生活实践图**　生活实践图是指反映生物科学和技术的发展给社会发展和人们生活所带来影响的图片,此类插图能帮助学生将生物学知识与生活、生产联系,增强"STS"意识。例如,《生物(必修3)》第96页图5-10"沼气池"。

15.1.4　教材插图的数量

下面以人民教育出版社出版的《普通高中课程标准实验教科书　生物(必修)》为对象,探讨插图的数量。人教版高中生物学必修教材分为三册,教材插图总数约600幅,插图统计的范围包括了教材目录、科学家访谈、章首、问题探讨、资料分析、技能训练、练习、科学史话、科学技术社会等(其中一个图表多个插图的按一幅插图统计)。

以插图的教学功能为依据,按照形态生理图、图表数据图、实验操作图、情感体验图、生活实践图等来分类统计,结果如下表15-1。

表15-1　人教版高中必修教科书插图的数量统计

分　类	必修1	必修2	必修3	合计
形态生理图	111	101	75	287
图表数据图	24	15	30	69
实验操作图	13	9	8	30
情感体验图	25	19	8	52
生活实践图	29	50	81	160

由表15-1中可以看出,其中形态生理图共有287幅,包括生物形态图、生理过程示意图、遗传图谱、概念图等;图表数据图共有69幅,包括表格数据图和坐标曲线图;实验操作图共有30幅,包括实验仪器图、操作示意图、探究过程图等;情感体验图共有52幅,包括生物学史图、生物学家肖像图、研究过程图等;生活实践图共有160幅,包括生活生产场

景图片、环境景观图、工作原理图、宣传图片、生物学相关职业照片等。

15.2　插图教学的功能

生物教材中的插图是生物学的第二语言,具有直观形象、简明生动的特点,能表达出丰富的生物学信息,是生物学教学内容的重要组成部分。新教材中配有大量形式多样、画面清晰的插图,是根据中学生的年龄特点和认知水平而精心设计的,是为了激发学生的学习兴趣,提高教学效率,更好地实现教学目标。下面主要从生物学教学三维目标来探讨插图教学的功能。

15.2.1　插图教学可以促进知识目标的实现

1. 可以帮助学生形成网络化的知识结构

利用教材中的某些插图,可以帮助学生将生物学基本事实、原理和规律综合化,将相关的知识融合在一起,形成网络化的知识结构,促进学生对知识的理解和记忆。例如,《生物(必修 3)》第 37 页图 2-15"体液免疫示意图",通过这幅插图,学生就会很好地理解抗原、抗体、吞噬细胞、T 细胞、B 细胞、浆细胞、记忆细胞之间的关系,在大脑中形成网络关系图,从而更好地理解体液免疫的全过程。

2. 可以帮助学生把握重点和突破难点

利用教材中的某些插图,可以帮助学生把握重点知识,突破难点知识。例如,关于有丝分裂过程,既是教学重点,也是教学难点,《生物(必修 1)》第 113 页图 6-3"植物细胞有丝分裂模式图"和第 114 页图 6-6"动物细胞有丝分裂模式图",分别把一个连续的细胞有丝分裂过程人为地分为间期、前期、中期、后期和末期,把分裂过程最具本质特点的染色体、纺锤体等结构变化进行定格处理,使学生在学习过程中对染色体形态、数目、行为有具体而充分的认识,有利于对细胞有丝分裂过程的理解和记忆。通过插图,学生就可掌握教学重点,突破教学难点。

3. 可以帮助学生开阔视野和拓展知识

利用教材中的某些插图,可以开阔学生的视野,拓展学生的课外知识。例如,《生物(必修 1)》第 119 页图 6-11"胡萝卜的组织培养",通过教师的引导,学生仔细观察并分析胡萝卜组织培养的操作顺序,从而启发学生不要局限于教材内容,而要从资料中去查阅组织培养的方法、组织培养的条件等,从生活中体验组织培养的作用,从而开阔视野,拓展学生的课外知识。

15.2.2　插图教学可以促进能力目标的实现

1. 可以培养学生的观察能力

观察是指有目的、有计划、有思维活动的知觉活动,是我们认识世界、获取知识的一条重要途径。观察能力是其他一切能力发展的基础。因此,在生物学插图教学中,教师可以有目的地引导学生观察插图,这样既有利于学生理解相关的生物学知识,也有利于培养学生的观察能力。利用插图进行教学,要注意观察的方法,一是抓住事物的本质,二是注意观察的顺序。例如,《生物(必修 2)》第 49 页图 3-11"DNA 分子的结构模式图",引导学生观察这幅插图时,首先抓住"DNA 分子的结构"这一主线,然后按照从点(4 种脱氧核甘酸)到线(两条多脱氧核甘酸长链),再到面(碱基互补配),最后到体(规则的双螺旋结构)这一顺序进行观察。

2. 可以培养学生的思维能力

思维是对感性材料进行加工并转化为理性认识及解决问题的活动,是分析、综合、概括、抽象、比较、具体化和系统化等一系列过程组成的。思维能力是学习能力的核心。因此,在进行插图教学时,教师可以启发、引导学生对插图进行分析、综合、比较、抽象和概括,这有利于培养学生的思维能力。例如,《生物(必修 1)》第 46 页图 3-7"动物细胞和植物细胞亚显微结构模式图",教师在指导学生观察这幅插图时,可针对两者之间的异同点进行分析,然后请学生归纳动、植物细胞在亚显微结构上有哪些共有的结构及特有的结构。这样,通过观察、分析、比较、概括等活动,培养学生的思维能力。

3. 可以培养学生的实验操作能力

新教材中有关实验内容的插图有很多,其中有生物仪器图、基本操作示意图、实验装置图、操作过程示意图等。例如,《生物(必修 1)》第 8 页"使用高倍显微镜观察几种细胞"中的组图,结合图注,就能把正确使用高倍显微镜的步骤解释得清清楚楚了,从而培养学生正确使用显微镜的操作能力。《生物(必修 1)》第 79 页"比较过氧化氢在不同条件下的分解"中的组图,直观、形象、一目了然,能让学生明确实验步骤,提高实验操作能力。

4. 可以培养学生的分析问题和解决问题能力

教材的每幅插图都有一定的背景知识,常常隐含某些生物学知识。教师在插图教学中,要结合学生原有的知识、生活经验和生活实际,引导学生进行分析、比较、归纳、综合,提高学生分析问题和解决问题能力。例如,《生物(必修 1)》第 95 页资料分析中的组图,教师引导学生利用学过的细胞呼吸原理等知识和学生已有的经验,分析 6 幅图中的实例,从而培养学生分析问题和解决问题的能力。

5. 可以培养学生的收集信息和处理信息的能力

新教材的插图虽然很丰富,但总是不能全面地及时反映社会关注的热点话题,这就需要教师做"有心人",一方面平日注重积累资料,一方面指导学生多渠道搜集相关信息图片,从而培养学生收集和处理信息的能力。比如,在学习"细胞核的功能"时,教师可以收集一部分相关的图片和视频,制作 PPT 课件,同时教师举例初中学过的"小羊多莉",引导学生利用报刊、电视、互联网等资源,搜集有关克隆牛、克隆猴、克隆马等相关资料,并把收集到的信息图片进行交流,讨论"克隆人的利与弊"、"转基因食品的喜与忧"等,从而培养了学生收集信息和处理信息的能力。

15.2.3 插图教学可以促进情感态度价值观目标的实现

新教材中有一些插图是介绍我国古代和现代的科学技术成果的。教师可以将这些材料呈现给学生,让学生了解这些科研成果在世界史中的地位,增强学生的民族自豪,激发他们的爱国热情,对学生进行爱国主义思想教育。

在新教材中有很多科学家的肖像图,教师可以引导学生阅读相关的内容,并结合生物科学发展的历史,介绍科学家严谨治学、献身科学的精神,重视学生科学态度的培养。

新教材设置了可持续发展的教学内容,配合相应的插图,可以让学生更好地理解可持续发展总体策略的主要内容,让学生在日常学习和生活中时刻以可持续发展的观点指导自己的行为,以可持续发展的态度合理开发和利用自然资源、珍惜自然资源,逐步养成科学的生活态度与习惯,增强社会责任感与使命感。

生物科学和生物技术在微观和宏观两方面的迅速发展影响人类社会的生活、生产和发展。教师应该重视渗透科学、技术、社会相互关系的教育。在教学中可以结合插图,通过具体事例帮助学生认识生物科学、科技与社会发展的紧密联系,关注和参加与生物科学技术有关的社会问题的讨论和决策,这也是生物科学素养的重要组成部分。

前苏联著名教育家乌申斯基说过,"把画片带进教室,就是哑子也会说话了"。这就充分说明插图在教学中的重要作用。从读懂教材到从插图获得信息是教育教学的一个新的突破和飞跃。教师要利用好生物学直观形象的插图进行教学,以拓宽学生获得信息的有效途径。运用插图教学,学生的思维方式更加灵活,学习方法更加高效,综合素养才能得以真正提高。

15.3　插图教学设计

目前教学设计过程模式种类繁多。不同的教学设计模式有各自的设计步骤。一般的教学设计过程都包含 4 个基本要素:学习者、目标、策略、评价。插图教学设计中,设计者应在综合考虑系统化教学设计的基础上,着重进行与插图教学相关的教学内容分析、学习者分析、学习目标的制定、教学策略和媒体的选择以及教学评价的设计。

1. 学习内容分析

学习内容分析有两方面的任务:一是确定学习内容的类型、范围和深度,解决学什么的问题;二是揭示这些学习内容的各个组成部分之间的联系。作为学习内容之一的生物学插图,不只是促进生物学知识形成的辅助手段,还作为生物学知识的主要来源,参与学生的整个学习活动,使学习活动从抽象的、潜在的形式转化为具体、形象的形态,从而对学生的学习活动产生重要影响。当前多种版本的教科书倾向于构建许多"插图和插图群",将文字性知识简化和趣化为便于记忆、理解、引发思维的知识"插图和插图群"。进行教学内容分析时,不应该忽略这些"插图和插图群",应该结合文字,关注对教材插图的数量和类型、插图内容、插图与文字结合程度及位置关系等进行具体分析,即分析插图中蕴含的知识结构,分析插图的表述结构,分析文字与插图间的结合程度等。

2. 学习者特征分析

学习者分析主要是了解学习者的学习准备状态、一般特点和学习风格等方面的情况,包括:起始能力的评估;一般特征分析;学习风格。重点是分析学习者的起点能力。学习者起点能力的评估包括:学习者知识起点的分析、能力起点的分析和态度起点的分析。在插图教学中,教师应该重点关注与插图教学相关的知识、能力和态度基础,比如学习者对生物学图片的兴趣,学习者观察插图、分析和理解插图、表述插图的能力,学习者有助于插图学习的生物学知识储备情况,以及学习者严谨、科学的思维和探究能力等。

3. 学习目标的制定

一个完整、高效的教材插图应包括两部分:一个是插图知识结构,一个是插图能力和情感培养结构。教材插图的两种结构应既有分工,又相互交叉、相辅相成,体现出传授知识、培养能力和情感相结合的目标体系。色彩鲜艳、形态逼真、富有立体感和动态感的不同类型插图,不仅能够帮助学生快速掌握生物学知识,而且能激发学生热爱生物、喜欢生物学的思想情感,培养学生良好的心理素质和审美意识,陶冶学生的情操。教学设计中教师需要根据课标要求和学生水平,在深入挖掘插图知识结构和能力、情感培养结构的基础上,确定并具体阐明插图教学可以达成的三维目标体系,包括生物体形态结构生理的概念、规律和原理等知识目标,观察和想象、获取信息和处理信息、分析问题和解决问题、思维和探究的能力目标,以及严谨的科学精神和态度等情感目标和科学、技术与社会相互关系的"STS"教育目标。

4. 教学策略的选择

在生物学新课程教学中,通过插图教学引导并提高学生的读图能力是生物学教学的一项重要任务,也是实施生物学新课程理念的重要手段之一。研究表明:运用多种有效策略进行插图教学,能提高学生的多种能力及生物学业成绩。教学过程中,教师可以通过多种方式进行插图教学,如插图情境创设法、插图观察讲授法、类比插图法、插图和文字模型结合法、插图引领实验探究法、板图归纳法和插图复习法等。如利用生物学实验操作示意图和生物科学史中的探究过程流程图,引导学生主动参与探究;通过观察、比较和分析插图,深化对相关知识的辨别和理解;通过组图挖掘插图隐含信息,可以很快地掌握相关知识,达到触类旁通的功效。

5. 教学媒体的选择

每一种教学媒体都具有其自身的特性,教师要根据教学的整体要求,依据教学内容、教学目标、教学对象和教学条件选择最佳媒体。教材插图本身就是做好生物学教学的重要直观教具。但插图作为一种直观教学形式,表现能力毕竟有限。因此,插图教学中还要把插图与其他教学手段相结合。展示插图的方式就有多种,可以通过幻灯、投影和计算机多媒体网络技术呈现插图,还可以结合传统的板画、挂图展示插图。除利用插图教学外,还需根据教学内容、学生年龄特征、认知水平和生物学知识基础,适当采用插图与模型、插图与实物、插图与实验相结合的方式,增强插图教学的实际效果。如在学习"种子的结构"时,先让学生观察"种子的形态结构"插图,再做"解剖种子"的实验,使学生观察能力、理解能力和动手能力都得到提高;结合"DNA 双螺旋结构"插图,指导学生通过手工制作,把插图转化为"DNA 双螺旋结构"模型,加深学生对知识的理解和把握,开发学生的创造力。

6. 教学评价的设计

教学评价是教学设计中的一个重要环节。虽然一般都将评价放在教学设计模式的最后环节,实际上教学设计的评价从确定教学目标时已经开始,并贯穿在整个教学设计过程中。此外,没有任何教学设计可以一步设计完美,需要不断地获得反馈信息来修改计划、方案,使教学设计及其成果更趋有效。

插图教学中的教学设计除了要遵循客观性原则、整体性原则、可行性原则和科学性原则之外,还应当注意以下问题:一是以学为中心,注重学生自主学习能力的培养,二是强调情境创设和意义建构,三是强调"协作学习"与团队合作,四是强调对插图学习过程的评价。

15.4　插图教学评价

插图具有独特的功能,利用插图教学,有助于促进三维教学目标的实现。若能在教学中充分运用插图,恰到好处地发挥插图功能,对于全面调动学生学习积极性,切实掌握双基,提高教学质量,必将起到事半功倍的效果。但在教学过程中并不是所有的插图都是有效的、科学的,这就决定了插图在教学过程中存在一定的局限性。

生物学教材的插图中隐含了很多信息,许多插图中的信息超过文本传达的信息。这样的插图不利于学生的自学运用,也势必给教师和学生提出了更高的要求。教学中,教师要根据具体插图作适当补充,还要根据教学需要自制补充性插图,引导学生一起分析、比较、概括总结,发挥插图应有的作用。

中学生物学教材有多个版本,每种版本都对插图做了许多精心的设计和修改。大量丰富多彩的插图成了新教材的一个显著特点,但是从插图呈现的方式上看,在教学应用中缺乏动态感。随着科学技术的进步,教师可以利用高科技手段,利用多媒体辅助教学,使教材中的插图"动起来",更好地发挥插图功能。

从教科书插图的功能上看,插图已经与文字材料有固定的关系,换句话说,没有文字内容,插图也不会存在。而目前令人遗憾的是,教师在教学中使用插图时并没有考虑这些。

目前的生物学教材中,生物学信息还主要由文字展现给学生,大多数插图只是对文字内容进行解释和说明。这就导致了教材插图始终以服务于文字内容而存在,处于辅助地位;也导致了部分教师在认识上的偏差,他们仅仅将插图作为生动形象的教具,使其更好地服务于文字材料,根本不去挖掘教材插图本身的各种功能。如果不让插图真正进入课堂教学,与学生学习发生互动,形成共鸣,就呈现不出插图的独特功能,发挥不出插图教学应有的意义。

15.5　插图教学示例

以人教版普通高中课程标准实验教科书生物必修 1《分子与细胞》模块中,第 5 章第 4 节能量之源——光与光合作用中的"光合作用的原理"新授课为例,进行生物学插图教学的案例设计。

【教材分析】

光合作用在整个生态系统的物质循环和能量流动中具有十分重要的意义,光合作用知识的掌握为生态系统结构和功能的学习奠定基础。当今人类社会面临着粮食、资源、环境等危机,这些都与光合作用有着密切的联系,所以"光与光合作用"一节在全书教材中占有重要地位。

插图作为教材内容的重要部分,蕴含着光合作用的相关知识和信息,对激发学生兴趣、理解和巩固知识、培养学生观察探究等能力起着一定的作用。本节教科书中共有插图 13 幅,其中正文插图 10 幅,练习栏目插图 3 幅。基于对教材的理解和把握,本节教学设计又在教材插图基础上开发了相关插图。

【学情分析】

学生在初中生物学课程中已经学过光合作用的有关知识；在高中生物必修 1 第 3 章中学习了"叶绿体的显微结构"，第 5 章的"细胞的能量'通货'——ATP"一节中又知道光合作用是合成 ATP 重要途径之一，至此，学生已经具备进一步学习叶绿体的亚显微结构和光合作用原理的知识基础。但由于本节课涉及物理、化学知识，可能存在一定的难度；本课内容涉及探究实验，培养学生的实验能力和探究能力是这一节课的重要任务之一。对于光合作用发现史的学习，教师应善于利用插图等直观教学方式，通过创设一定的问题情境，启发学生自主探究，分析、归纳、概括光合作用的实验原理和方法。

【教学目标】

(1) 知识目标　掌握光合作用的过程、光反应与暗反应的区别与联系。

(2) 能力目标　通过对光合作用探究历程的学习，了解科学家的探索思路；通过实验（含设计），培养比较、归纳、综合能力和探究能力。

(3) 情感目标　进行科学史教育，树立辩证唯物主义的世界观、科学观，增强生态意识。

【教学重点和难点】

(1) 教学重点　光合作用的探究历程；光合作用的光反应与暗反应过程及区别与联系。

(2) 教学难点　光合作用实验的设计思想、思维方法。

【教学方法】

采用教师讲授与学生自学相结合，教师的启发与学生的分析、讨论、归纳相结合，尤其注重利用教材原有插图和开发的插图，进行插图观察讲授法、插图引领实验探究法、板图归纳法等教学方法，突出重点、突破难点。

【教学过程】

(1) 创设情境，引入新课　学生参照图 15-1，回顾"绿叶中色素的提取和分离"的实验步骤，回答问题，巩固上节课知识。问题：叶绿体中的光合作用色素有哪些种类？分别是什么颜色？分别吸收哪些光？

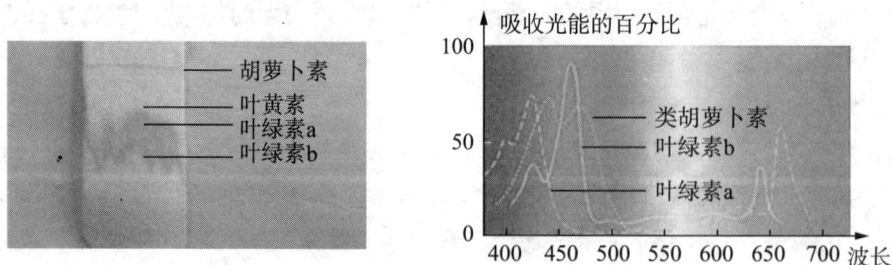

图 15-1　"色素的提取和分离"复习组图

师：光合作用反应中心三度空间结构的阐明，使三位在原西德工作的科学家获得了 1988 年度诺贝尔化学奖。这是继卡尔文(M. Calvin)研究光合二氧化碳同化途径获得 1961 年度诺贝尔化学奖以来，另一个直接授予光合作用研究成就的诺贝尔奖。（给出有关光合作用产物的数字,引出光合作用概念。)

植物的光合作用是一个极其复杂的生物化学反应过程。人们对光合作用过程的认识经历了一个漫长的探索历程。该探索历程充分展示了人类的聪明才智,人类对光合作用的深层探索仍在进行。

(2)插图引领,启发探究　教师按照时间顺序,先后展示普里斯特利、英格豪斯、萨克斯、鲁宾和卡门、卡尔文等开展的光合作用实验插图等,结合教师讲解、学生讨论,学生对光合作用发现史进行系统认识。

1) 1771年(英)普利斯特利实验

师:指导学生观察教材101页图5-12普利斯特利实验插图,引导学生比较并表述插图中的实验设计方法、实验现象和结论。问题:实验的自变量是什么? 你能得出什么结论?

生:实验分析:实验自变量是植物的有无。由于植物的存在,蜡烛燃烧,小鼠存活呼吸时间延长。实验结论:植物具有更新空气的能力。

师:总结普利斯特利实验(普利斯特利实验插图进行图形处理,变为更明了的对照实验(见图15-2))。

图15-2　普利斯特利实验设计示意图

接着介绍:有人重复了普利斯特利的实验,得到相反的结果,所以有人认为植物也能使空气变污浊,思考普利斯特利实验存在哪些问题?

生:(学生讨论交流)实验有时是失败的,没有发现光照在实验中的必要性等。

引出英格豪斯植物更新空气的实验。

2) 1779年(荷)英格豪斯实验

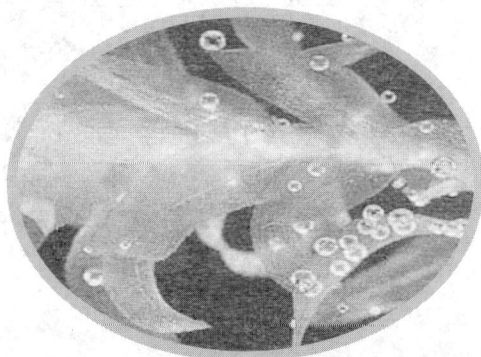
图15-3　英格豪斯植物更新空气的实验

师:介绍英格豪斯实验(图15-3)及实验结论,证明普利斯特利实验只有在光照条件下才能成立,并且只有绿叶才能更新污浊的空气。并补充材料:1785 年科学家证实植物体更新空气是因为吸收 CO_2,放出 O_2。

师:那么光能哪里去了? 1845 年梅耶指出,植物在进行光合作用时,把光能转变成化学能储存起来;那么化学能储存于什么物质中?

3) 1864 年(德)萨克斯实验

展示小组课前做的萨克斯实验步骤插图(图 15-4),学生代表表述实验步骤。学生思考下列问题:①实验中的自变量是什么? 如何控制的? ②为什么将绿色植物在黑暗中放置 24 小时? ③叶片放到酒精中水浴的目的是什么? ④你能从实验中得出什么结论?

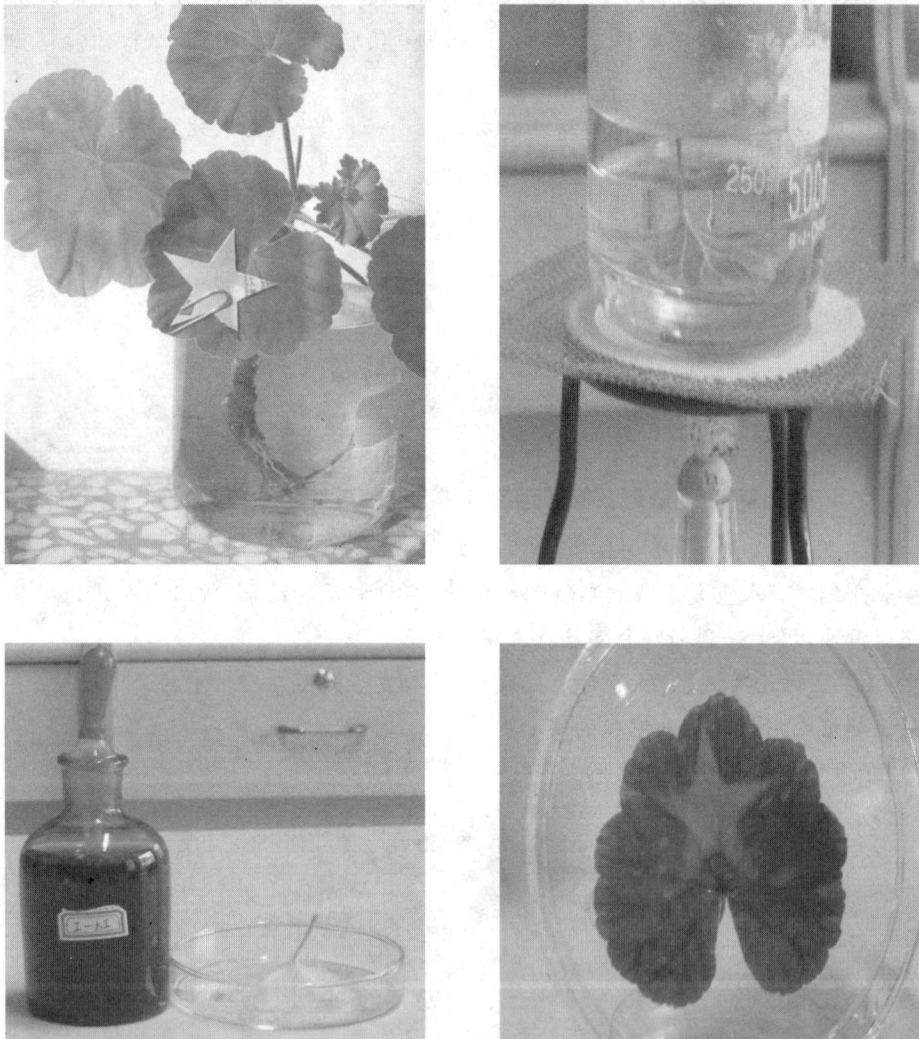

图 15-4　萨克斯实验

实验结论:植物在光照条件下合成了淀粉。

4) 1939 年鲁宾—卡门实验

师:指导学生观察和分析图 15-5 中的对照实验,推导出结论:光合作用产生的 O_2 来自 H_2O。

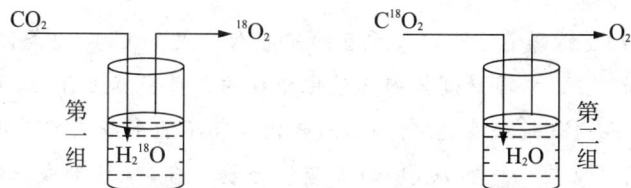

图 15-5　同位素标记法实验示意图

师：光合作用产生的有机物又是怎样形成的呢？

5）20 世纪 40 年代卡尔文实验

展示卡尔文的人物图，简要介绍，学生体验卡尔文的科学精神。介绍同位素示踪法和实验结果，引出卡尔文循环。

最后，师生共同把光合作用的科学史历程梳理后，进行模型建构，得出光合作用的反应模型，并通过光合作用过程的图解（图 15-6），结合文字，学习光合作用的光反应和暗反应。

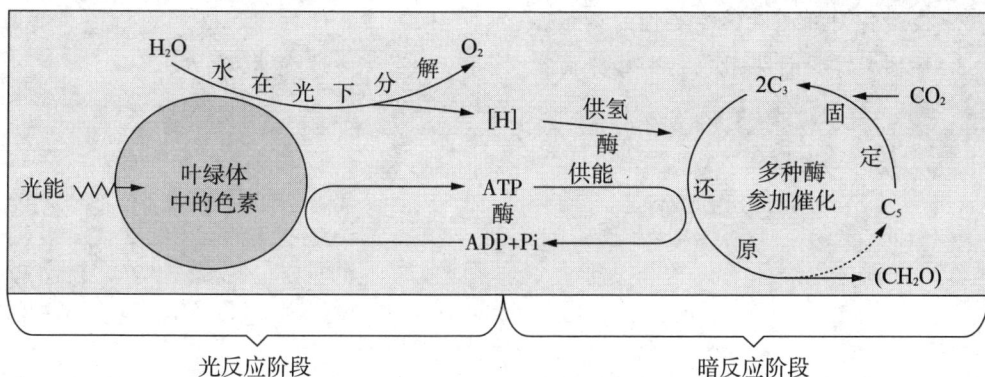

图 15-6　光合作用过程的图解

（3）多重策略，突破重难点

整体而言，是光合作用的全过程，从局部看分为光反应和暗反应两个阶段，每个阶段都包含很多化学反应。教师结合插图 2 个圆、10 个箭头，进行两个阶段的具体讲解。

师：光反应是在叶绿体内的囊状结构上进行的，叶绿体的色素吸收光能，一方面将水分解成氧和氢（[H]），氧直接以分子的形式释放出去，而氢（[H]）则被传递到叶绿体的基质中；在有关酶的催化作用下，ADP 与 Pi 发生化学反应，形成 ATP，光能转化为活跃的化学能参与暗反应。

暗反应在叶绿体内的基质中进行，一个 C_5 化合物分子固定一个 CO_2 分子，很快形成两个 C_3 化合物。一些 C_3 化合物接受 ATP 释放的能量并且被[H]还原，经过一系列复杂的变化，形成有机物。另一些 C_3 化合物则经过复杂的变化，又形成 C_5 化合物。确切地说，光合作用的产物是有机物和氧。一部分氨基酸和脂肪也是光合作用的直接产物。另外，光合作用过程必须有相应的酶参与，尤其是暗反应需要多种酶的催化。酶的活性受温度的影响，因此，在一定的温度范围内，光合作用强度随着温度的升高而增强。温度对光合作用过程中暗反应的影响大于对光反应的影响，主要是通过影响酶的活性而实现的。

（4）小结检测，知识迁移

检测题：将单细胞绿藻置于25℃、适宜的光照和充足的CO_2的条件下培养，经过一段时间后，突然停止光照，发现绿藻体内三碳化合物的含量突然上升，这是由于（　　）

①没有[H]和ATP供应，暗反应停止，三碳化合物不能形成糖类等物质，积累了许多的三碳化合物　②暗反应仍进行，CO_2与五碳化合物结合，继续形成三碳化合物　③光反应停止，不能形成[H]和ATP　④光反应仍进行，形成[H]和ATP

A. ④③②　　B. ③②①　　C. ④②　　D. ③②

生：（此时要配合插图引导学生，答案B）

最后，插图转化为表格，黑板列表让学生比较光反应与暗反应的区别和联系。

思考与讨论

1. 根据插图的表现形式，生物学新教材插图可分为哪些类型？
2. 谈谈你对插图教学重要性的认识。
3. 插图教学设计一般包括哪些方面？

第 16 章　生物学新课程的栏目教学

栏目(column)是教材的重要组成部分,或起提纲挈领的作用,或贯穿在课前、课上、课后各个环节。教材栏目的内容、形式等都体现着深层次的教育理念,是落实三维课程目标的重要载体。教材中教学栏目的设置使教师教学形式更易实现多样化,更易激发学生的学习兴趣,更易培养学生生物科学素养。教学中,只有不断地研究新教材栏目的功能,才能更好地理解新教材的编写意图,在教学中充分发挥教材的作用,提高教学水平和教学质量。

在教学中要把栏目摆在正确的位置,应特别重视这些栏目的开发与研究,用好用活学习栏目,发挥应有的教学功能。从类型上看,栏目越多、越细化会使得每种栏目的教学目的更明确、具体,对于学生的发展也更具有针对性。各个版本教材的栏目名称差别较大,但概括起来可以分为三大类:活动型栏目、拓展型栏目和习题类栏目。下面结合具体的栏目来分析各类栏目是如何体现或实现教材基本功能的。

16.1　活动型栏目的类型与作用

活动型栏目主要指让学生主动参与、积极思维的栏目。按照课标的要求,只要是学生积极主动地获取生物科学知识、领悟科学研究方法而进行的各种活动,都是科学探究活动。这样的栏目也都是活动型栏目,活动型栏目不一定是实验,实验也不一定是探究,科学探究是有多个侧面的活动,可以是观察、实验或调查,也可以是资料的搜集和分析;有的侧重在探究的某个环节,有的则是较完整的探究。因此,新教材中根据不同探究活动,在写法上分成许多类型。

人教版高中生物教材的探究栏目类型最多,有"实验"、"探究"、"资料分析"、"资料搜集和分析"、"思考与讨论"、"模型建构"、"技能训练"、"调查"、"制作"等。"资料分析"、"资料搜集和分析"、"思考与讨论"是各节中最常见的栏目,其中列出了一些富有思考价值、探究意义的问题,起着承上启下、知识迁移、拓展思维等作用。"探究"栏目的特点是探究的课题、材料用具和方法步骤没有作过死的规定,对于难度较大的探究活动,教材提供了参考案例,这是其他教材所没有的。

苏教版高中教材的探究栏目包括"积极思维"、"边做边学"、"课题研究"等。"积极思维"是教材中的主要栏目,通过所给的资料、实验过程,让学生进行分析、得出结论。"边做边学"栏目中包含有"实验"、"模拟实验"、"模型构建"和"调查"等实践性内容,这一栏目主要是让学生在"做中学"。"课题研究"和人教版的"探究"类似,意在让学生亲身经历科学探究的较为完整的过程,体现"倡导探究性学习"的课程理念。

中图版高中生物教材每一章的首页都设有一个与本章内容相关的"研究课题",该课题统领全章,与课内外学习有机结合。把"实验"、"实验分析与讨论"、"资料分析与讨论"、"方案设计"、"调查"、"观察分析"、"制作"、"模型构建"等都放在探究活动栏目中,让学生在问题的驱动下,主动积极思考,经历真正探究,从而体验发现科学事实、揭示科学规律的过程和方法。此外,中图版还有数量较多的"技能训练"。

活动型栏目的主要功能是使学生仿照科研的过程来学习科学内容,体验、理解和应用科研方法,获得学习能力,构建知识结构。根据这些科学探究活动栏目对生物知识的侧重点不同又可分为三类:侧重对生物知识和规律的探索和发现的栏目,侧重对生物知识和规律的验证解释的栏目,侧重对生物知识和规律的应用的栏目。

1. 侧重对生物学知识和规律探索发现的栏目

"观察与思考":人们认识事物总是从观察开始的,只有观察才能发现问题,进而分析问题、解决问题。初中生物教材中"观察与思考"是探究活动中不可或缺的一环。它通过观察实物、图片等,对生物形态、结构、功能等进行观察、分析、比较,通过讨论回答问题,在练习观察的方法,培养观察能力的同时,也达到教材整体框架中知识体系、能力体系等目标。如对一些生物或非生物进行比较观察、观察花的结构等。

"资料分析"、"资料搜集和分析"、"思考与讨论":是各版本中最常见的栏目,占了相当大的比例,是探究活动中不可缺少的一部分。这类栏目主要是给学生提供图文资料,让学生进行分析,得出结论。新教材在很大程度上改变了先说结论,后举实例的写法,让学生通过资料分析与讨论,自己得出结论,以期转变学生的学习方式,培养学生处理生物科学信息的能力。其中列出了一些富有思考价值、探究意义的问题,起着承上启下、知识迁移、拓展思维等作用。

"探究":是设置一系列问题情境,利用探究对生物学概念、理论和规律建立感性认识。通过实验重现科学研究的思路和方法,同时,在教学方法的选择上,要求采用探究式的教学模式,体现课程标准的活动与探究建议中的要求。

"进一步探究"、"模拟探究":在教材中所占比例较小,旨在鼓励学生进行扩展性的探究和实践,大多需要在课下完成。对这两个栏目中的活动,教材没有明确的提示或指导,给学生以更大的自主性。

2. 侧重对生物学知识和规律验证解释的栏目

这类探究活动的前提是已经从理论上知道了探索性问题的知识,在以后的探究过程中,可以有的放矢,设计或利用不同的问题来研究,利用探索性问题来培养学生的探索性思维和能力。此类活动是过程与方法的体现,也是培养情感态度与价值观的途径之一。

"实验"和"演示实验"是典型的此类活动。新教材中对各种栏目进行了更为细致的划分,一些实验改为了探究,所以"实验"、"演示实验"的个数有所减少,这类栏目具有以下特点。

第一,实验的设计多样化,能力培养注重基本的实验操作技能。实验包含着丰富的技能训练,包括操作技能,如显微镜的操作等,更包含科学探究的方法和技能。因此要特别强调如控制变量,量的检测,数据的整理、分析及表示方式,以及书写实验报告等。

第二,实验的低成本和简单易行。教材中的实验,除显微镜外,材料用具都是非常低廉的,可以有多种代用品。例如,教材中种子萌发条件的探究实验,用的是普通广口瓶,很容易获得,也可以换用其他用具。教师只要认同这个道理,就能够在低成本实验上做出许多创造。

3. 侧重对生物学知识和规律应用的栏目

"调查"让学生走出课堂,到大自然或社会中,就某个与生物学有关的问题进行调查,培养实践能力。

"课外实践"将课本知识应用到实践活动中,密切理论与实践的关系。在编写教材时,体现课程标准与探究建议中活动部分的要求,同时暗示本部分材料最好采用边讲边实验或探究式的教学模式。

"技能训练"是为培养学生的科学探究技能而安排的练习性栏目,每个"技能训练"侧重训练一种探究技能。例如,有的训练"提出问题",有的训练"做出假设",有的训练"解读实验数据",有的训练"推理",等等。技能训练可以说是实验、探究能力培养的延伸。"模拟制作"和"设计"等栏目侧重于培养学生的动手能力、创新精神和实践能力。

16.2　拓展型栏目的类型与作用

16.2.1　拓展型栏目的类型

拓展型栏目主要是指各类可以拓展学生视野,增加学生课外阅读的栏目。教材中为辅佐完成教学任务而列举的与本节内容相关的生物学史料或联系实际的知识统称为课外阅读内容。生物学课外阅读可以丰富学生的文化科学知识,是学生拓展知识面的重要途径,也是在课内学习了一定的基础知识和技能的基础上进行的,是课内学习的继续和补充。

人教版生物教材中这部分内容是编者精心编写而成的,集科学性、思想性、教育性和文学性于一体,不仅有利于学生开阔视野,丰富知识,而且有益于提高学习兴趣,培养自学能力。共分为科学·技术·社会、科学家的故事、与生物学有关的职业、生物学与文学、生物学与艺术 5 个不同类型的栏目(具体统计见表 16-1),内容更细致,更突出教学目标,更具时代性、科普性,教材中的"中国拥抱'基因世纪'"、"心理咨询师"、"林业工人的新任务"等阅读内容具有明显的时代色彩。

表 16-1　课外阅读资料数量分类统计

类型	科学·技术·社会	科学家的故事	与生物学有关的职业	生物学与文学	生物学与艺术
数量	28	10	7	2	1

"科学·技术·社会":旨在反映科学、技术和社会之间的互动,帮助学生建立科学的价值观。该栏目渗透了生物科技成果,展望生物科学的未来。反映科学技术与社会之间的互动,帮助学生建立科学的价值观。"科学·技术·社会"中适时介绍了当代生物科学领域的科技动态和生物科技成果。如"节水农业"、"现代温室"、"植物的组织培养"等,使学生阅读后能在展望生物科学发展的广阔前景的同时,激发学生学习生物学的兴趣以及对未来生物科学的向往与探索热情,更使学生深刻意识到,学习生物学的时代感、责任感和紧迫感。

"科学家的故事":旨在反映科学发展的过程,帮助学生认识科学的历史和本质。该栏目介绍了科学家的事迹,培养学生的科学素质。在栏目中分别介绍了"达尔文和他的进化思想"、"李时珍与《本草纲目》"、"袁隆平与水稻杂交"等多位中外科学工作者的巨大成就,及他们战胜困难的顽强毅力、刻苦攻关的精神和曲折的生活经历,教育学生要热爱科学,重视实践,激励学生要克服困难、努力拼搏,树立远大理想,为科学事业而奋斗。

"与生物学有关的职业":旨在反映生物学与职业的联系,帮助学生认识学习生物学的意义。这个栏目解释了生物现象,注重知识的应用,阐述了学习知识、原理的目的是为了应用。学生阅读其内容,联系生产生活实际,与所学概念原理相联系,体现了知识的实用性和重要性。如:"大地美容师——园艺师"、"心理咨询师"都反映了生物学与职业的联系这一主题,帮助学生认识学习生物学的意义。

"生物学与文学":旨在反映生物学与文学艺术的联系,渗透人文精神。该栏目引用古诗词、文学作品等使生物学知识与文学艺术相联系,也渗透了人文精神。

苏教版节后有"继续探究"、"拓展视野"、"走近职业",正文中有"放眼社会"。栏目类型虽少,但数量较多,很多节都有其中的两个甚至三个栏目。

中图版的"课外阅读"和"课外实践"只放在章后,"相关链接"位于正文中,可以作为课外阅读材料。人教版和苏教版在章后无课外阅读与实践栏目。不论是苏教版的"继续探究"还是人教版和中图版的"课外实践",都属于高要求栏目,仅仅面向有条件的学校和有特殊学习需求的学生,不能对全体学生作统一要求。

16.2.2 拓展型栏目的作用

教材中课外阅读安排的位置在学习某部分内容之前或之后,其目的是在完成学习《标准》中规定内容的基础上,满足学生的发展和社会的需要。学生将了解科学技术的发展,了解科学、技术与社会之间的相互关系,了解技术设计的过程,认识科学技术对社会发展的影响,了解科学技术是第一生产力,形成可持续发展的意识。

1. 可激发学习兴趣,培养自学能力

以往的教学方式大多是填鸭式教学,生物学这样的学科表现尤为突出。这样的教学模式教师教得生硬,学生听得索然无味,更谈不上兴趣、能力问题了。俗话说:"良好的开端等于成功的一半。"课外阅读中的许多内容可以作为课堂教学的引言,既激发了学生的兴趣,又能使问题迎刃而解。

2. 可以巩固知识、拓展知识、运用知识

"知识不但在于学习,更重要的在于运用。"有些课外阅读材料能让学生将知识举一反三,运用知识解决实际问题。比如在上实验课《观察植物细胞》时,学生已经阅读了《从古老的光学显微镜到电子显微镜》,在已经练习和简单使用普通光学显微镜的基础上,不但按老师要求完成了实验,还自己制成了许多标本进行观察,通过多种观察、分析、综合、比较,从而使重点得到深化,知识得到迁移,认识得到升华。

3. 是进行情感、态度、价值观教育的好题材

例如,学完《生物的遗传和变异》后,紧跟着阅读"科学家的故事——袁隆平与杂交水稻"。让学生体会到科技改变生活,只有坚持不懈的努力才能换来成功的果实。教师只要合理安排,无疑是对学生进行情感、态度、价值观教育的好机会。

义务教育阶段的课外阅读主要是作为学生学习科学的一种途径和手段,不作为新的知识点来考核,其教学效果是通过学生对相关科学知识的理解、对科学过程与方法的理解以及学生科学态度、情感与价值观的培育来体现。有效地课外阅读可以提高自学能力,改进学习方法。可以采取先讲后读、先读后讲、边讲边读三种教学方式。实践证明,在教学中利用以"导"促"读"的方法,可以取得较好的阅读效果,既培养了学生兴趣,又培养了学生好的读书习惯,还能提高自学能力和改进自学方法。为此,应克服各种因素的影响,要对"课外阅读栏目"予以高度重视,这样才能够有利于激发学生的阅读兴趣。

16.3 习题型栏目的类型与作用

作业系统是教材的重要组成部分,作业是反馈教学效果的重要手段之一,既能使学生巩固已学知识,又能发展学生能力,培养学生的创新精神与意识。新课程实施以来,教学重点更突出学生诸多能力的培养,注重过程和方法、情感态度和价值观的培养。新教材中各种作业的编排也由过去过多注重基础知识和基本技能的训练,转变为体现课程的三维目标。

习题型栏目主要是指每节课后的练习题。课后习题是作业的主要形式,是教材编排的一个重要组成部分。学生通过演练课后习题,可以对所学知识达到总结和复习巩固的目的,同时,对学生解决生活实际问题的能力也是一种提升。

1. 习题型栏目的类型

各版本教材的习题栏目设置方法、习题数量和题型各不相同。

● 人教版在每节之后都设置了"练习"栏目,内有一定数量的习题,习题分为基础题和拓展题两个部分,前者主要考查学生基础知识、基本技能的掌握情况,后者有一定难度,意在培养学生的知识迁移和发散思维能力,供学有余力的同学选做。每章之后有较丰富的、多形式的"自我检测",大体上包括概念检测、知识迁移、技能应用和思维拓展 4 类,其中概念检测又包含判断题、选择题和画概念图三类。章后"自我检测"是对整章知识的一个总结性检测,考察的能力层次比较清晰,针对性比较强,适合不同层次的学生选做。

● 苏教版在每节之后都有"评价指南",《必修 2》和《必修 3》的"评价指南"以选择题为主,考查学生基础知识、基本技能的掌握情况,选择题之后一般有 1~3 个其他题型的题目,如分析、实验设计和探究等,以考察学生的能力。《必修 1》的选择题相对较少,《必修 2》在章后有"综合评价指南",但《必修 1》和《必修 3》的章后无习题。总的来看,苏教版的习题数量比较多,题目难度稍大,要求学生能熟练掌握所学知识,重视学生分析能力的培养。

● 中图版在每节之后都有"巩固提高"栏目,多为问答题,兼有图表分析题,题目开放性较大,有助于学生创新思维的培养,章后无习题。

2. 习题型栏目的作用、特点

新教材作业系统更加注重学生的发展和社会的需要,既具有练习和巩固所学知识的功能,又具有培养能力的功能,还能在潜移默化中对学生进行情感态度价值观教育,有利于实施素质教育,有利于学生主动发展,有利于教师教学水平的不断提高。主要有以下特点。

第一，从内容上看，课后练习的内容丰富多彩，全方位体现课程目标要求。各版本教材在习题设计上都注意了广泛联系人类的生产和生活实际，加强引导学生知识迁移和发散性思维，以培养学生应用知识解决实际问题的能力和创造性思维品质。

第二，作业量不大，作业难度不大，体现了减负精神和人文关怀。人教版初中生物教材七年级(上)练习总题量86个29次，每次接近3个，各次题量2～5个，5个题的只有2次，绝大部分是3个题目，没有搞题海战术，题量不大；练习中没有怪题、偏题、难题，体现了新课改以学生发展为中心的理念。

第三，主观题很多，答案不唯一，作业题具有较大的开放性。传统的选择题、填空题一个也没出现，连线题、判断题很少，仅占9%左右，大量的是答案不唯一的题目，如写文章、查资料、用自己的语言描述生物学概念、作观察与交流、实验与实践，等等，给学生很大的自由度，学生可充分发挥想象力，得出丰富多彩的答案，作业题的开放性得到较充分体现。

第四，尽量使用新课程标准中推荐使用的行为动词，作业题的陈述很规范。如"描述"、"举例"、"判断"、"说明"、"举例分析"等，体现科学与人文的沟通和融合，有利于学生精神领域的全面发展。

16.4 栏目教学策略

现代教学观尤其强调"学生主体、教师主导"即"双方意识"的培养，让学生成为课堂学习过程的主体参与者。在使用新教材的过程中，栏目设置的名称、目标和要求已经在一定程度上指明了教学方法的选择。对于每个栏目的处理和采用的教学方法、策略，因教学条件、学生水平和教师习惯的不同各有差异。

1. 建立师生互动的教学关系

新教材中诸多栏目的教学需要学生站在主观能动的角度，充分发挥自主性，所以师生之间要建立相互信任、相互激励的关系，使学生在教师的引导下主动参与一些栏目的学习。要取得学生的信任，作为教师必须要有高度的责任心，提高自身的科学文化素质，能发挥榜样的力量激发学生多方面的兴趣，成为学生崇拜的对象。在探究类活动中，尽力鼓励每一个学生大胆展示自我，不管学生的个人见解怎样，都尽力给予肯定和鼓励，对学生的评价，更关注的是学习的过程，更侧重看学生能力、情意、思维是否得到和谐发展。让学生明白一个道理：每个人都有自己的闪光点，每个人都是可塑之材。要让学生在课堂里学得轻松，学得愉快，这对发展学生的思维能力有很大帮助。例如，七年级上册第三章第一节的内容是呼吸道对空气的处理，通过本节学习，要求学生在了解人体呼吸系统组成的基础上知道呼吸道的作用，教材通过"资料分析"栏目来讲述呼吸道的作用。

2. 以探究活动激发学生学习兴趣

爱因斯坦曾说过："提出一个问题，比解决一个问题更重要。"有效地引导学生按探究的一般过程来完成生物学的知识，首先要引导学生发现问题、提出问题，要激发学生学习兴趣和探索的欲望。从探究活动的设计可以看出新教材更加注重问题情境的创设，有了这些问题的提出，学生自己会冒出许多为什么，"活动与探究、交流与讨论"的欲望油然而生。

3. 用丰富的阅读拓展学生的知识面

阅读不仅有利于学生增长知识,开阔视野,更重要的是能激发学生学习的兴趣,增强语言实践机会。教材中的阅读类资料比探究类、练习类都少,每一个阅读资料采用的方式也不是唯一的,在应用的过程中往往使资料阅读起到承接作用,或作为情感、态度价值观教育的资源。例如,在人教版初中教材《人体内物质的运输》一章中,教材共安排了三个阅读类栏目:科学·技术·社会——造血干细胞和干细胞的研究;科学家的故事——血液循环的发现;与生物学有关的职业——心血管病与心血管医生。这些虽然不是教材正文,但是与人类的关系密切,所以都有很重要的教育价值。

4. 精心练习整合学生能力

作为教材编排的一个重要组成部分,新教材中习题的设计既有利于学生巩固所学知识,又有利于学生将所学知识灵活应用,形成正确的情感、态度和价值观。学生通过演练课后习题,可以达到对所学知识总结和复习巩固的目的,同时,对学生解决生活实际问题的能力也是一种提升。做好课后习题有以下几种有效方法。

第一,变课后"练"为课前"练"。由于"习题"均安排在各节之后,课后去做往往只注重结果。若将某些习题改在课前做,通过学生的独立思考和同学之间的共同讨论,可大大增强学生探索求知的欲望,带着一些问题去学习新课,也更符合学生的认识规律。这对培养学生科学探究的兴趣,提高学生的科学素质有着重要的意义。

第二,引导学生在会"练"的同时学会"思"。"练"是为了加深巩固所学知识,"思"是要透过现象挖掘内在的本质,即通过练习掌握问题解决的思路,学会思考。例如,在讲完"鸟的生殖和发育"后,让学生做练习题:列表比较昆虫、两栖动物和鸟类的生殖和发育方式,并简要分析不同生殖方式对环境的适应性。学生将所学的知识在这里进行归纳、总结,同时明确"生物的生活方式与其环境相适应"这一生物学观点,知识得以升华。

第三,充分发挥小组的作用。每个学习小组有固定的成员,教师应该重点培养小组之间的合作能力,由成绩好的学生辅导其他学生,这样以点带面,解决了教师分别指导全班每个学生的困难。有些练习耗时长,如"调查当地的生态系统,写一篇爱护环境的文章",若由学习小组成员合作共同完成,其效果就会好得多。

5. 积极改进教学评价

课标所贯彻的教育理念恰恰要求评价要面向全体学生,注重学生个性化、多样化发展,改变学习方式,引导学生自主、合作学习,放手让学生进行一部分的自我评价。如让学生自己计划、布置小的探究活动,师生讨论决定一些探究活动的具体方法,教会学生自我检查、互相检查,掌握评价探究过程和结果的方法,让学生自己设计,编写探究报告和小论文集。事实证明,学生完全有能力自己安排探究活动,自我检查和评价。允许每个学生发表自己的独特见解,让学生自己认识到人在生物圈的重要作用。

依据课程标准,在评价方式方面,我们可以进行一些尝试:第一,在课堂教学时,由原来的单一的教师评价变为学生自评、学生互评、教师评价相结合等多种评价方式。改变传统的"只重结果、不重过程"为"重结果更重探究过程"的评价。第二,举行一些"模拟专家咨询"课、演讲比赛课、辩论课。比如,"威胁人类健康的主要疾病"一节内容,完全可以让学生自学,掌握相关知识后,回答"病人"或"病人家属"的"咨询"。演讲比赛课可以让每个同学都有上台发言的机会。所谓的辩论课,如:"关注生物技术"一节里有关于"生物技术的安全和社会伦理问题"的内容,可以开展辩论,通过学生的自我学习辨析而关注生物技术,达到学习的目的。

附:栏目教学示例

通常情况下,每一部分知识的教学都是多个栏目教学的整合。所以,教师在教学中最重要的策略是实现各种栏目的有效结合。下面以《生态系统》为例,说明以教材栏目为线索进行情境式教学的教学设计过程。

本节设置的教材栏目:资料分析、观察与思考、进一步探究、练习。

教学设计流程:

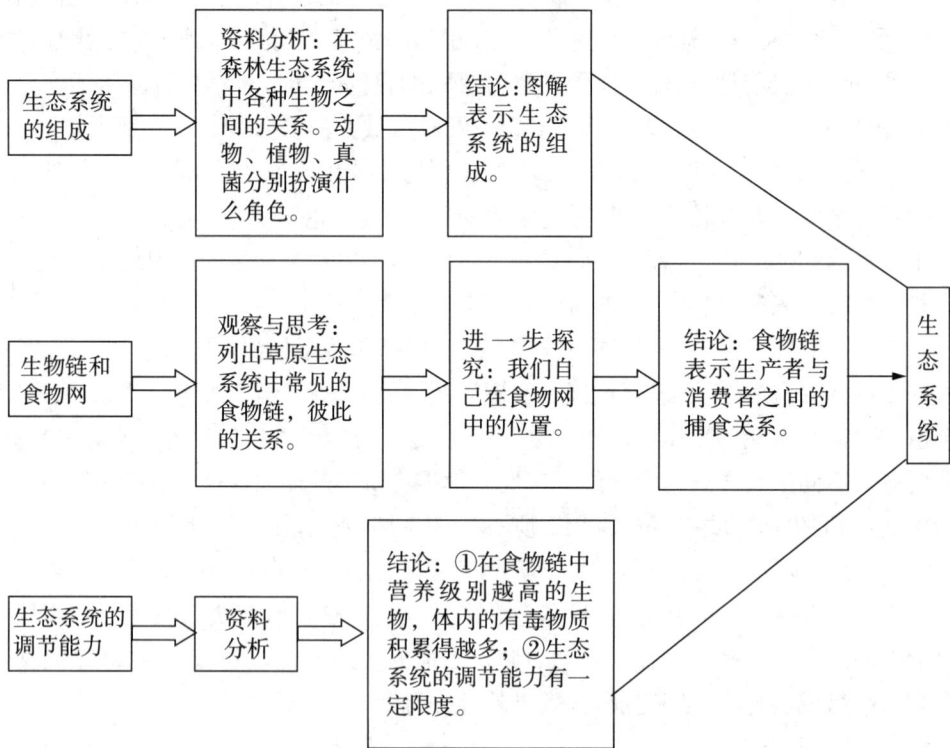

图 16-1 "生态系统"教学设计流程

思考与讨论

1. 举例说明活动型栏目的类型与作用。

2. 新课标教材中的习题型栏目有哪些特点?

3. 以中学教材中某一栏目为例,谈谈怎样才能更好地开展栏目教学。

参考文献

曹道平,陈继贞. 2000. 生物教育学. 青岛：中国海洋大学出版社

陈继贞,张祥沛. 1994. 生物学教学法教程. 北京：气象出版社

陈继贞,张祥沛,曹道平. 2004. 生物实验教学研究. 北京：科学出版社

陈继贞,张祥沛,燕艳. 2009. 生物学教学论(第2版). 北京：科学出版社

陈晓慧. 2005. 教学设计. 北京：电子工业出版社

陈亚君,郑晓惠. 2007. 浅析生物学教师的说课思路和技巧. 生物学教学,(10)

崔鸿,郑晓惠. 2009. 新理念生物教学论. 北京：北京大学出版社

方红峰. 2003. 教学评价的理念和技术. 生物学通报,(6)

冯莉. 2004. 体验生物科学探究. 北京：高等教育出版社

高凌飚. 2004. 过程性评价的理念和功能. 华南师范大学学报,(6)

郭永峰. 2009. 生物学新课程课堂教学技能概论. 北京：科学出版社

国家教育部. 2001. 基础教育课程改革纲要(试行)

国家教育部. 2001. 普通高中课程改革方案

国家教育部. 2001. 义务教育生物课程标准(实验稿). 北京：北京师范大学出版社

国家教育部. 2003. 普通高中生物课程标准(实验). 北京：人民教育出版社

国家教育部基础教育司,师范教育司. 2004. 普通高中生物课程标准(实验)研修. 北京：
　高等教育出版社

国家教育部基础教育司,师范教育司. 2004. 普通高中新课程与学生评价改革. 北京：高
　等教育出版社

何克抗等. 2006. 教学系统设计. 北京：高等教育出版社

胡继飞,郑晓蕙. 2002. 生物学教育心理学. 广州：广东高等教育出版社

姜河,张永华. 2007. 新教育下的教师能力素质. 教育科学研究,(2)

靳玉乐. 2005. 合作学习. 成都：四川教育出版社

靳玉乐. 2005. 自主学习. 成都：四川教育出版社

课程教材研究所等. 2001. 义务教育课程标准实验教科书·生物学. 北京：人民教育出
　版社

课程教材研究所等. 2004. 普通高中课程标准实验教科书·生物(必修). 北京：人民教育
　出版社

孔爱华. 1998. 从教育心理学角度谈生物学概念教学. 生物学通报,(4)

乐天. 2005. 生物学实践活动的理论与实践. 成都：四川教育出版社

黎云祥,赵广宇. 2011. 新课标中学生物学教学实用教程. 北京：科学出版社

李秉德. 1998. 教学论. 北京：人民教育出版社

李雁冰. 2002. 课程评价论. 上海：上海教育出版社

李月华. 2008. 以教师为主体的课程资源开发的策略. 教育探索,(8)

刘成新,李艺. 2005. 信息技术与课程整合的文化解析. 电化教育研究,(9)

刘恩山,方红峰,郑春和. 2006. 生物教学研究与案例. 北京：高等教育出版社

刘恩山,汪忠.2004.普通高中生物课程标准(实验)解读.南京:江苏教育出版社

刘晓莹.2007.信息技术与课程整合的研究现状与趋势分析.电化教育研究,(7)

刘衍玲,吴明霞.2007.接受学习与课堂教学.北京:高等教育出版社

陆建身.2001.生物教育展望.上海:华东师范大学出版社

罗树华,李洪珍.2000.教师能力学.济南:山东教育出版社

裴娣娜.2007.教学论.北京:教育科学出版社

皮连生.1999.学与教的心理学.上海:华东师范大学出版社

山东省教学研究室.2004.义务教育课程标准实验教科书·生物学.济南:济南出版社

盛群力等.2005.教学设计.北京:高等教育出版社

汪忠.2002.传承美好教育理念的《生物课程标准》.生物学教学,(1)

汪忠.2006.新编生物学教学论.上海:华东师范大学出版社

王永胜.2003.生物新课程教学设计与案例.北京:高等教育出版社

吴松年.2008.有效教学艺术.北京:教育科学出版社

吴永军.2004.备课新思维.北京:教育科学出版社

肖帮裕.2006.生物学概念的现代教学设计探讨.教学与管理,(4)

徐作英,赵广宇.2008.高中生物新课程的理论与实践.北京:高等教育出版社

许冠学,邱才训,林祖荣.2004.高中生物新课程理念与实践.海口:海南出版社

燕艳,徐宜兰,陈继贞.2009.中学生物学教材分析.北京:科学出版社

杨华等.2003.生物课程教育学.武汉:华中师范大学出版社

杨九俊.2004.教学评价方法与设计.北京:教育科学出版社

叶建中.2011.在生物学原理教学中培养学生的科学素养.宁德师专学报(自然科学版),
　(5)

叶佩珉.2002.生物学课程教材改革探索.北京:人民教育出版社

余自强.2006.生物课程论.北京:教育科学出版社

张海和.2005."普通高中生物学课程标准"中的评价理念和原则.生物学通报,(3)

张华.2000.课程与教学论.上海:上海教育出版社

张可柱,张祥沛.2006.高中生物新课程理念与教学实践.北京:商务印书馆

张祥沛,郭炳冉.1999.生物学实验研究.青岛:中国海洋大学出版社

张筱兰.2004.信息技术与课程整合的理论与方法.北京:民族出版社

张新时.2004.普通高中课程标准实验教科书·生物学(必修).北京:中国地图出版社

赵广宇.2007.生物实践活动课程资源的有效开发与利用.教育科学论坛,(12)

赵广宇.2008.以新课程的理念指导制定教学目标.生物学通报,(5)

赵锡鑫.1988.生物学教学论.北京:高等教育出版社

钟启泉等.2001.基础教育课程改革纲要(试行)解读.上海:华东师范大学出版社

钟启泉等.2003.普通高中新课程方案导读.上海:华东师范大学出版社

周美珍.1992.生物教育学.杭州:浙江教育出版社

朱慕菊.2002.走进新课程:与课程实施者对话.北京:北京师范大学出版社

朱慕菊,刘坚.2003.来自课程改革实验区的声音.北京:未来出版社

朱新春. 2001.教学工作技能训练.北京：人民教育出版社

李健. 2008.概念图在高中生物学教学中应用的研究.曲阜师范大学硕士学位论文

李娜. 2009.概念转变理论在中学生物学教学中应用的研究.曲阜师范大学硕士学位论文

干常春. 2001.促进生物学概念教学的课堂教学技能研究.华东师范大学硕士学位论文

罗银春. 2008.高中生物概念的教学方法研究.天津师范大学硕士学位论文

贾瑞婷. 2011. 高中生物学新旧教材核心概念比较与教法探讨.西南大学硕士学位论文